高等职业教育房地产类专业精品教材

房地产测绘

主 编 李元希
副主编 巫昊峰 梁海勇

北京理工大学出版社
BEIJING INSTITUTE OF TECHNOLOGY PRESS

内 容 提 要

本书共分为九个模块，主要内容包括绪论、房地产测绘基础知识、房地产平面控制测量、房地产调查、房地产要素测量、房地产图测绘、房地产面积测算、房地产变更测量和房地产测绘资料管理等。

本书可作为高等院校物业管理、房地产经营与管理、土地资源管理等专业的教学用书，也可供从事房地产管理、产权产籍管理及房地产测绘等相关工作的专业技术人员参考。

版权专有　侵权必究

图书在版编目（CIP）数据

房地产测绘 / 李元希主编.---北京：北京理工大学出版社，2021.10（2022.3重印）
　ISBN 978-7-5763-0562-3

Ⅰ.①房… Ⅱ.①李… Ⅲ.①房地产—测量学—高等职业教育—教材 Ⅳ.①F293.3

中国版本图书馆CIP数据核字（2021）第214917号

出版发行 /	北京理工大学出版社有限责任公司
社　　址 /	北京市海淀区中关村南大街5号
邮　　编 /	100081
电　　话 /	（010）68914775（总编室）
	（010）82562903（教材售后服务热线）
	（010）68944723（其他图书服务热线）
网　　址 /	http://www.bitpress.com.cn
经　　销 /	全国各地新华书店
印　　刷 /	河北鑫彩博图印刷有限公司
开　　本 /	787毫米×1092毫米　1/16
印　　张 /	15
字　　数 /	355千字
版　　次 /	2021年10月第1版　2022年3月第2次印刷
定　　价 /	45.00元

责任编辑 / 江　立
文案编辑 / 江　立
责任校对 / 周瑞红
责任印制 / 边心超

图书出现印装质量问题，请拨打售后服务热线，本社负责调换

出版说明
Publisher's Note

房地产业是我国经济建设和发展中的重要组成部分，是拉动国民经济持续增长的主导产业之一。改革开放近40年来，我国的房地产业快速发展，取得了巨大成就，尤其在改善广大城镇居民住房条件、改变城镇面貌、促进经济增长、扩大就业等方面，更是发挥了其他行业所无法替代的巨大作用。随着我国经济的发展、居民收入水平的提高、城市化进程的加快以及改善性住房市场需求的增加，房地产消费者对产品的需求由"有"到"优"，房地产需求总量不断攀升，房地产行业仍然有着巨大的发展潜力，房地产业需要大量房地产专业人才。

高等职业教育以培养生产、建设、管理、服务第一线的高素质技术技能人才为根本任务，在建设人力资源强国和高等教育强国的伟大进程中发挥着不可替代的作用。为全面推进高等职业教育教材建设工作，将教学改革的成果和教学实践的积累体现到教材建设和教学资源统合的实际工作中去，以满足不断深化的教学改革需要，更好地为学校教学改革、人才培养与课程建设服务，北京理工大学出版社搭建平台，组织国内多所建设类高职院校，包括四川建筑职业技术学院、重庆建筑科技职业学院、广西建设职业技术学院、河南建筑职业技术学院、甘肃建筑职业技术学院、湖南城建职业技术学院、广东建设职业技术学院、山东城市建设职业学院等，共同组织编写了本套"高等职业教育房地产类专业精品教材（房地产经营与管理专业系列）"。该系列教材由参与院校院系领导、专业带头人组织编写团队，参照教育部《高等职业学校专业教学标准》要求，以创新、合作、融合、共赢、整合跨院校优质资源的工作方式，结合高职院校教学实际以及当前房地产行业的形势和发展编写完成。

本系列教材共包括以下分册：

1.《房地产基本制度与政策》
2.《房地产建设项目管理概论（第2版）》
3.《房地产开发经营与管理》
4.《房地产开发与营销（第2版）》

5.《房地产市场营销》

6.《房地产投资分析》

7.《房地产经济学》

8.《房地产估价》

9.《房地产经纪》

10.《房地产金融》

11.《房地产企业会计》

12.《房地产统计》

13.《房地产测绘》

　　本系列教材，从酝酿、策划到完稿，进行了大量的市场调研和院校走访，很多院校老师给我们提供了宝贵意见和建议，在此特表示诚挚的感谢！教材在编写体例、内容组织、案例引用等，做了一定创新探索。教材编写紧跟房地产行业发展趋势，突出应用，贴近院校教学实践需求。希望本系列教材的出版，能在优化房地产经营与管理及相关专业培养方案、完善课程体系、丰富课程内容、传播交流有效教学方法，培养房地产行业专业人才，为我国房地产业的持续健康发展做出贡献！

北京理工大学出版社

前言

PREFACE

　　房地产的发展关系着国民经济的发展与人民生活水平的提升，随着我国经济实力的不断提高，城镇化脚步日益加快，房地产的发展速度也越来越快。房地产是关系土地、建筑及与其相关的各种权益的产业，房地产的发展离不开测绘技术的支持，而且房地产测绘工作在专业测绘工作中占据有十分重要的地位。房地产测绘是利用工程测绘科学技术，对房屋及与房屋有关的土地等实施的专业测绘工作。房地产测绘是工程测量中的一项重要工作，也是地籍测量专业的重要组成部分，做好房地产测绘工作，对实现房地产的科学化管理具有重要意义。

　　为适应高等教育改革与发展的需要，编者结合高等教育房地产类相关专业教育标准和培养方案及主干课程教学大纲，本着"必需、够用"的原则，以"讲清概念、强化应用"为主旨组织编写了本教材。本书的编写注重强化学生的动手能力，注意优化房地产测绘的知识结构，强调实践操作与理论知识的紧密结合。全书主要内容包括绪论、房地产测绘基础知识、房地产平面控制测量、房地产调查、房地产要素测量、房地产图测绘、房地产面积测算、房地产变更测量和房地产测绘资料管理等。为方便教学，各模块前设置了知识目标和能力目标，为学生学习和教师教学作了引导；各模块后设置了模块小结和思考与练习，从更深层次给学生以思考、复习的切入点，由此构建了"引导—学习—总结—练习"的教学模式。

　　本书由广东建设职业技术学院李元希担任主编，由广东建设职业技术学院巫昊峰、梁海勇担任副主编。本书可作为高等院校房地产类、物业管理类相关专业的教材，也可作为房地产开发经营与管理相关技术人员的学习辅导用书。本书编写过程中，参阅了国内同行多部著作，部分高等院校教师也提出了很多宝贵意见，在此，对他们表示衷心的感谢！

　　虽经反复推敲核证，但限于编者的专业水平和实践经验，书中仍难免有疏漏或不妥之处，恳请广大读者指正。

编　者

目录

CONTENTS

模块一 绪 论

单元一 房地产概述 ……………………1
- 一、房地产的概念 ………………………1
- 二、房地产的特性 ………………………2
- 三、房地产的类型 ………………………3

单元二 房地产测绘概述 ………………3
- 一、房地产测绘的概念 …………………3
- 二、房地产测绘的目的和任务 …………3
- 三、房地产测绘的基本内容 ……………4
- 四、房地产测绘的类型及特点 …………4
- 五、房地产测绘的作用 …………………5

单元三 房地产测绘的发展 ……………5

模块二 房地产测绘基础知识

单元一 测绘前准备 ……………………8
- 一、测绘常用仪器 ………………………8
- 二、项目资料和书写工具 ………………17
- 三、与委托单位的工作人员进行沟通 …17

单元二 地面点位置的确定 ……………17
- 一、地球的形状和大小 …………………17
- 二、地面点位的确定 ……………………19

单元三 房地产项目测绘的精度要求 …23
- 一、测量误差的来源 ……………………23
- 二、测量误差的分类 ……………………24
- 三、衡量测量精度的指标 ………………26
- 四、房地产界址点的精度要求 …………27
- 五、房角点精度要求 ……………………28

单元四 房地产测量基准 ………………29
- 一、房地产测量的坐标系统 ……………29
- 二、房产测量的平面投影 ………………30
- 三、高程测量基准 ………………………31

模块三 房地产平面控制测量

单元一 房地产平面控制测量概述 ……49
- 一、房地产平面控制测量的目的和作用 …49
- 二、房地产平面控制网的布置原则与基本要求 …50

目录

  三、平面控制测量的方法……51
  四、国家和城市控制网的利用……54

单元二 角度测量……54
  一、角度测量的原理……54
  二、水平角观测……55
  三、竖直角观测……57

单元三 距离测量与直线定向……59
  一、钢尺量距……59
  二、视距测量……62
  三、水准测量……65

单元四 导线测量……67
  一、导线的布设形式……67
  二、导线测量的外业工作……68
  三、导线测量的内业工作……69

单元五 交会测量……75
  一、前方交会……75
  二、侧方交会……75
  三、后方交会……76
  四、距离（测边）交会……76

单元六 GPS 定位测量……77
  一、GPS 定位原理……77
  二、GPS 定位技术的实施……78
  三、GPS 定位在房地产测量中的应用…82

模块四 房地产调查

单元一 房地产调查概述……105
  一、房地产调查的概念和目的……105
  二、房地产调查的内容……106
  三、房地产调查的方法……106

单元二 房屋调查……106
  一、房屋坐落调查……106
  二、房屋产权人、产权性质、产别和产权来源的调查……107
  三、房屋层数、层次、建筑结构、建筑年份……109
  四、房屋用途、占地面积、建筑面积的调查……110
  五、房屋分层、分户调查……112
  六、其他调查……113

单元三 房屋用地调查……114
  一、房屋用地单元的划分与编号……114
  二、房屋用地情况的调查……116
  三、房屋用地权属界址线的调查……118

模块五 房地产要素测量

单元一 概述……122
  一、界址测量……122
  二、境界测量……123
  三、房屋及其附属设施测量……123
  四、陆地交通、水域测量……124
  五、其他相关地物测量……124

单元二 房产界址点及建筑物房角点测量……124
  一、界址点的标定、埋设及标志种类……124
  二、界址点的编号……124
  三、界址点成果表……125

单元三 房地产要素测量的方法……126
  一、野外解析法……126

二、航空摄影 ……………………… 127
　　三、全野外数据采集 ……………… 129

单元四　房地产测量草图 …………… 130
　　一、测量草图的作用 ……………… 130
　　二、测量草图的内容 ……………… 130
　　三、测量草图的图纸规格及比例尺 …… 131

模块六　房地产图测绘

单元一　地形图的基本知识 ………… 133
　　一、比例尺、比例精度 …………… 134
　　二、地物符号与地貌符号 ………… 136
　　三、地形图应用 …………………… 143

单元二　房地产图的基本知识 ……… 145
　　一、房地产图的分类 ……………… 145
　　二、房地产图测绘的范围 ………… 145
　　三、房地产图的比例尺 …………… 146
　　四、房地产图的精度指标 ………… 146
　　五、房地产图的分幅与编号 ……… 147

单元三　房地产图测绘内容 ………… 149
　　一、房地产分幅图的测绘内容和表示方法 …… 149
　　二、房地产分丘图的测绘内容和表示方法 …… 153
　　三、房地产分户图的测绘内容和表示方法 …… 154

单元四　房地产图的测绘 …………… 155
　　一、测绘前的准备工作 …………… 155
　　二、碎部点的测量方法 …………… 156
　　三、房地产图的绘制方法 ………… 158

单元五　数字化测图 ………………… 162
　　一、数字化测图的准备工作 ……… 163
　　二、数字化测图的外业工作 ……… 164
　　三、数字化测图的内业工作 ……… 167

单元六　房地产分丘图、分户图的绘制 …… 170
　　一、房地产分丘图的测绘 ………… 170
　　二、房地产分户图的测绘 ………… 171

单元七　房地产图的拼接、检查和整饰 …… 173
　　一、房地产图的拼接 ……………… 173
　　二、房地产图的检查验收 ………… 173
　　三、房地产图的图廓整饰 ………… 174

模块七　房地产面积测算

单元一　房地产面积测算概述 ……… 181
　　一、房地产面积测算的内容 ……… 181
　　二、房地产面积测算的有关规定 … 182

单元二　房地产面积的测算方法 …… 183
　　一、坐标解析法 …………………… 183
　　二、实地量距法 …………………… 184
　　三、几何图形计算法 ……………… 186
　　四、房屋面积测算的精度要求 …… 186

单元三　房屋共有建筑面积的分摊测算 …… 190
　　一、房屋共有建筑面积 …………… 190
　　二、共有建筑面积的分摊原则 …… 190
　　三、共有建筑面积的分类及分摊方法 …… 190
　　四、套内建筑面积的计算 ………… 193

目录

模块八　房地产变更测量

单元一　房地产变更概述 …… 202
一、房地产变更测量的定义 …… 202
二、房地产变更测量的内容 …… 203

单元二　房地产变更测量的方法和程序 …… 203
一、房地产测量变更的方法 …… 203
二、房地产变更测量的程序 …… 205
三、房地产变更测量的要求 …… 205

单元三　变更测量后房地产资料的处理 …… 206
一、房地产编号的变更与处理 …… 206
二、变更后的房地产产权产籍资料的处理 …… 207

模块九　房地产测绘资料管理

单元一　房地产测绘资料概述 …… 211
一、房地产测绘资料的含义 …… 211

二、房地产测绘成果检查验收的目的、要求 …… 212
三、房地产测绘成果检查验收的办法与体系 …… 212
四、检查验收需上交资料的项目内容及成果质量评定 …… 213

单元二　房地产测绘资料的整理和管理工作 …… 216
一、房地产测绘资料的整理工作 …… 216
二、房地产测绘资料的管理工作 …… 217

单元三　房地产测绘成果报告书的编写 …… 219
一、封面 …… 219
二、作业声明 …… 219
三、作业说明 …… 219
四、作业成果 …… 220
五、附件 …… 221

参考文献 …… 230

模块一 绪 论

知识目标

1. 了解房地产的概念、特性；熟悉房地产的类型。
2. 了解房地产测绘的概念、目的和任务；熟悉房地产测绘的类型及特点；掌握房地产测绘的基本内容。
3. 了解房地产测绘的发展。

能力目标

能够对房地产及房地产测绘的类型和基本内容进行初步了解。

单元一 房地产概述

一、房地产的概念

房地产又称不动产，是房产与地产的总称，通常是指土地以及固着在土地上的房屋或人工建筑物及其附带的各种权益，包括所有权、支配权、使用权和收益权等。

具体来说，这些固着在土地、建筑物上不可分离的部分，主要包括为提高房地产的使用价值而种植在土地上的花草、树木或人工建造的花园、假山；为提高建筑物的使用功能而安装在建筑物内的给排水、热力、电力、卫生、通风、电梯、通信、消防等设备。它们往往可以看作土地或建筑物的构成部分。因此，房地产本质上包括土地和建筑物及附着于其上的权益两大部分。

建筑物包括房屋和构筑物两大类，是人工建筑而成的物体。房屋是指能够遮风避雨并供人居住、工作、娱乐、储藏物品、纪念或进行其他活动的工程建筑物，一般由基础、墙体、门窗、屋顶和承重物等重要构件组成。房屋按用途可以分为住宅、营业用房、生产用房、行政用房、其他专用房。构筑物是指除房屋以外的工程建筑物，人们一般不能在构筑物内进行生产或生活，但又时刻离不开它们，如水井、水坝、烟囱、道路等。

作为地产的土地不但指地面，还包括从地面向上扩展到一定高度的地上空间及由此向下延伸的地下空间。从本质上讲，土地与地产不是一个概念：土地在投入了人类劳动后就具备了"双重性"，既是资源又是资本；而地产是土地转化的形态，只有当土地作为产权和资产在商品经济活动中体现其全部价值时，才成为地产。因此，地产是指法律上认可的土地资产和产权的总称。它不仅包括土地这种物体，而且包括土地权利（如土地所有权、使用权、租赁权、抵押权等）。

二、房地产的特性

房地产与其他商品或财产相比，具有鲜明的个性特征，具体表现如下：

第一，不可移动性。房地产属于不动产，它的地理位置是固定的、不可移动。房地产的不可移动性决定了房地产市场是区域性市场，房地产商品不能像其他商品一样，通过运输来供应一个区域的房地产需求，或调剂不同地区之间的余缺，这使得某宗房地产的质量、功能及交易价格的分析要基于其所在区位的环境条件。

第二，耐久性。土地在正常使用条件下可以永久使用。房屋建成后也可使用数十年。因此，房地产是具有耐久性的商品。房地产的耐久性使其使用权和所有权可以分离，也为房地产交易的多样性提供了可能。

第三，差异性。已建成的任何两宗房地产都存在差异，比如位置不同、建筑面积不等、建筑风格差异、新旧程度不同、产权性质不同……在房地产市场上不可能存在两宗完全一样的房地产，即使两者可能在外观设计上一样，但在朝向、楼层等方面可能存在差异。

第四，稀缺性。因为土地的有限性，使房地产的供给是有限的。一宗土地可以有多种用途，但该土地投入某项用途之后，要变更土地用途往往会造成巨大经济损失。同一宗建筑物变更用途也存在一定困难，这与建筑物的设计、结构布局有关。正是由于房地产具有稀缺性，决定了房地产商品具有保值增值性。

第五，多重效用性。房地产具有效用价值，是能够满足人们居住、娱乐、学习、社交和生产需要的场所，也是人们的生存资料、享受资料和发展资料，因此，房地产具有使用价值。

第六，外部性。房地产总是与一定的空间位置相结合，房地产的开发和利用必然影响其所在区域的自然生态环境、经济环境和社会环境。例如，城市土地开发中增值收益的分配、利用相邻不动产时的干扰、居住区的环境污染等，使当事人的私人收益(成本)与社会收益(成本)不一致，房地产的开发和利用导致其正负外部性发生了变化。

第七，报酬递减性。房地产项目的报酬递减性是指在技术不变的条件下，对房地产的投入超过一定限度时，就会产生报酬递减现象。土地开发利用就相当典型。这一特性要求在选择房地产开发投资方案时候，必须在一定技术、经济条件下选择恰当的土地开发强度和房屋建设高度。

三、房地产的类型

根据土地利用方式的不同，房地产可分成以下几种类型。

1. 商业房地产

商业房地产主要由用于商业的土地及其定着物组成，包括土地、土地改良物、地上房屋及附属物。其中，土地改良物主要包括道路、水电气管线等；而地上房屋中直接用于商业活动的可分离的部分（如柜台等）则不属于其组成部分。

2. 工业房地产

工业房地产主要由用于工业生产的土地及其定着物组成，包括土地、土地改良物、地上房屋及附属物。

3. 住宅

住宅是由以服务于人类居住为目的的土地和建筑物组成的。住宅按其房屋式样可分为别墅、一般住宅、公寓等。

4. 特殊房地产

特殊房地产主要包括两种类型：一种是历史文化建筑和政府、宗教、监狱等所拥有的房地产；另一种是部队营房。我国的法律规定，这些房地产是不允许进入市场的。

单元二　房地产测绘概述

一、房地产测绘的概念

广义的测量学是研究地球的形状和大小，或者其他天体的形状与大小以及其他形态，又或者微观物体的形态与大小的一门学科。狭义的测量学是研究如何测定地球表面点的位置和高程，用特定的仪器和手段，将地球表面上的地形和其他相关的信息单位测绘成图，以及确定地球全部及局部的形状与大小的学科。

房地产测绘是专业测绘中的一个具有特点的分支。它测定的特定范围是房屋以及与房屋相关的土地，也就是说，房地产测绘就是运用测绘仪器、测绘技术、测绘手段来测定房屋及其用地状况，为房地产产权、地籍管理、房地产开发利用、交易、征收税费及城镇规划建设等提供数据和资料。

二、房地产测绘的目的和任务

房屋是人们生产和生活的场所，房屋及其用地是人们生产和生活的基本物质要素，这一要素信息的采集和表述，必须经过房地产测绘，所以房地产测绘是房地产管理工作的重要基础。准确而完整的房地产测绘成果是审查、确认房屋产权、产籍与保障产权人合法权益的重要依据，也是房地产业得以发展、城市建设和管理得以顺利进行必不可少的基础资料。

房地产测绘的目的和任务就是对房屋、房屋用地进行测量和调查，获取房地产的权属、位置、数量、质量、利用状况等信息，为房地产管理与房屋产权、产籍管理提供准确而可靠的成果资料，为城镇规划建设（如基础设施、地下管网、通信线路、环境保护）等提供基础的数据和资料。

三、房地产测绘的基本内容

房地产测绘的基本内容包括房地产平面控制测量、房地产调查、房地产要素测量、房产图测绘、房地产面积测算、房地产变更测量、房地产测绘资料管理等。

四、房地产测绘的类型及特点

1. 房地产测绘的类型

房地产测绘可细分为房地产基础测绘和房地产项目测绘两种。

房地产基础测绘是指在一个城市或地域内，大范围、整体地建立房地产的平面控制网，测绘房地产基础图纸——房地产分幅平面图。

房地产项目测绘是指在房地产权属管理、经营管理、开发管理及其他房地产管理过程中需要测分丘平面图、房地产分层分户平面图及相关的图、表、册、簿、数据等开展的测绘活动。

阅读材料：
测量的基本工作

2. 房地产测绘的特点

（1）测图比例尺大。房地产测绘一般在城市和城镇内进行，图上表示的内容较多，有关权属界限等房地产要素，都必须清晰准确地注记，因此房地产分幅图的比例尺都比较大。作为我国最大比例尺系列的图纸一般是1∶500或1∶1 000，分丘图和分层分户平面图的比例尺更大，1∶50有时也有，表示的内容更详细。

（2）测绘内容较多。地形测量测绘的主要对象是地貌和地物，而房地产测绘的主要对象是房屋和房屋用地的位置、权属、质量、数量、用途等状况，以及与房地产权属有关的地形要素。房地产测量对房屋及其用地必须测定房地产位置（定位），调查其所有权或使用权的性质（定性），测定其范围和界线（定界），还要测算其面积，调查测定评估其质量（定量）等。

（3）精度要求高。地形图上的要素成果，用者一般可从图上索取或量取，其点位中误差在±0.5~0.6 mm范围，这个精度可以满足城市规划对地物精度的要求。但房地产测绘不能按此来源，例如界址点的坐标，房屋的建筑面积的量算精度要求比较高，不能直接从图上量取，而必须实测、实算。

（4）测绘成果效力的差别。房地产测绘成果产品多样，其成果一旦被房地产主管机关确认，便具有法律效力，是产权确认、处理产权纠纷的依据，而一般测量的成果不具备法律效力。

（5）测绘成果产品的差别。房地产测绘的成果产品不仅有房地产图，还有房地产权属、产籍调查表、界址点成果表、面积测算表。图也有几种，既有分幅图，又有分丘图、分层分户图，地形测量则只有分幅图。所以房地产测绘最后的产品，在数量上、规格上比地形测量繁杂得多。且房地产图在一般的情况下只是单色图，不大量印刷，地形图则用多色，可以大量出版印刷。

（6）修测、补测及时。城市基本地形图的复测周期一般为5~10年，而房地产测绘的复测周期不能按几年来测算。城市的扩大要求及时对房屋、土地进行补测,当房屋和用地的权属发生变化时,应及时修测;当房屋和用地的非权属发生变化时,也要及时变更,以保持房地产测绘成果的现实性、现状性,保持图、卡、表、册与实地情况一致。所以房地产测绘的修测、补测工作量较大。

(7)房地产测绘人员既要懂测绘,又要懂房地产。作为一个称职的房地产测绘工作者,应该是房地产这一门学科中的好手,是房地产权属管理的帮手,是房屋交易买卖中的签证者,必须熟悉房地产的若干法律、法规,必须能够正确测算房屋面积,保护双方的合法利益。否则,做不好房地产测绘工作。

五、房地产测绘的作用

我国实行改革开发以来,全国城镇土地实行有偿使用,房屋的商品化和住房制度改革使我国房地产业逐步发展起来,房地产测绘在经济建筑中的作用越来越重要。它主要为城镇房地产的各种管理服务,同样也为城市其他方面的管理服务。

1. 法律方面的作用

房地产测绘为房地产的产权产籍管理、房地产开发提供房屋和房屋用地的权属界址、产权面积、权源及产权纠纷等提供资料,是进行产权登记、产权转移和处理产权纠纷的依据,确认后的房地产成果资料具有法律效力。

2. 财政经济方面的作用

房地产测绘的成果包括房地产的数据、数量、质量及使用和被利用的现状等资料,是进行房地产评估、房地产契税征收、房地产开发与交易、房地产抵押贷款和保险服务的依据。

3. 社会服务方面的作用

随着社会主义市场经济的形成和发展,房地产测绘逐渐进入市场,房地产测绘的服务面向全社会,它不仅为房地产行业服务,而且可为城镇规划等城镇事业提供基础资料和相关信息。这是保证信息共享、避免重复测绘与重复投入的重要措施。

4. 测绘技术方面的作用

房地产测绘是城市大比例尺地形测绘的一种。测量方法和手段虽然与其他测量无较大区别,但它不同于通常大比例尺的工程测量、地形测量。它具有更多的信息源,数量大,涉及面广,内容繁多,图表复杂,因此它是建立现代城市地理信息系统重要的基础信息,同时也是城市大比例地形图更新的主要基础资料。

单元三 房地产测绘的发展

我国是一个有着5 000多年历史的文明古国。从奴隶制社会夏朝开始,土地测量和房屋测量就开始了。传说有巢氏发明了房屋。可以推断,房屋的大小、房屋的归属有了着落,这就是房地产测量的开始。历史发展到了奴隶制向封建社会转换的商周时期,就有了井田制,而且建立了"九一而助"的管理制度。土地测量(也含计量)计算就有"六尺为一步,百步围成一亩,百亩为一夫,夫三为屋,屋三为井,井方一里,是为九夫,八家共之"。这就是房地产测量最原始的记录,前面含有土地测量,后面就与房屋和家庭有关了。到了战国时,秦孝公启用商鞅进行土地改革,实行"废井田,开阡陌",奴隶制解体,封建制逐步形成,奴隶主的井田被道路冲开,逐渐形成了私田制,各是各的田,各是各的家。丈量各个封建领主的田地,成了当时不可缺少的一件大事,历朝历代都设立有专门管这项工作的官吏。

隋、唐时期,我国普遍实行"均田制",对当时的赋税、人口、土地进行统一登记,建立户籍制度。这时户籍的建立即含有房地产测绘,地籍含附于户籍册内。宋代时,对土地实行"方田法""经界法",进行统一清丈,逐户逐乡造地籍簿(当时叫"砧基簿"),按规定的格式记载户田数、质量及用途,土地的四至出现了,地块图出现了,起到了按图核地的目的。明代的"鱼鳞图"是中国比较标准的古代地籍图册。清王朝测制的《皇舆全览图》和《乾隆内府舆图》则是有一定水准的房地产图,它融建筑图、房产图、地籍图于一身,很有一些现代气派,而且它与清乾隆八年(1743年)颁布的"丈量规则""铸铁标准弓(尺)"互为关系,把规划与图统一了起来,明确规定了周长240步的正方形地块为一亩。清代的房地产测量在我国历史上的发展达到了相当高的程度。

阅读材料:
测量发展概况

民国时期,政府专门成立地籍测量部门,颁发了《土地测量实施规则》,统一全国的土地测量工作,在上海、南京、重庆、武汉等大城市统一规格的地籍图已成规模。1932年,首次在我国江西省运用航空摄影测量方法施测地籍图,这些图纸在中华人民共和国成立后的若干年内都在发挥一定的作用。

1949年,中华人民共和国成立后,接收了国民党政府的地政管理部门。20世纪50年代初,我国在全国主要城市范围内开展了大规模房产土地登记工作,颁发了土地权状,这些土地权状就是房地产测绘的结果。几个大城市拥有了一定规模的房地产测量队伍,从事着房地产登记发证和房地产测绘统计调查工作。从那以后,由于种种原因,全国的房产和地籍测量没有得到足够的重视。除少数几个大城市外,房地产测绘在我国范围内发展较慢。

1984年年底,建设部决定在全国城镇范围内进行第一次房屋普查,经过近两年普查,一大批城市的房地产管理部门纷纷成立了自己的房地产测绘队伍,从事着房地产测绘工作。1987年,乘第一次全国城镇房屋普查的东风,又在全国范围内进行房地产登记发证工作。房地产测绘已经成为房地产管理不可缺少的工作,日益发挥着巨大的作用。建设部房地产业司主管这一工作后,房地产测绘有了较快的发展,南京、西安、广州、北京、重庆、武汉、上海、深圳、郑州、珠海、牡丹江等城市纷纷组建房地产测绘机构。全国拥有甲级、乙级资格的房产测绘队伍近20家。1991年,第一部《房产测量规范》(行业标准)正式出台,标志着全国房地产测绘标准的统一。1992年,全国房地产测绘的群众学术团体——中国房地产及住宅研究会房地产地籍测量委员会在珠海正式成立,全国房地产测绘行业有了自己的学术组织机构。2000年2月,国家颁布了《房产测量规范 第2单元:房产图图式》(GB/T 17986.2—2000),房地产测绘工作逐步走上规范化的道路。

随着我国经济体制改革的深入,《城市房地产管理法》开始实施,房地产测绘管理工作蓬勃发展,作用日益增大,一大批房地产测绘工程师和房地产测绘管理人员成长起来,数字成图、GPS全球定位测量系统、电子平板测图系统,多种先进的测制房地产图的方法在全国房地产系统得到应用。但是，由于我国的房地产测量工作起步较晚，市场化程度较低，因此探索、研究、思考建立适合我国国情的房地产测绘管理体系，规范房地产测绘行为，培育和发展房地产测绘市场，建立房地产测绘市场的竞争机制将是我国房地产管理部门的一项重要工作。

模块小结

　　房地产业在我国是一个新兴的行业，现已渗透到社会生活的各个方面，成为当前社会消费的热点和国民经济新的增长点，是国民经济健康、稳定、协调发展的重要影响方面。因此，房地产经济也称为新的研究方向，而房地产测绘正是重要的房地产信息获取的技术手段之一。本模块主要介绍房地产概述、房地产测绘概述及房地产测绘的发展。

思考与练习

一、填空题

1. 建筑物包括_____和_____两大类，是人工建筑而成的物体。
2. _____是专业测绘中的一个具有特点的分支。
3. 房地产测绘可细分为_____和_____两种。
4. 城市基本地形图的复测周期一般为_____年，而房地产测绘的复测周期不能按几年来测算。
5. 房地产测绘人员既要_____，又要_____。

二、简答题

1. 房地产与其他商品或财产相比具有哪些特征？
2. 根据土地利用方式的不同，房地产可分成哪几种类型？
3. 简述房地产测绘的目的和任务。
4. 房地产测绘的基本内容包括哪些？
5. 房地产测绘的作用有哪些？

模块二　房地产测绘基础知识

模块二　房地产测绘基础知识

知识目标

1. 熟悉丈量仪器、红外光电测距仪、经纬仪、水准测量仪器的原理、特点及使用。

2. 了解地球的形状和大小；掌握地面点在大地水准面上的投影位置的确定，地面点高程的计算。

3. 了解测量误差的来源、分类；熟悉衡量测量精度的指标，房地产界址点的精度要求，房角点精度要求。

4. 了解房地产测量的坐标系统，房产测量的平面投影，高程测量基准。

能力目标

能进行房地产测绘前准备；能确定地面点位；能分析误差产生的原因及误差的分类；能应用高斯投影平面直角坐标系进行计算。

单元一　测绘前准备

一、测绘常用仪器

(一)丈量仪器

目前，房地产测绘中常用的距离丈量工具主要有经鉴定的钢尺、手持式激光测距仪、全站仪等。

1. 钢尺

钢尺也称钢卷尺，尺宽为 10～15 mm，厚度约为 0.4 mm，长度有 20 m、30 m、50 m、

100 m 等。钢尺的刻划方式有多种，目前使用较多的是全尺刻有毫米分划，在厘米、分米、米处有数字注记。钢尺常安装在金属尺架或尺盒内，如图 2-1 所示。

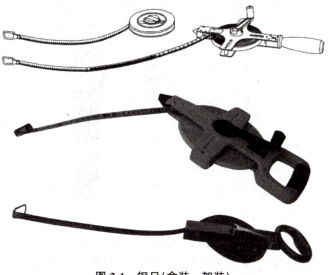

图 2-1　钢尺（盒装、架装）

钢尺由于零点位置的不同有端点尺和刻线尺之分，如图 2-2 所示。端点尺是以尺的端部、金属环的最外端为零点，刻线尺是在尺上刻出零点的位置。

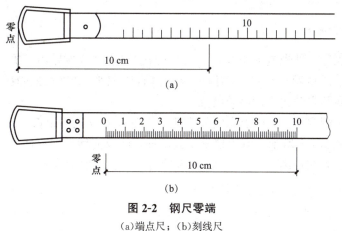

图 2-2　钢尺零端
(a)端点尺；(b)刻线尺

2. 标杆

标杆也称花杆，用木料或合金材料制成，直径约为 3 cm、长为 2～3 m，杆身油漆呈红、白相间的 20 cm 色段，标杆下端装有尖头铁脚[图 2-3(a)]，以便插入地面，作为照准标志。

3. 测钎

测钎用直径为 3～6 mm、长度为 30～40 cm 的钢筋制成，上部弯成环形，下部为尖形，如图 2-3(b)所示。量距时，将测钎插入地面，用以标定尺段端点的位置和计算整尺段数，也可以作为照准标志。

钢尺量距的工具

4. 垂球

垂球如图 2-3(c) 所示，在量距时用于投点。

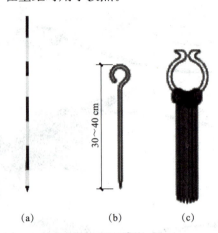

图 2-3 距离测量工具

(a)标杆；(b)测钎；(c)垂球

5. 拉力计和温度计

在精确的距离测量中，使用拉力计和温度计来测定钢尺的拉力和温度，以便对所测距离进行拉力和温度的改正。

(二)红外光电测距仪

红外测距仪也称红外光电测距仪，是采用砷化镓（GaAs）半导体二极管作为光源的相位式测距仪。目前的测距仪已具有体积小、质量轻、耗电少、测距精度高及自动化程度高等特点。

用红外测距仪测定 A、B 两点之间的距离 D，在 A 点安置测距仪，B 点安放反光镜，如图 2-4 所示。测距仪发出光脉冲，经反光镜反射，回到测距仪。若能测定光在距离 D 上往返传播的时间，即测定发射光脉冲与接收光脉冲的时间差 Δt，则两点之间的距离为

$$D = \frac{1}{2} b \Delta t \tag{2-1}$$

光电测距的原理

式中　b——光速，$b = 3 \times 10^8$ m/s。

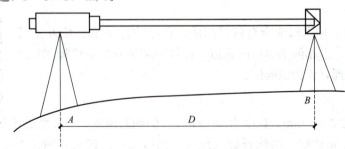

图 2-4 红外测距仪的测距原理

(三)水准测量的仪器

水准测量所使用的仪器为水准仪,工具有水准尺和尺垫。

水准仪按精度高低可分为普通水准仪和精密水准仪。国产水准仪按精度分为 DS05、DS1、DS2、DS3 等。在工程测量中一般使用 DS3 型微倾式、自动安平水准仪,D、S 分别为"大地测量"和"水准仪"的汉语拼音第一个字母,数字 3 表示该仪器的精度,即每千米往返测量高差中数的偶然中误差为±3 mm。

本节重点介绍 DS3 型微倾式水准仪。

水准仪是能够提供水平视线,并能够照准水准尺进行读数的仪器,主要由望远镜、水准器和基座三部分构成。

DS3 型微倾式水准仪的外形和各部件名称如图 2-5 所示。

水准尺

水准尺垫

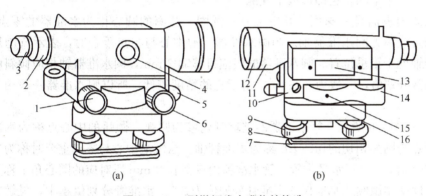

图 2-5 DS3 型微倾式水准仪的构造

1—微倾螺旋;2—分划板护罩;3—目镜;4—物镜调焦螺旋;5—制动螺旋;6—微动螺旋;
7—底板;8—三角压板;9—脚螺旋;10—弹簧帽;11—望远镜;12—物镜;
13—管水准器;14—圆水准器;15—连接小螺钉;16—轴座

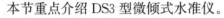

水准仪构造

1. 望远镜

望远镜是构成水平视线、瞄准目标和在水准尺上读数的主要部件。如图 2-6 所示,其主要由物镜、目镜、调焦透镜和十字丝分划板等构成。

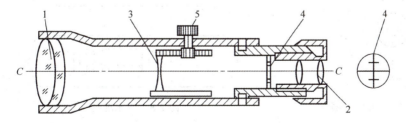

图 2-6 水准仪望远镜的构造

1—物镜;2—目镜;3—调焦透镜;4—十字丝分划板;5—调焦螺旋

物镜的作用是和调焦透镜一起将远处的目标清晰成像在十字丝分划板上,形成一个倒立而缩小的实像;目镜的作用是将物镜所成的实像和十字丝分划板一起放大成可见的虚像。

十字丝分划板是一块刻有分划线的玻璃薄片，分划板上互相垂直的两条长丝称为十字丝，纵丝也称为竖丝，横丝也称为中丝，竖丝与横丝是用来照准目标和读数的。在横丝的上下还有两条对称的短丝，称为视距丝，可用来测定距离。

十字丝的交点和物镜光心的连线称为望远镜的视准轴。视准轴的延长线就是望远镜的观测视线。

2. 水准器

水准器是测量人员判断水准仪安置是否正确的重要装置。水准仪上的装置有圆水准器和管水准器两种。

(1)圆水准器。圆水准器安装在仪器的基座上，用于对水准仪进行快速粗略整平。如图 2-7 所示，圆水准器内有一个气泡，它是将加热的酒精和乙醚的混合液注满后密封，液体冷却后收缩形成的一个空间，也即形成了气泡。

圆水准器顶面的内表面是一球面，其中央有一圆圈，圆圈的圆心称为水准器的零点，连接零点与球心的直线称为圆水准器轴。当圆水准器气泡中心与零点重合时，表示气泡居中，此时圆水准器轴处于铅垂位置。圆水准器的气泡每移动 2 mm，圆水准器轴相应倾斜的角度 τ 称为圆水准器分划值，一般为 $8'\sim10'$。由于它的精度较低，所以圆水准器一般用于仪器的粗略整平。

(2)管水准器。如图 2-8 所示，管水准器的玻璃管内壁为圆弧，圆弧的中心点称为水准管的零点。通过零点与圆弧相切的切线 LL 称为水准管轴。当气泡中心与零点重合时称为气泡居中，此时水准管轴 LL 处于水平位置。管水准器内壁弧长 2 mm 所对应的圆心角 τ 称为水准管的分划值，DS3 型微倾式水准仪的水准管分划值为 $20''$。水准管分划值越小，灵敏度越高，用来整平仪器精度也越高。因此，管水准器的精度比圆水准器的精度高，适用于仪器的精确整平。

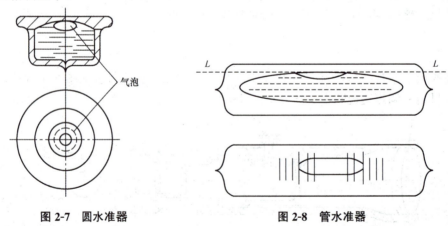

图 2-7　圆水准器　　　　图 2-8　管水准器

为了提高水准管气泡居中精度，DS3 型微倾式水准仪在管水准器的上方安装了一组符合棱镜，如图 2-9(a)所示，这样可使水准管气泡两端的半个气泡的影像通过棱镜的几次折射，最后在目镜旁的观察小窗内看到。当两端的半个气泡影像错开时，如图 2-9(b)所示，表示气泡没有居中，需要转动微倾螺旋使两端的半个气泡影像一致，从而使气泡居中，如

图 2-9(c)所示。这种具有棱镜装置的管水准器称为符合水准器，它能提高气泡居中的精度。

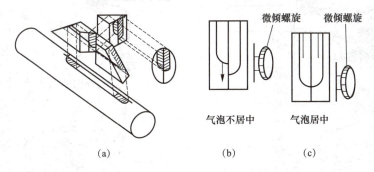

图 2-9 符合水准器
(a)符合棱镜；(b)气泡错开；(c)气泡居中

3. 基座

基座主要由轴座、脚螺旋、底板和三角压板构成。基座的作用是支撑仪器上部，即将仪器的竖轴插入轴座内旋转。基座上有三个脚螺旋，用来调节圆水准器使气泡居中，从而使竖轴处于竖直位置，将仪器粗略整平。底板通过连接螺旋与下部三脚架连接。

（四）经纬仪

经纬仪的种类有很多，按读数原理可分为光学经纬仪和电子经纬仪两大类。光学经纬仪体积小、质量轻、密封性好、读数精度高、使用寿命长，被广泛应用于各类测量工程中。电子经纬仪是近几年发展起来并广泛应用的新型仪器，它能够实现角度测量的电子化、数字化和自动化，使用更加方便、简单。

按测角精度不同，经纬仪又分为多种等级，如 DJ07、DJ2、DJ6 等。"D"和"J"为"大地测量"和"经纬仪"的汉语拼音第一个字母，后面的数字代表该仪器一测回方向观测中误差，即该仪器所能到达的精度指标，数字越大，精度越低。

1. 光学经纬仪

光学经纬仪由基座、照准部、度盘和读数系统等部分组成。不同厂家生产的光学经纬仪，其外形和各螺旋的性质、位置不尽相同，但其功能、作用基本一致。目前，工程中使用较多的光学经纬仪是 DJ2 和 DJ6 级两种。图 2-10 所示为北京光学仪器厂生产的 DJ2 级光学经纬仪的构造。

(1)基座。基座由脚螺旋、竖轴轴套、三角压板组成。

(2)照准部。照准部是指基座以上在水平面上绕竖轴旋转的整体部分。照准部的组成主要有望远镜及支架、竖直度盘、横轴、水准管、圆水准器、水平制动和微动螺旋、竖直制动和微动螺旋、光学对中器及读数装置等构件。望远镜、竖直度盘和横轴固连在一起安装在支架上。光学对中器是一个小型望远镜，视准轴通过棱镜折射后与仪器的竖轴重合。

竖直度盘

(3)度盘和读数系统。DJ6 级光学经纬仪的水平度盘为 0°～360°全圆刻画的玻璃圆环，其分划值(相邻两刻划间的弧长所对的圆心角)为 1°。度盘上的刻划线注记按顺时针方向增

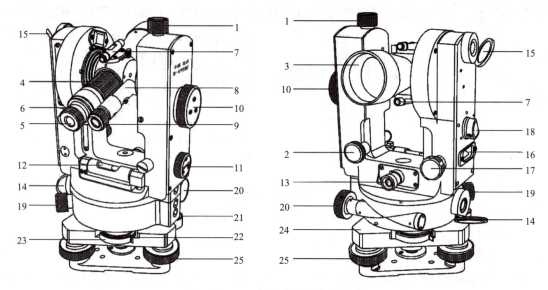

图 2-10 DJ2 级光学经纬仪的构造

1—望远镜制动螺旋；2—望远镜微动螺旋；3—望远镜物镜；4—物镜调焦螺旋；5—目镜；6—目镜调焦螺旋；7—光学瞄准器；8—度盘读数显微镜；9—度盘读数显微镜调焦螺旋；10—测微轮；11—换像手轮；12—照准部水准管；13—光学对点器；14—水平度盘照明反光镜；15—竖盘照明反光镜；16—竖盘指标水准管；17—竖盘指标水准管微动螺旋；18—竖盘指标水准管气泡观察窗；19—水平制动螺旋；20—水平微动螺旋；21—圆水准器；22—水平度盘变换手轮；23—水平度盘变换手轮保护盖；24—基座；25—脚螺旋

加。测角时，水平度盘不动。若使其转动，可拨动度盘手轮实现。光学经纬仪的读数设备主要有水平度盘、竖直度盘、测微器。通过一系列的棱镜和透镜、反光镜将度盘分划线、测微器呈现在读数显微镜内。DJ6 级光学经纬仪常用的测微器有分微尺测微器和单平板玻璃测微器两种，相应的读数方法也有两种。

1）分微尺测微器及读数方法。分微尺测微器的结构简单，读数方便，在读数显微镜中可以看到两个读数窗，如图 2-11 所示，注有"H"（或"—"）的是水平度盘读数窗；注有"V"（或"⊥"）的是竖直度盘读数窗。度盘两分划线之间的分划值为 1′，分微尺共分 6 个大格（0~6），每一大格为 10′，每一小格为 1′，全长为 60′，估读精度为 0.1′。如图 2-11(a)所示，水平度盘的读数为 134°53′48″；如图 2-11(b)所示，竖直度盘的读数为 87°58′36″。

2）单平板玻璃测微器及读数方法。单平板玻璃测微器主要由单平板玻璃、测微尺、连接机构和测微轮组成。转动测微轮，单平板玻璃与测微尺绕轴同步转动。当单平板玻璃底面垂直于光线时读数，如图 2-12(a)所示，读数窗中双指标线的读数是 92°+α，测微尺上单指标线读数为 15′。转动测微轮，使单平板玻璃倾斜一个角度，光线通过单平板玻璃后发生平移，如图 2-12(b)所示，当 92°分划线移到正好被夹在双指标线中间时，可以从测微尺上读出移动之后的读数为 23′28″。

图 2-13 所示为单平板玻璃测微器读数窗的影像，下面的窗格为水平度盘影像，中间的窗格为竖直度盘影像，上面的窗格为测微尺影像，分划值为 30′，测微尺全长为 30′，将其分为 30 大格，1 大格又分为 3 小格。因此，测微尺上每一大格为 1′，每一小格为 20″，估读至 0.1 小格（2″）。读数时，转动测微轮，使度盘某一分划线精确地夹在双指标线中央，先读取度盘分

模块二 房地产测绘基础知识

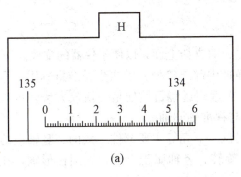
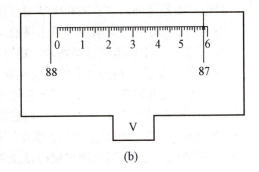

图 2-11 分微尺测微器读数窗
(a)水平度盘读数；(b)竖直度盘读数

划线上的读数，再读取测微尺上指标线读数，最后估读不足一分划值的余数，三者相加即读数结果。如图 2-13(a)所示，竖直度盘读数为 $92°+17'40''=92°17'40''$；如图 2-13(b)所示，水平度盘读数为 $4°30'+12'30''=4°42'30''$。

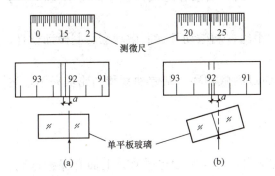
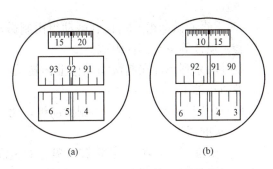

图 2-12 单平板玻璃测微器　　图 2-13 单平板玻璃测微器读数窗
(a)竖直度盘读数；(b)水平度盘读数

2. 电子经纬仪

世界上第一台电子经纬仪(electronic theodolite)于 1968 年研制成功，但直到 20 世纪 80 年代初才生产出商品化的电子经纬仪。随着电子技术的飞速发展，电子经纬仪的制造成本急速下降，目前，国产电子经纬仪的售价已经逼近同精度的光学经纬仪的价格。电子经纬仪利用光电转换原理和微处理器自动测量度盘的读数并将测量结果显示在仪器显示窗上，如将其与电子手簿连接，可以自动存储测量结果。

电子经纬仪含有望远镜，垂直、水平绝对编码盘及电子读数系统，水准器组，横轴组，竖轴组，水平、垂直制微动组，光学对中器，基座等。

(1)望远镜组。望远镜组可分为目镜、物镜及调焦三大部分。调焦部分属外调焦式，通过螺纹的转动转换为内调焦透镜的滑动，要求转动舒适、灵活，无卡位、晃动等现象。目镜部分可分为目镜和镀有十字丝和视距丝的分划板。

(2)横轴组。横轴组由横轴、横轴两端轴承等主要部分组成。横轴在轴承内应能灵活、无晃动地转动，同时在结构上应垂直于竖轴，而且在运动中保持位置不变。横轴左端安置绝对编码盘，横轴中部装有望远镜和供初步瞄准用的光学瞄准器。

在结构上，绝对编码盘在横轴端部的位置应满足下列要求：

· 15 ·

1)绝对编码盘刻划中心需和横轴中心共心；

2)绝对编码盘的分划面应垂直于横轴。

(3)手提组。手提组通过两颗紧固螺钉固定在左、右支架上面，以便于仪器的拿放。

(4)初瞄准器组。初瞄准器组安装在望远镜及横轴中部连接处，供初步瞄准目标用，靠近望远镜物镜处安置有"+"或"△"形的平面玻璃。靠近望远镜目镜处是一块放大镜，可以使用户清楚地看到"△"或"+"符合。初瞄准器轴应与视准轴同轴。

(5)竖轴组。竖轴组是由竖轴、套轴、绝对编码盘、下壳等主要部件组成的。竖轴组的作用是使望远镜、照准部及绝对编码盘绕垂线水平旋转。竖轴属于半运动式圆柱形轴，在结构上有下列优点：

1)在同样的参数条件下，晃动角比标准圆柱形轴小得多；

2)具有自动定中心作用，置中精度高；

3)摩擦力矩小，耐磨性好，转动平稳灵活；

4)受温度的影响小，研磨工作量小，便于批量生产。

竖轴、套轴和绝对编码盘在结构上是共轴的，而且要求在运动过程中保持不变，并与横轴垂直。

(6)垂直制微动组。垂直制微动组由制微动手轮、制微动环、制微动套、制微动丝杆、万向套、顶针等主要部件组成。

制微动系列部件在制微动丝杆上面转动，通过制微动环、制微动套和凸轮块夹紧，达到制微动共轴工作的目的。

(7)水平制微动组。同垂直制微动组，此处略。

(8)水准器组。

1)长水准器。安装在照准部支架上的金属管内，且与竖轴组垂直，上面有保护玻璃，用石膏加以封固。金属座右端是一颗紧固螺钉，左端有一颗可使长水准器左端升高或降低的校正螺钉，以此校正长水准器轴，使其垂直于竖轴。

2)圆水准器。圆水准器是初平水准器，长水准器调好后，直接把圆水准器气泡调到中心位置即可。

(9)电池盒。南方ET系列电池盒是由5节镍氢电池组合而成的。其电压正常值为5.5～7 V。

(10)光学对中器。光学对中器的调焦机构与内对光调焦望远镜相似，转动目镜调焦手轮，使分划板上的十字丝清晰，称为对分划板调焦。转动测点调焦手轮，使测点在分划板上所成的像和十字丝同样清晰，从结构上要求分划板的十字丝中心经过棱镜，转向后应通过物镜中心。

(11)显示器组。显示器组由液晶板、液晶驱动器、IC并行接口板等主要部分组成。

通过IC并行接口电路按键输入字符后，字符被送入微机，微机输出信号，将指令传输给液晶驱动器，液晶驱动器在接收到地址线和外部同步信号后，与时钟SCL发生作用，从微机和IC并行接口板读入数据，显示字符。

(12)CCD组。CCD组由发光二极管、CCD驱动电路等主要部件组成。当发光二极管有光信号发出时，CCD驱动电路接收光信号并将其转化为电信号，最后电信号在CPU中解码，从而实现测角。

(13) 机座和脚螺旋。旋开三爪式轴座的固定螺栓，照准部和机座便可卸开，将仪器和机座放在工作台上，再松开安平螺栓上的盖帽，顺时针转动安平螺母，然后翻转机座，用螺钉旋具松开三角压板上面的 3 颗平头螺钉，脚螺旋和机座便可分离，机座和三角压板分开。到此，便可进行脚螺旋各零件的清洗、上油工作。

(14) 倾斜传感器组。倾斜传感器组是由电子水泡和测量电路构成的，被两颗螺钉固定在主机的右侧。倾斜传感器组应保证视准轴水平，垂直绝对编码盘读数为 90°，且长水准器气泡居中。

二、项目资料和书写工具

1. 应携带的项目资料

施测人员在进行外业施测前，应对所要进行的施测项目进行查阅，检查所需项目资料是否带全。一般应携带以下项目资料：

(1) 所测项目相关的全套设计图纸；
(2) 公用部位设计使用情况说明；
(3) 房屋坐落及房间号码编排表；
(4) 人防设施相关材料；
(5) 其他必需材料。

2. 应携带的书写工具

(1) 笔；
(2) 外业测量调查表；
(3) 预测图纸；
(4) 其他必需工具。

三、与委托单位的工作人员进行沟通

为了能更快、更好地完成测绘任务，施测人员在进行施测前还应当主动与委托单位的相关工作人员进行联系，联系时一般沟通以下几点内容：

(1) 了解施测项目的地理位置，确定合理的出发路线；
(2) 了解施测现场的基本情况，确定合适的测绘程序；
(3) 确定准确的测绘时间，请其做好相关协助工作。

单元二　地面点位置的确定

一、地球的形状和大小

测绘工作是在地球表面上进行的，其基本任务是确定地面点的位置。点是地球表面上形成地物和地貌最基本的单元，合理地选择一些地面点，对其进行测绘，就能将地物和地貌准确地表现出来，因此，在测绘工作中最基本的工作就是地面点位置的确定。

为了确定地面点位，就需要相应的基准面和基准线作为依据，测绘工作是在地球表面进行的，故测量工作的基准面和基准线与地球的形状及大小有关。

地球的自然表面是很不规则的，其上有高山、深谷、丘陵、平原、江湖和海洋等，最高的珠峰高出海平面 8 848.86 m，最深的太平洋马里亚纳海沟低于海平面 10 909 m，其相对高差约 20 km，但与地球的平均半径 6 371 km 相比，是微不足道的，就整个地球表面而言，陆地面积仅占 29%，而海洋面积占了 71%。因此，可以设想地球的整体形状是被海水所包围的球体，即设想将静止的海水向整个陆地延伸，用所形成的封闭曲面来代替地球表面，如图 2-14 所示，此封闭曲面称为大地水准面。通常用大地体代表地球的真实形状和大小。研究地球形状和大小，就是研究大地水准面的形状和大地体的大小。

大地水准面的特性是处处与铅垂线相垂直。大地水准面和铅垂线就是实际测量工作所依据的基准面和基准线。

因为地球内部质量分布不均匀，致使地面上各点的铅垂线方向产生不规则变化，所以，大地水准面是一个不规则的无法用数学式表述的曲面，在这样的面上是无法进行测量数据的计算及处理的。因此，人们进一步设想，用一个与大地体非常接近的又能用数学式表述的规则球体，即旋转椭球体代表地球的形状，如图 2-15 所示。它是由椭圆 NESW 绕短轴 NS 旋转而成的。旋转椭球体的形状和大小由椭球基本元素确定，即椭圆的长半轴 a、短半轴 b 及扁率 α，其关系式为

$$\alpha = \frac{a-b}{a} \tag{2-2}$$

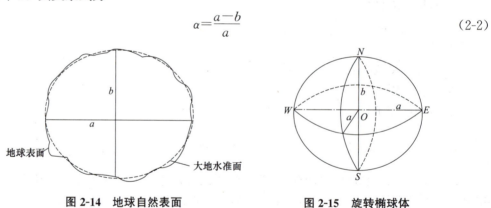

图 2-14　地球自然表面　　　　　图 2-15　旋转椭球体

某一国家或地区为处理测量成果而采用与大地体的形状、大小最接近，又适合本国或本地区要求的旋转椭球体，这样的椭球体称为**参考椭球体**。确定参考椭球体与大地体之间的相对位置关系，称为**椭球体定位**。参考椭球体面只具有几何意义而无物理意义，它是严格意义上的测量计算基准面。

阅读材料：参考椭圆体　　阅读材料：大地水准面　　阅读材料：关于地球

1954 北京坐标系（P54）采用的是克拉索夫斯基椭球，1980 国家大地坐标系（C80）采用的

是 1975 国际椭球，而全球定位系统（GPS）采用的是 WGS—84 椭球。我国 2008 年 7 月 1 日启用的地心坐标系——2000 国家大地坐标系，英文名称为 China Geodetic Coordinate System 2000，英文缩写为 CGCS 2000，其地球椭球体的参数值：$a=6\ 378\ 137$ m，$b=6\ 356\ 752.314\ 14$ m，$\alpha=1:298.257\ 222\ 101$。

由于参考椭球体的扁率很小，故在小区域的普通测量中可以将地（椭）球看作圆球，其半径 $R=(a+a+b)/3=6\ 371$ km。当测区范围更小时，还可以将地球看作平面，使计算工作更为简单。

（1）水准面和水平面。人们设想以一个静止不动的海水面延伸穿越陆地，形成一个闭合的曲面包围了整个地球，这个闭合曲面称为水准面。水准面的特点是水准面上任意一点的铅垂线都垂直于该点的曲面。与水准面相切的平面称为水平面。

（2）大地水准面。水准面有无数个，其中与平均海水面相吻合的水准面称为大地水准面。其是测量工作的基准面。由大地水准面所包围的形体称为大地体。

（3）铅垂线。重力的方向线称为铅垂线。其是测量工作的基准线。在测量工作中，取得铅垂线的方法如图 2-16 所示。

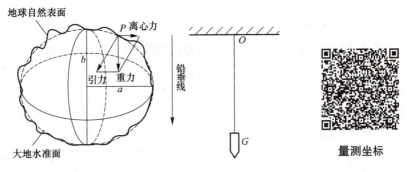

图 2-16　铅垂线（地球重力线）

阅读材料

大地水准面、铅垂线是外业测量工作的基准面和基准线。测绘工作的坐标系建立在参考椭球面上，参考椭球面是测量内业计算工作的基准面。在房地产测绘施工场地区域不太大的范围内，参考椭球面与以大地水准面为基准面建立的坐标系对水平距离及水平角度的影响小到可以忽略不计。另外，测绘仪器很容易得到大地水准面的铅垂线，所以，将铅垂线作为测量工作的基准线（以其作为安置的依据），进而将大地水准面作为测量工作的基准面。

二、地面点位的确定

地面点的空间位置需由三个参数来确定，即该点在大地水准面上的投影位置（两个参数）和该点的高程。

1. 地面点在大地水准面上的投影位置

地面点在大地水准面上的投影位置，可以用地理坐标、高斯平面直角坐标和独立平面直角坐标表示。

(1) 地理坐标。地理坐标是用经度 λ 和纬度 φ 表示的地面点在大地水准面上的投影位置，由于地理坐标是球面坐标，故不便于直接进行各种计算。

(2) 高斯平面直角坐标。高斯平面直角坐标是利用高斯投影法建立的平面直角坐标系。在广大区域内确定点的平面位置，一般采用高斯平面直角坐标。

高斯投影法将地球划分成若干带，再将每带投影到平面上。

如图 2-17 所示，投影带是从首子午线起，每隔经度 6° 划分一带，称为 6° 带，将整个地球划分成 60 个带。带号从首子午线起自西向东编序，0°～6° 为第 1 号带，6°～12° 为第 2 号带。位于各带中央的子午线，称为中央子午线。第 1 号带中央子午线的经度为 3°，任意号带中央子午线的经度 L_0 可按式 (2-3) 计算：

$$L_0 = 6°N - 3° \tag{2-3}$$

反之，已知地面任一点的经度 L，则该点所在 6° 带编号的计算公式为

$$N = \text{int}\left(\frac{L+3}{6} + 0.5\right) \tag{2-4}$$

式中　N——6° 带的带号；

　　　int——取整函数。

将地球看作椭圆球，并设想将投影面卷成椭圆柱面套在地球上，如图 2-18 所示，使椭圆柱的轴心通过椭圆球的中心，并与某 6° 带的中央子午线相切，将该 6° 带上的图形投影到椭圆柱面上，再将椭圆柱面沿过南极、北极的母线剪开，并展开成平面，这个平面称为高斯投影平面。中央子午线和赤道的投影是两条互相垂直的直线。

图 2-17　高斯平面直角坐标的分带

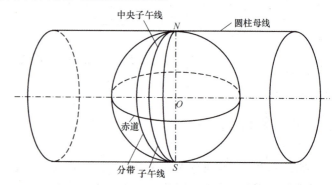

图 2-18　高斯平面直角坐标的投影

中央子午线的投影为高斯平面直角坐标系的纵轴 x，向北为正；赤道的投影为高斯平面直角坐标系的横轴 y，向东为正；两坐标轴的交点 O 为坐标原点。由此建立了高斯平面直角坐标系，如图 2-19 所示。

地面点的平面位置，可以用高斯平面直角坐标 x、y 表示。由于我国位于北半球，故 x 坐标均为正值，y 坐标则有正有负。如图 2-19(a) 所示，$y_A = +136\ 780$ m，$y_B = -272\ 440$ m。为了避免 y 坐标出现负值，将每带的坐标原点向西平移 500 km，如图 2-19(b) 所示，纵轴西移后：$y_A = 500\ 000 + 136\ 780 = 636\ 780$(m)，$y_B = 500\ 000 - 272\ 440 = 227\ 560$(m)。

阅读材料：高斯平面直角坐标

在横坐标值前冠以投影带带号，如 A、B 两点均位于第 20 号带，则 $y_A = 20\ 636\ 780$ m，

$y_B = 20\ 227\ 560$ m。

如图 2-20 所示,高斯平面直角坐标系与数学中的笛卡尔坐标系不同。高斯平面直角坐标系纵轴为 x 轴,横轴为 y 轴,坐标象限编号按顺时针方向递增;角度从 x 轴的北方向起算,顺时针方向增大。这些都与笛卡尔的数学坐标系正好相反,其目的是使内业数据计算系统与外业测量系统一致(测绘仪器外业定向只能是北方向),并能将三角公式不做任何变动地应用到测量计算。

当要求投影变形更小时,可以采用 3°带投影。如图 2-21 所示,3°带是从东经 1°30′开始,每隔经度 3°划分一带,将整个地球划分成 120 个带。每一带按前面所述方法,建立各自的高斯平面直角坐标系。

各带中央子午线的经度 L_0' 可按式(2-5)计算:

$$L_0' = 3°n \tag{2-5}$$

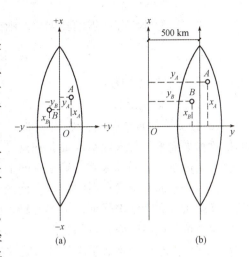

图 2-19 高斯平面直角坐标系
(a)坐标原点西移前的高斯平面直角坐标系;
(b)坐标原点西移后的高斯平面直角坐标系

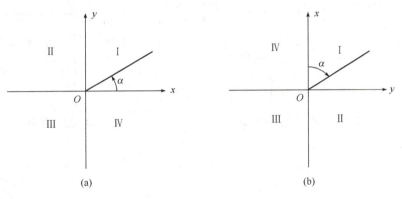

图 2-20 笛卡尔坐标系与高斯平面直角坐标系
(a)笛卡尔坐标系;(b)高斯平面直角坐标系

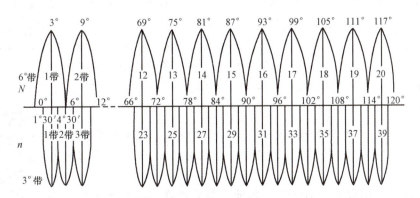

图 2-21 高斯平面直角坐标系 6°带投影与 3°带投影的关系

反之,已知地面任一点的经度 L,则该点所在 3°带编号的计算公式为

$$n = \text{int}\left(\frac{L}{3} + 0.5\right) \tag{2-6}$$

式中　n——3°带的带号;

　　　int——取整函数。

(3)独立平面直角坐标。如图 2-22 所示,当测区范围较小时,可以用过测区中心点 C 的任意水平面来代替大地水准面。在这个平面上建立的测区平面直角坐标系,称为独立平面直角坐标系。在局部区域内确定点的平面位置,可以采用独立平面直角坐标。

在独立平面直角坐标系中,规定南北方向为纵坐标轴,记作 x 轴,向北为正,向南为负;以东西方向为横坐标轴,记作 y 轴,向东为正,向西为负;坐标原点 O 一般选择在测区的西南角,使测区内各点的 x、y 坐标均为正值;坐标象限按顺时针方向编号,如图 2-23 所示。其目的是便于将数学中的公式直接应用到测量计算中,而无须做任何变更。

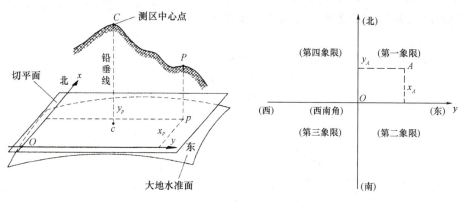

图 2-22　独立平面直角坐标系　　　　图 2-23　坐标象限

阅读材料

高斯平面直角坐标系坐标原点向西平移 500 km 的讨论。高斯 6°带对应的赤道弧全长为 $[-y, +y]$,WGS-84 地球椭球参数长半轴 $a = 6\,378.137$ km,则 6°带赤道弧全长为 $6° \times a = (6\pi/180) \times 6\,378.137 = 667.916\,9 \text{(km)}$,则赤道弧全长的一半即横坐标 y 负值部分的最大值 $y_{\max} = 333.958$ km,将坐标纵轴向西平移 500 km,则该带内的所有点的横坐标均为正值[最小也为 $500 - 333.958 = 166.042\text{(km)}$]。

阅读材料:水平面代替水准面的影响

2. 地面点的高程

(1)绝对高程。地面点到大地水准面的铅垂距离,称为该点的绝对高程,简称高程,用 H 表示。如图 2-24 所示,地面点 A、B 的高程分别为 H_A、H_B。

中华人民共和国成立之前,我国各地区曾采用众多高程系统。中华人民共和国成立之后,我国在青岛建立了国家水准原点,统一了高程系

阅读材料 5 独立平面直角坐标

统，先后共有两个。一个是 1956 年的黄海高程系，水准原点高程为 72.289 m；另一个是目前采用的"1985 年国家高程基准"，水准原点高程为 72.260 m。后者大地水准面高出前者大地水准面 0.029 m。

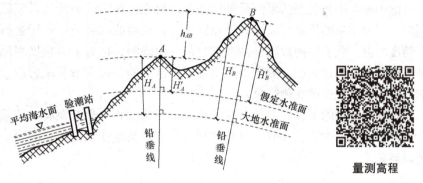

图 2-24　高程和高差

(2) 相对高程。地面点到假定水准面的铅垂距离，称为该点的相对高程或假定高程。在图 2-24 中，A、B 两点的相对高程为 H'_A、H'_B。

(3) 高差。地面两点之间的高程之差，称为高差，用 h 表示，高差有方向和正负。A、B 两点的高差为

$$h_{AB} = H_B - H_A \tag{2-7}$$

当 h_{AB} 为正时，B 点高于 A 点；当 h_{AB} 为负时，B 点低于 A 点。B、A 两点的高差为

$$h_{BA} = H_A - H_B \tag{2-8}$$

A、B 两点的高差与 B、A 两点的高差，绝对值相等，符号相反，即

$$h_{AB} = -h_{BA} \tag{2-9}$$

根据地面点的三个参数 x、y、h，地面点的空间位置就可以确定了。

单元三　房地产项目测绘的精度要求

一、测量误差的来源

测量误差的产生是不可避免的，其来源概括起来有以下三方面：

(1) 仪器条件。仪器在加工和装配等工艺过程中，不能完全保证其结构能满足各种几何关系，必然会给测量带来误差。

(2) 观测者的自身条件。观测者感官鉴别能力有限以及技术熟练程度不同，会在仪器对中、整平和瞄准等方面产生误差。

(3) 外界条件。这主要是指观测环境中气温、气压、空气湿度和清晰度、风力以及大气折光等因素的不断变化，导致测量结果中出现误差。

由于仪器、观测者和外界条件三方面因素综合影响观测结果，使其偏离真值而产生误差，故把这三者合称为观测条件。

观测结果的质量与观测条件的好坏有着密切的关系。观测条件好，观测时产生的误差就可能小些，因而观测结果的质量就高些；反之，观测结果的质量就低些。当观测条件相同时，观测结果的质量可以认为是相同的。在相同的观测条件下所进行的一组观测，称为等精度观测。在不同的观测条件下进行的一组观测，称为不等精度观测。不论观测条件好坏，在整个观测过程中，测量误差总是不可避免的。在弄清其来源后，分析其对观测的影响，可以获得较好的观测结果。

在测量中，除了误差之外，有时还可能发生错误。例如测错、读错、算错等，这是由于观测者的疏忽大意造成的。只要观测者仔细认真地作业并采取必要的检核措施，错误就可以避免。

二、测量误差的分类

根据误差产生的原因和误差性质的不同，观测误差可以分为系统误差和偶然误差两大类。

1. 系统误差

在相同的观测条件下（同样的仪器工具、同样的技术与操作方法、同样的外界条件），对某量做一系列观测，其误差保持同一数值、同一符号，或遵循一定的变化规律，这种误差称为系统误差。

例如，用一把名义长度为 30 m，而实际长度为 30.010 m 的钢尺丈量距离，每量一尺段就要少量 0.010 m，这 0.010 m 的误差，在数值上和符号上都是固定的，丈量距离越长，误差也就越大。

系统误差对观测成果有累积作用，在测量工作中，应设法消除或减小系统误差。常用的改正方法有以下两种：

(1)在观测方法和观测程序上采取必要的措施，限制或削弱系统误差的影响。例如水准测量中的前后视距应保持相等，分上下午进行往返观测；三角测量中的正、倒镜观测，盘左、盘右读数，分不同的时间段观测等。

(2)分别找出产生系统误差的原因，利用已有公式，对观测值进行改正，如对距离观测值进行必要的尺长改正、温度改正、地球曲率改正等。

2. 偶然误差

(1)偶然误差的含义。在相同观测条件下，对某量进行一系列的观测，如果误差的大小及符号都没有表现出一致性的倾向，表面上看没有任何规律，这时出现的误差即为偶然误差。偶然误差是不可避免的。为了提高观测成果的质量，通常要使观测值的个数多于未知量的个数，也就是要进行多余观测，采用多余观测结果的算术平均值作为最后观测结果。

(2)偶然误差的特性。就单个偶然误差而言，其大小和符号均没有规律性，但就其总体而言，却呈现出一定的统计规律性。

例如，某一测区在相同的观测条件下，对一个三角形的边角进行观测，由于观测值含有误差，其内角和观测值一般不等于其真值 180°，两者之差称为真误差：

$$\Delta_i = (l_1 + l_2 + l_3)_i - 180°(i = 1, 2, \cdots, n) \quad (2\text{-}10)$$

式中 $(l_1 + l_2 + l_3)_i$——第 i 个三角形内角观测值之和。

现观测 162 个三角形的全部三个内角，将其真误差按绝对值大小排列组成表 2-1。

表 2-1 真误差绝对值大小排列

误差区间 (3″)	正误差		负误差		合计	
	个数 k	频率 k/n	个数 k	频率 k/n	个数 k	频率 k/n
0～3	21	0.130	21	0.130	42	0.260
3～6	19	0.117	19	0.117	38	0.234
6～9	12	0.074	15	0.093	27	0.167
9～12	11	0.068	9	0.056	20	0.124
12～15	8	0.049	9	0.056	17	0.105
15～18	6	0.037	5	0.030	11	0.067
18～21	3	0.019	1	0.006	4	0.025
21～24	2	0.012	1	0.006	3	0.018
24 以上	0	0	0	0	0	0
∑	82	0.506	80	0.494	162	1.000

为了更直观地表示出误差的分布情况，还可以采用直方图的形式来表示。绘制直方图时，横坐标取误差 Δ 的大小，纵坐标取误差出现于各区间的相对个数除以区间的间隔值 $d\Delta$，图 2-25 所示为该组误差的分布情况。

根据以上分析，可以看出偶然误差具有以下四个特性：

(1) 有限性。偶然误差的绝对值不会超过一定的限值。
(2) 聚中性。绝对值小的误差比绝对值较大的误差出现的机会多。
(3) 对称性。绝对值相等的正、负误差出现的机会相等。
(4) 抵消性。随着观测次数的无限增加，偶然误差的理论平均值趋近于零，即

$$\lim_{n \to +\infty} \frac{[\Delta]}{n} = 0 \quad (2\text{-}11)$$

式中 $[\Delta] = \Delta_1 + \Delta_2 + \cdots + \Delta_n = \sum_{i=1}^{n} \Delta_i$。

在测量中，常用 [ ] 表示括号中数值的代数和。

当误差个数 $n \to +\infty$ 时，如果把误差间隔 $d\Delta$ 无限缩小，图 2-25 中的各长方形顶点折线就变成了一条光滑的曲线。图 2-26 所示的曲线称为误差分布曲线，即正态分布曲线。可以看出，图中曲线形状越陡峭，表示误差分布越密集，观测质量越高；曲线越平缓，表示误差分布越离散，观测质量越低。

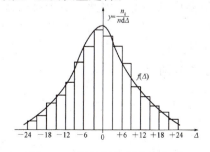

图 2-25 偶然误差频率直方图

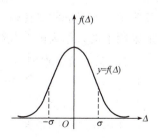

图 2-26 正态分布曲线图

误差分布曲线的方程为

$$y = f(\Delta) = \frac{1}{\sqrt{2\pi}\sigma} e^{-\frac{\Delta^2}{2\sigma^2}} \tag{2-12}$$

式中 σ（其值大于 0）——与观测条件有关的参数。

当 $n \to +\infty$ 时，在横坐标 Δ_k 处有

$$y_k \mathrm{d}\Delta = f(\Delta_k) \mathrm{d}\Delta = \frac{n_k}{n} \tag{2-13}$$

即

$$\frac{n_k}{n \mathrm{d}\Delta} = f(\Delta_k)$$

上式即为在 Δ_k 处，区间 $\mathrm{d}\Delta$ 内误差出现的频率 $\frac{n_k}{n}$ 与误差分布曲线的关系。

实践证明，偶然误差不能用计算改正或用一定的观测方法简单地加以消除，只能根据偶然误差的特性来合理地处理观测数据，以减少偶然误差对测量成果的影响。

三、衡量测量精度的指标

1. 测量精度的概念

测量精度是指测量值与"真实"值之间的最大偏差的绝对值，是指测量值的重复性偏差。而在实际工作中，常用它来表征测量结果偏离其真值或似真值的程度，其含义等价于"测量结果的准确度"。

仪器的精度就是指用该仪器测量所得到结果的精度。

根据误差理论可知，当测量次数无限增多的情况下，可以使随机误差趋于零，而获得的测量结果与真值偏离程度——测量准确度，将从根本上取决于系统误差的大小，因而，系统误差大小反映了测量可能达到的准确程度。

2. 中误差

为了统一测量在一定观测条件下观测结果的精度，取标准值作为依据，在统计理论上是合理的。但是，在实际测量工作中，不可能对某一量做无穷多次观测，因此，定义按有限次数观测的偶然误差用标准差计算公式求得的值称为"中误差"，即

$$m = \pm \sqrt{\frac{[\Delta\Delta]}{n}} \tag{2-14}$$

式中 $[\Delta\Delta] = \Delta_1^2 + \Delta_2^2 + \Delta_3^2 + \cdots + \Delta_n^2$；

n——观测次数。

式中显示出中误差与真误差之间的关系。中误差不等于真误差，它只是一组真误差的代表值。中误差 m 值的大小反映了这组观测值精度的高低，因此，对于有限次数的观测，用中误差评定其精度，实践证明是比较合适的。

测量上一般采用中误差作为衡量观测质量的标准。

【例 2-1】 设有两组等精度观测值，其真误差分别为：

第一组：$-4''$、$-3''$、$0''$、$-4''$、$+2''$

第二组：$+6''$、$-5''$、$0''$、$+1''$、$-1''$

求其中误差，并比较其观测精度。

【解】按式 $m=\pm\sqrt{\dfrac{[\Delta\Delta]}{n}}$ 计算得

$$m_1=\pm\sqrt{\dfrac{(-4)^2+(-3)^2+0^2+(-4)^2+2^2}{5}}=\pm 3.0''$$

$$m_2=\pm\sqrt{\dfrac{6^2+(-5)^2+0^2+1^2+(-1)^2}{5}}=\pm 3.5''$$

两组观测值的中误差为 $m_1=\pm 3.0''$、$m_2=\pm 3.5''$。显然，第一组的观测精度较第二组高。由此可以看出，第二组的观测误差比较离散，相应的中误差就大，精度就低。

3. 相对误差

中误差和真误差都是绝对误差，误差的大小与被观测量的大小无关，是常用测量单位的有理数。然而，有些量如长度，绝对误差不能全面反映观测精度，因为长度丈量的误差与长度大小有关。例如：分别丈量了两段不同长度的距离，一段为 200 m，另一段为 300 m，设观测值的中误差皆为 ±0.01 m，但显然不能认为这两段距离观测成果的精度相同。因为，两者虽然从表面上看误差相同，但就长度而言，两者的精度并不相同。为此，需要引入"相对误差"的概念，以便能更客观地反映实际测量精度。

相对误差为中误差的绝对值与相应观测值之比，用 K 表示。相对误差习惯于用分子为 1 的分数形式表示，分母越大，表示相对误差越小，精度也就越高。

4. 极限误差

极限误差也称允许误差。由偶然误差的性质可知，在一定的观测条件下，偶然误差的绝对值不会超过一定的限值。根据误差理论和大量的实践证明，在等精度观测某量的一组误差中，大于两倍中误差的偶然误差，其出现的概率为 4.6%，大于三倍中误差的偶然误差，其出现的概率为 0.3%，0.3%是概率接近于零的小概率事件。因此，在测量规范中，为确保观测成果的质量，通常规定以其中误差的两倍或三倍为偶然误差的允许误差或限值。当精度要求较高时，采用两倍中误差作为允许误差，即 $f_允=3m$。

在测量规范中，对每一项测量工作，根据不同的仪器和不同的测量方法，分别规定了允许误差的值，在进行测量工作时必须遵循。如果个别误差超过了允许值，就被认为是错误的，此时，应舍去相应的观测值，并重测或补测。

四、房地产界址点的精度要求

房地产界址点是房地产产权范围的唯一标志，是产权登记的最重要内容，对保护产权人的权益至关重要。

房地产界址点的精度分为 3 级，各级界址点相对于邻近控制点的点位误差和间距超过 50 m 的相邻界址点的间距误差不超过表 2-2 的规定。

表 2-2 房地产界址点的精度要求

界址点等级	界址点相对于邻近控制点的点位误差和相邻界址点间的间距误差	
	限差/m	中误差/m
一	±0.04	±0.02
二	±0.10	±0.05

续表

界址点等级	界址点相对于邻近控制点的点位误差和相邻界址点间的间距误差	
	限差/m	中误差/m
三	±0.20	±0.10

对间距未超过 50 m 的界址点的间距误差的限差不超过下式的计算结果：

$$\Delta D = \pm(m_j + 0.02\, m_j D)$$

式中　ΔD——界址点坐标计算的边长与实量边长误差的限差(m)；

m_j——相应等级界址点的点位中误差(m)；

D——相邻界址点间的距离(m)。

五、房角点精度要求

房角点是房屋轮廓线的交点，房屋轮廓线是房屋外墙面的前线，在地籍测绘中称房角点为建筑物角点。

《房产测量规范 第 1 单元：房产测量规定》(GB/T 17986.1—2000)中所说的房角点的精度要求，是指房角点坐标的精度要求，该标准对房角点的精度要求：需要测定房角点的坐标时，房角点坐标的精度等级和限差执行与界址点相同的标准；不要求测定房角点坐标时，则将房屋按国家标准《房产测量规范 第 1 单元：房产测量规定》(GB/T 17986.1—2000)中规定的精度要求表示于房地产图上，即模拟方法测绘的房产分幅平面图上的地物点，相邻于邻近控制点的点位中误差不超过图上±0.5 mm；

水平角观测误差来源及消减措施

利用已有的地籍图、地形图编绘房产分幅图时，地物点相对于邻近控制点的点位中误差不超过图上±0.6 mm；对全野外采集数据或野外解析测量等方法所测的房地产要素点和地物点，相对于邻近控制点的点位中误差不超过±0.05 m；采用已有坐标或已有图件，展绘成房产分幅图时，展绘中误差不超过图上±0.1 mm。

阅读材料

房地产项目测绘有关限差、误差的规定

(1)房屋边长测量设备需要定期检定，并符合以下精度要求：

1)经检定的钢卷尺，同尺两次测量读数之差 ΔD 应满足：

$$|\Delta D| \leqslant 0.000\,5 D \qquad (D > 10 \text{ m 时})$$
$$|\Delta D| \leqslant 0.000\,1 D \qquad (D \leqslant 10 \text{ m 时})$$

2)经检定的手持式测距仪，两次测量读数之差 ΔD 应满足：

$$|\Delta D| \leqslant 0.005 \text{ m}$$

3)经检定的红外测距仪，一测回读数较差 ΔD 应满足：

$$|\Delta D| \leqslant 0.005 \text{ m}$$

4)经检定的全站仪，一测回读数较差 ΔD 应满足：

$$|\Delta D| \leqslant 0.005 \text{ m}$$

(2) 房屋边长、层高多次测量的限差规定。

多次测量边长、层高结果较差绝对值应满足：

$$|\Delta D|(或|\Delta H|) \leqslant 0.005D(或0.005H)$$

D、H 为实测值，小于 10 m 按 10 m 计。

(3) 实测边长与经批准的图纸设计尺寸较差绝对值满足下式要求时，可认为实际房屋边长与设计值相符（其中 D 为实测边长，以米为单位）：

$|\Delta D| \leqslant 0.03$ m　　　　　　　　　　　　　　（$D \leqslant 10$ m 时）

$|\Delta D| \leqslant 0.003D$　　　　　　　　　　　　　（10 m $< D <$ 30 m 时）

$|\Delta D| \leqslant 0.10$ m　　　　　　　　　　　　　　（$D >$ 30 m 时）

(4) 分割测点的精度：相对于相邻控制点点位中误差不超过 ± 0.05 m。

(5) 房屋竣工（现状、变更、分割）测绘面积两次测算结果比较之差的限值按如下规定：

以套内建筑面积计，较差百分比不大于 0.6%；

以建筑面积计，较差百分比不大于 1%。

阅读材料：大地坐标系

单元四　房地产测量基准

一、房地产测量的坐标系统

房地产测量基准应采用 2000 国家大地坐标系或地方坐标系，采用地方坐标系时应和国家坐标系联测。

从长远和全局考虑，国家也要求全国应采用统一的国家大地坐标系统，并使各城市的城市控制网成为国家控制网的一部分。但是由于历史原因，在相当长一段时期内我国没有形成和提供覆盖全国的高精度的国家大地控制网成果，而城市由于规划和建设的需要，许多大中城市都先后建立了自己独立的地区性的大地控制网，形成了自己的大地坐标系统和平面坐标系统，有的已有相当的历史，这个城市的测绘成果和市政工程资料均属这一独立坐标系统之内。这些城市控制网一般质量好，投影变形也很小，能满足大比例尺测图和施工放样的需要。这些城市控制成果一般也能满足城镇地籍测绘和房地产测绘平面控制的需要。为了充分利用现有的成果资料，保持城市测绘成果资料的统一和共享，也为了房地产测绘成果能为城市的经济建设服务，所以在国家标准《房产测量规范 第1单元：房产测量规定》(GB/T 17986.1—2000)中提倡使用国家统一的坐标系统——2000 国家大地坐标系，也允许使用城市地方坐标系。但使用地方坐标系时应和国家坐标系联测，联测点不少于 3 个，其目的是保证必要时能将地方坐标系转换为国家坐标系。

房地产测量的坐标系统是房产测量的测算基准和起算基准，它由参考椭球、定位和定向以及大地点的大地数据组成。

模块二　房地产测绘基础知识

1980 西安坐标系曾被命名为 1980 国家大地坐标系，大地原点设在陕西省西安市泾阳县永乐镇，地球椭球的短轴平行于由地球地心指向 1 968.0 地极原点(JYD)的方向，起始大地子午面平行于格林尼治平均天文台子午面，按多点定位法则建立，地球椭球包括几何参数和物理参数共 4 个，即地球椭球长半径 a、地心引力常数 f_M、地球重力场二阶带球谐系数 J_2 和地球自转角速度 ω_0。基本参数的数值采用 1975 年国际大地测量与地理物理联合会推荐值。我国现在使用 1980 西安坐标系，也有部门采用新的 1954 北京坐标系，见表 2-3。

表 2-3　我国各地先后采用的大地坐标系

坐标系名称	椭球名称	椭球长半径/m	椭球扁率	椭球定向	大地原点	备注
2000 国家大地坐标系		6 378 137	1∶298.257 222 101			
1980 西安坐标系	IUGG—75	6 378 140	1∶298.257	1 968.0(JYD)（地极原点）	西安	
1954 北京坐标系	克拉索夫斯基	6 378 245	1∶298.3		普尔科伐延伸	
新 1954 北京坐标系	克拉索夫斯基	6 378 245	1∶298.3	1 968.0(JYD)	西安	
台湾坐标系	1967 年国际椭球	6 378 160	1∶298.247		台湾虎子山地理中心碑	
香港坐标系	1963 大地坐标系	6 378 388	1∶297			
各城市坐标系	克拉索夫斯基	6 378 245	1∶298.3		一般在城市中心	
WGS—84 坐标系	平均椭球	6 378 137	1∶298.257	1 984.0(BIH)	地球质心	GPS 用的地心坐标

二、房产测量的平面投影

将椭球面上的大地坐标、大地线的方向和长度、大地方位角按照一定的数学法则换算到平面上，即地图投影。我们知道，椭球面是不可展曲面，因此按照一定的条件把椭球面上的元素投影到投影面上时，必然产生投影变形。根据《中华人民共和国测绘法》的规定，我国采用高斯－克吕格正形投影，简称高斯投影。

《房产测量规范 第 1 单元：房产测量规定》(GB/T 17986.1—2000)中规定：房产测量统一采用高斯投影。

在我国，当测图比例尺小于 1∶10 000 时，采用 6°带投影；而在 1∶10 000 和大于 1∶10 000 测图时采用 3°带投影。但是房地产测量不仅是测量房地产图，还要测量界址点、边长，所以不能只看几度带，而应计算自己测区投影变形的大小，看其变形是否影响房地产测量的精度要求。投影变形计算采用式(2-15)：

$$\Delta D = D \frac{Y_m^2}{2R_m^2} - D \frac{H}{R_m} \qquad (2\text{-}15)$$

式中　ΔD——高斯投影和高程投影对边长的联合影响(m);

　　　D——边长(m);

　　　Y_m——边长两端点横坐标的中数(km);

　　　H——边长的概略高程(km);

　　　R_m——边长处的平均曲率半径,R_m 取 6 371 km 即可。

由于城市工程放样的需要,城市测量对投影变形的限制很严,要求变形小于 0.025 m/km,即投影误差应不超过 1/4 000,所以城市测量中央子午线一般定在城市中央,它们不一定是"3°带"或"6°带"的中央子午线,这样的精度对房地产测量来讲也是可以满足的。

在制定房地产测量测区计划和设计时,均应按式(2-15)概率计算高斯投影与高程投影后变形的大小,采取必要的措施,使以上变形控制在允许误差范围以内。

三、高程测量基准

房产测量一般不测高程,需要进行高程测量时,由设计书另行规定。但在起伏较大的山城或丘陵城市,在地形变化的特征处测定高程特征点的高程,应按国家标准《房产测量规范 第 1 单元:房产测量规定》(GB/T 17986.1—2000)中的规定进行表述,并标出其高程值。这对房地产的管理规划、房地产开发等均有重大作用,可以提高和扩大房产测量成果的使用价值。但由于高程对房地产测量并不是普遍需求,即使需要时,所需的高程精度也要求较低。这种低精度的高程测量方法很多,要求很一般,所以国家标准《房产测量规范 第 1 单元:房产测量规定》(GB/T 17986.1—2000)也没有对此做出规定。需要进行高程测量时,可自行决定,但在高程测量和高程注记时均须注明采用 1985 国家高程基准。

模块小结

本模块主要介绍了房地产测绘的基础知识,讲述了房地产测量中的一些基本知识、测前准备工作、地面点位置的确定、房地产项目测绘的精度要求、房地产测量基准。

思考与练习

一、填空题

1. 钢尺根据零点位置的不同有_____和_____之分。
2. 在精确的距离测量中,使用_____和_____来测定钢尺的拉力和温度,以便对所测距离进行拉力和温度的改正。
3. _____是采用砷化镓(GaAs)半导体二极管作为光源的相位式测距仪。
4. 经纬仪的种类有很多,按读数原理可分为_____和_____两大类。

5. DJ07、DJ2、DJ6等。"D"和"J"为_____和_____的汉语拼音第一个字母，后面的数字代表该仪器一测回方向观测中误差。

6. 光学经纬仪主要由_____、_____、_____三部分组成。

7. 望远镜组可分为_____、_____及_____三大部分；横轴组由_____、_____等主要部分组成。

8. 水准测量所使用的仪器为_____、_____和_____。

9. 水准管分划值越_____，灵敏度越_____，用来整平仪器精度也越_____。

10. 地面点到大地水准面的铅垂距离，称为该点的_____。

11. 根据误差产生的原因和误差性质的不同，观测误差可以分为_____和_____两大类。

12. _____是指测量值与"真实"值之间的最大偏差的绝对值，是指测量值的重复性偏差。

13. _____是房屋轮廓线的交点，房屋轮廓线是房屋外墙面的前线。

14. 《房产测量规范 第1单元：房产测量规定》(GB/T 17986.1—2000)中规定：房产测量统一采用_____。

二、选择题

1. (　　)用木料或合金材料制成，直径约为3 cm、长为2~3 m，杆身油漆呈红、白相间的20 cm色段。
   A. 标杆　　　　B. 测钎　　　　C. 垂球　　　　D. 钢尺

2. 人们设想以一个静止不动的海水面延伸穿越陆地，形成一个闭合的曲面包围整个地球，这个闭合曲面称为(　　)。
   A. 水准面　　　B. 大地水准面　C. 高程　　　　D. 铅垂面

3. 地面点在大地水准面上的投影位置，不可以用(　　)表示。
   A. 地理坐标　　　　　　　　　　B. 水准坐标
   C. 高斯平面直角坐标　　　　　　D. 独立平面直角坐标

4. (　　)将地球划分成若干带，再将每带投影到平面上。
   A. 水平投影　B. 垂直投影　C. 高斯投影法　D. 地理坐标投影

5. 测量上一般采用(　　)作为衡量观测质量的标准。
   A. 中误差　　B. 精度　　　C. 偶然误差　　D. 系统误差

三、简答题

1. 房地产测绘中常用的距离丈量工具主要有哪些？
2. 测角系统与传统光学经纬仪测角系统相比较主要有哪两个方面的不同？
3. 水准仪基座主要由哪几部分构成？基座的作用是什么？
4. 房地产测绘前应携带哪些项目资料？
5. 为了能更快、更好地完成测绘任务，施测人员在进行施测前还应当主动与委托单位的相关工作人员进行联系，联系时一般沟通哪几点的内容？
6. 房地产测量误差的产生原因概括起来有哪几个方面？

模块二 房地产测绘基础知识

【实训一】 水准仪认识与使用

一、实训目的与要求

(1)认识水准仪的基本结构,了解其主要部件的名称及作用。
(2)练习水准仪的安置、瞄准与读数。
(3)练习用水准仪读水准尺及计算两点间高差的方法。

水准仪使用

二、实训安排

(1)实训学时数安排2学时,每3人或4人一组,观测、记录、计算、立尺,轮换操作。

(2)实训设备为每组DS3微倾式水准仪1台,水准尺2把,记录板1块。

(3)实训场地安排不同高度的5根水准尺,各组在练习仪器安置、整平、瞄准、精平、读数的基础上,每人练习观测两根水准尺,分别编号为A、B,并记录在实训报告中。

(4)实训结束时,每人上交一份实训报告。

三、实训步骤

1. 安置仪器

将仪器架设在A、B两点之间,打开三脚架,按观测者的身高调节脚架腿的高度,使脚架架头大致水平,如果地面比较松软,则应将脚架的三个脚尖踩实,使三脚架稳定。然后将水准仪从箱中取出,平稳地安放在三脚架架头上,一手握住仪器,另一手立即用连接螺旋将仪器固连在三脚架架头上。

2. 认识仪器各部件,并了解其功能

了解仪器各部件(准星和照门、目镜调焦螺旋、物镜调焦螺旋、制动螺旋、微动螺旋、脚螺旋、圆水准器、管水准器等)的功能和使用方法,能弄清水准尺的分划注记,精确读数。

3. 粗略整平

通过调节三个脚螺旋使圆水准器气泡居中,从而使仪器的竖轴大致铅垂。在整平过程中,气泡移动的方向与左手大拇指转动脚螺旋时的移动方向一致。如果地面较坚实,可先练习固定脚架两条腿,移动第三条腿使圆水准器气泡大致居中,然后再调节脚螺旋,使圆水准器气泡居中。

4. 瞄准

转动目镜调焦螺旋,使十字丝成像清晰;松开制动螺旋,转动仪器,用照门和准星瞄准水准尺,旋紧制动螺旋;转动微动螺旋,使水准尺位于视场中央;转动物镜调焦螺旋,消除视差,使目标清晰(体会视差现象,练习消除视差的方法)。

5. 精平(微倾式)与读数

转动微倾螺旋,使符合水准管气泡两端的半影像吻合(成圆弧状),即符合气泡严格居中(自动安平水准仪无此步骤)。从望远镜中观察十字丝的横丝在水准尺上的分划位置,读取四位数字,即直接读出米、分米、厘米的数值,估读毫米的数值。读数应迅速、果断、准确,读数后应立即重新检视符合水准器气泡是否仍居中,如仍居中,则读数有效,否则应重新使符合水准气泡居中后再读数。

四、实训注意事项

(1)三脚架安置高度应适当,架头大致水平。三脚架确实安置稳妥后,才能把仪器连接于架头。

(2)水准仪安放到三脚架上必须立即将中心连接螺旋旋紧,严防仪器从三脚架上掉下摔坏。

(3)整平仪器时,注意脚螺旋转动方向与圆水准气泡移动方向之间的规律,以提高速度。

(4)照准目标时,注意望远镜的正确使用,应特别注意检查并消除视差;注意倒像望远镜中水准尺图形与实际图形的变化。

(5)每次读数时,注意转动微倾螺旋,使符合水准气泡严格居中。

(6)收回仪器时,要把脚螺旋拧到中间位置,把水平制动松开,仪器放进箱后,再把水平制动拧紧。

(7)迁站时,要左手托架头,右手抱住三脚架的中间,严禁肩扛、手提。

(8)记录、计算应正确、清晰、工整。实训完成后,将实训记录上交指导教师审阅。

五、实训观测记录

观测记录应清晰、工整,计算应正确,见表2-4。

表2-4 水准测量记录

日期: 仪器型号: 观测者: 记录者:

测站	测点	水准尺读数		高差/mm		高程/m
		后视/m	前视/m	+	-	

六、实训报告

水准仪认识与使用实训报告见表2-5。

表 2-5　水准仪认识与使用实训报告

班级：_____　组别：_____　姓名：_____　学号：_____　日期：_____

主要仪器与工具		成绩	
实训目的			

1. 水准仪主要由哪几部分组成？

2. 水准仪上的圆水准器和管水准器各自起什么作用？

3. 请按图 2-27(a)、(b)所示方向转动脚螺旋后，标出圆水准器气泡的移动方向。

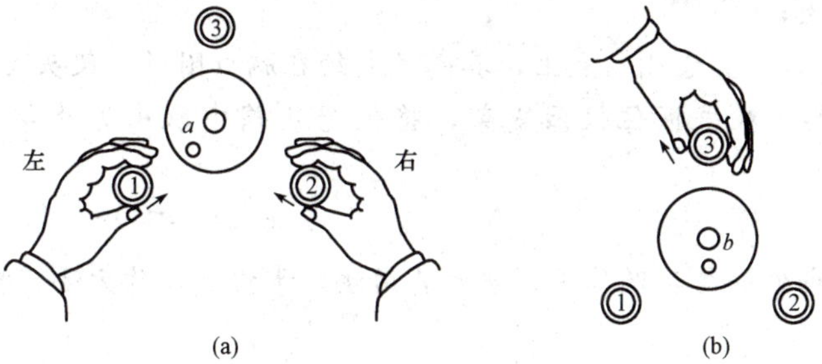

图 2-27　圆水准器粗略整平

4. 什么是视差？产生视差的原因是什么？如何消除视差？

5. 粗略整平时，气泡移动的方向与左手大拇指旋转脚螺旋时的方向是否一致？

6. 实训总结。

【实训二】 经纬仪认识与使用

一、实训目的与要求

(1)了解 DJ6 型光学经纬仪的基本构造和各部件的功能。

(2)掌握 DJ6 型光学经纬仪的操作使用方法,能正确操作使用 DJ6 型光学经纬仪。

二、实训安排

1. 实训计划

以小组为单位,每组 8~10 人,实训课时为 2 学时。

2. 实训仪器及工具

光学经纬仪 1 台、三脚架 1 个、测钎 2 根、记录板 1 个、木桩 2 个、铅笔若干。

3. 实训场地布置

实训场地布置在室内或室外光线良好的场地,并选择点 A、B、C。

三、实训步骤

1. 安置仪器

(1)在实训场地钉一木桩,在桩顶钉一小钉或画十字标志作为测站点的点位,或者选择已有的测量点位标志;

(2)松开三脚架,安置于测站点上,其高度大约在胸口附近,架头大致水平;

(3)开箱取仪器,双手握住仪器支架,将仪器从箱中取出置于架头上,并拧紧连接螺栓。

2. 认识仪器

了解经纬仪各部件的名称及作用,熟悉其用法,掌握其操作方法,精确读数。

3. 经纬仪对中

(1)垂球对中:先将三脚架安置在测站点上,使架头大致水平,用垂球概略对中后,踩紧三脚架,从仪器箱中取出经纬仪放在三脚架架头上(不松手),另一只手把中心螺旋(在三脚架头内)旋进经纬仪的基座中心孔中,使经纬仪牢固地与三脚架连接在一起。若偏离测站点较多时,平行移动三脚架;若偏离较少,可将连接螺旋松开,在架头上移动仪器使垂球尖准确对准测站点,再将连接螺旋旋紧。

经纬仪对中整平

(2)光学对中:将仪器安置在测站点上,使架头大致水平,3 个脚螺旋的高度适中,光学对点器大致在测站点铅垂线上,转动对点器目镜看清十字丝中心圈,再推拉或旋转目镜,使测站点影像清晰,两手转动脚螺旋,同时眼睛在光学对中器目镜中观察分划板标志与地面点的相对位置变化情况,直到分划板标志与地面点重合为止(若中心圈与测站点相距较远,则应平移脚架,再旋转脚螺旋)。

4. 整平

(1)三脚架整平。

1)任选三脚架的两个脚腿,转动照准部使管水准器的管水准轴与所选的两个脚腿地面支点连线平行,升降其中一脚腿使管水准器气泡居中。

2)转动照准部,使管水准轴转动 90°,升降第三个脚腿使管水准器气泡居中。升降脚腿时不能移动脚腿地面支点。升降时左手抓紧脚腿上半段,大拇指按住脚腿下半段顶面,并在松开箍套旋钮时，以大拇指控制脚腿上下半段的相对位置，实现渐进的升降，待管水准器气泡居中时旋紧箍套旋钮。整平时水准器气泡偏离零点应少于2或3格。整平工作应重复一两次。

(2)精确整平。

1)任选两个脚螺旋，转动照准部，使管水准轴与所选两个脚螺旋中心连线平行，用左手大拇指法(管水准器气泡在整平中的移动方向与转动脚螺旋左手大拇指运动方向一致)相对转动两个脚螺旋使管水准器气泡居中。

2)将照准部转动90°，转动第三个脚螺旋使管水准器气泡居中。重复三脚架整平的两个步骤，使水准器气泡精确居中。

3)检查测站点与中心圈是否重合，若有很小偏差则松开连接螺旋，在架头上移动仪器，使其精确对中。

5．瞄准目标

瞄准是指使望远镜十字丝的交点精确照准目标的几何中线。

(1)粗瞄目标：用望远镜上的粗瞄器，先从镜外找到目标方向(粗瞄器△的尖部对准目标)，使在望远镜内能够看到目标的物像，再旋紧望远镜和照准部的制动螺旋。

(2)目镜、物镜调焦：转动望远镜目镜、物镜调焦螺旋，在望远镜视场内使十字丝、目标物像清晰，并消除视差。

(3)精确瞄准目标：转动望远镜和照准部的微动螺旋，使十字丝纵丝精确瞄准目标。

6．读数

(1)利用复测扳手或度盘变换手轮变换度盘读数为所需读数，并练习度盘读数。每个同学必须读取4~6个水平度盘方向读数和竖盘方向读数，同时将其对应填入外业数据表内，学会填表及计算角度。

(2)在观测中，读数与记录应"有呼有应、有错即纠"，即记录者对读数回报无误后再记录。纠正记错的原则为"只能画改，不能涂改"。画改，即将错的数字画上一斜杆，在错字附近写上正确数字。

四、实训注意事项

(1)在任何情况下，不得松动基座上的照准部固定螺栓，以免仪器滑脱而损坏。

(2)使用各制动螺旋，达到制动目的即可，不可强力旋转；各微动螺旋应始终使用其中部，不可过量旋转。

(3)测微轮具有一定的调节范围，宜使用中间部分，不可过量旋转或强力旋转。

(4)对径符合时，应注意测微轮的"旋进"方向。

(5)照准目标时必须检查并消除视差。

(6)竖盘读数时应在竖盘指标自动归零补偿器正常工作、竖盘分划线稳定而无摆动后读取。

(7)仪器装箱前后，竖盘读数指标自动归零补偿器装置必须处于关闭状态。

五、实训观测记录

水平度盘和竖直度盘读数练习记录见表2-6。

模块二 房地产测绘基础知识

表 2-6 水平度盘和竖直度盘读数练习记录

日期：　　　　　　仪器型号：　　　　　　观测者：　　　　　　记录者：

测站	目标	竖盘位置	水平度盘读数	竖直度盘读数	备注

六、实训报告

水准路线成果计算实训报告见表 2-7。

表 2-7 水准路线成果计算实训报告

班级：　　　　　组别：　　　　　姓名：　　　　　学号：　　　　　日期：　　　　　

主要仪器与工具		成绩	
实训目的			

1. 经纬仪由哪几部分组成？其各部分的功能是什么？

2. 使用光学对中器对中时的主要操作步骤有哪些？

3. 经纬仪对中与整平的目的是什么？

续表

4. 实训总结。

【实训三】 水准仪的检验与校正

一、实训目的与要求

(1)了解水准仪的主要轴线间应满足的条件。
(2)掌握水准仪的检验和校正方法。

二、实训准备工作

(1)实训计划。以小组为单位,每组8～10人,各项操作轮流进行,实训课时为2学时。
(2)实训仪器及工具。每组准备DS3型微倾式水准仪1台、水准尺2把、三脚架1个、尺垫2个、记录板1块。
(3)实训场地布置。实训场地布置在地势平坦、视野开阔的地方。

水准仪的一般检查

三、实训方法与步骤

(一)一般性检验

检查三脚架是否稳固,安置仪器后检查制动和微动螺旋、微倾螺旋、对光螺旋、脚螺旋转动是否灵活、有效。

(二)微倾式水准仪应满足的条件

微倾式水准仪有四条主轴线,即望远镜的视准轴CC、水准管轴LL、圆水准器轴(水准盒轴)$L'L'$和竖轴VV,如图2-28所示。

根据水准测量原理,水准仪必须提供一条水平视线,这样才能正确地测出两点间的高差。为此,水准仪应满足以下条件:

(1)圆水准器轴$L'L'$应平行于仪器的竖轴VV;

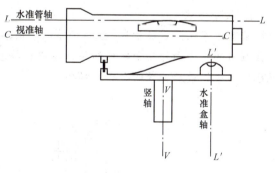

图2-28 微倾式水准仪的四条主轴线

(2)十字丝的中丝(横丝)应垂直于仪器的竖轴;
(3)水准管轴LL应平行于视准轴CC。

上述条件在仪器出厂时一般能够满足,但由于仪器在运输、使用中会受到振动、磨损,轴线间的几何条件可能会发生变化,因此,在水准测量前,应对所使用的仪器按上述顺序进行检验与校正。

(三)圆水准器轴平行于仪器竖轴的检验与校正

水准仪的轴线关系

1. 检验方法

安置仪器后,调节脚螺旋使圆水准器气泡居中,然后将望远镜绕竖轴旋转180°,此时若气泡仍然居中,则说明此项条件满足;若气泡偏离中心位置,则说明此项条件不满足,应进行校正。

2. 校正方法

校正时,用校正针拨动圆水准器下面的三个校正螺钉,使气泡向居中位置移动偏离长度的一半,这时圆水准器轴与竖轴平行;然后再旋转脚螺旋,使气泡居中,此时竖轴处于竖直位置。拨动三个校正螺钉前,应一松一紧,校正完毕后,注意把螺钉紧固。校正必须反复数次,直到仪器转动到任何方向气泡都居中为止(校正过程原则上不要求学生进行,若必须练习,应在实习指导教师的指导下进行操作,以下各项要求相同)。

(四)十字丝中丝垂直于竖轴的检验与校正

1. 检验方法

安置仪器后,先将中丝一端对准一个明显的点状目标M,如图2-29(a)所示。然后固定制动螺旋,转动微动螺旋。如果标志点M不离开中丝,如图2-29(b)所示,则说明中丝垂直于竖轴,不需要校正,否则就需要校正,如图2-29(c)、(d)所示。

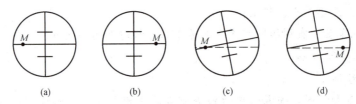

图2-29 十字丝中丝垂直于竖轴的检验

2. 校正方法

旋下十字丝分划板护罩[图2-30(a)],用螺钉旋具松开四个压环螺钉[图2-30(b)],按中丝倾斜的反方向转动十字丝组件,再进行检验。如果M点始终在中丝上移动,则表明中丝已经水平,最后拧紧四个压环螺钉。

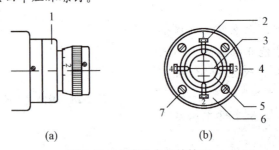

图2-30 十字丝中丝的校正

1—十字丝分划板护罩;2—十字丝校正螺钉;3—十字丝分划板;
4—望远镜筒;5—分划板座;6—压环;7—压环螺钉

(五)水准管轴平行于视准轴的检验与校正

1. 检验方法

(1)在较平坦的地面上选定相距100~120 m的A、B两点,分别在A、B两点打入木桩,在木桩上竖立水准尺。将水准仪安置在 A、B 两点中间，使前、后视距相等，精确整平仪器后，依次照准 A、B 两尺进行读数，读数分别为 a_1、b_1，计算 A、B 两点间的正确高差为

$$h_{AB}=a_1-b_1=(a+x)-(b+x)=a-b \qquad (2\text{-}16)$$

用变化仪器高法测出 A、B 两点的两次高差，当两次测得的高差小于 5 mm 时，取平均值 h_{AB} 作为最后结果。

(2) 将水准仪搬至距离 A 点（或 B 点）2～3 m 处，仪器整平后读取横丝读数 a_2 和 b_2，其中 a_2 为正确读数。根据 a_2 和正确高差 h_{AB} 计算出 B 点水准尺视线水平时的正确读数 b'_2：

$$b'_2=a_2-h_{AB} \qquad (2\text{-}17)$$

若 $b'_2=b_2$，说明两轴平行；否则，有 i 角存在。

i 角值可根据下式计算：

当 $i>0$ 时，说明视准轴向上倾斜；当 $i<0$ 时，说明视准轴向下倾斜。

规范中规定 DS3 型水准仪的 i 角大于 $20''$ 时，需要进行校正。

2. 校正方法

水准仪不动，转动微倾螺旋使十字丝的横丝切于 B 点水准尺的正确读数 b'_2 处，此时，视准轴处于水平位置，而水准管气泡偏离中心。用校正针先拨松水准管左右端校正螺钉，再拨动上、下两个校正螺钉，一松一紧，升降水准管的一端，使偏离的气泡重新居中。此项校正需反复进行，直至达到要求后再将松开的校正螺钉拧紧。

四、实训注意事项

(1) 必须按照规定的顺序进行检验校正，不能任意颠倒。

(2) 转动校正螺钉时，应先松后紧，每次松紧的范围要小。

(3) 校正完毕，校正螺钉应处于稍紧状态。

五、实训观测记录

1. 一般性检验记录

一般性检验记录见表 2-8。

表 2-8　一般性检验记录

仪器型号与编号：_____　　日期：_____　　班组：_____　　姓名：_____

检验项目	检验结果
三脚架是否牢固	
脚螺旋是否有效	
制动与微动螺旋是否有效	
微倾螺旋是否有效	
调焦螺旋是否有效	
望远镜成像是否清晰	

2. 照准部水准管的检验与校正记录

照准部水准管的检验与校正记录见表 2-9。

表2-9　照准部水准管的检验与校正记录

检验(旋转照准部180°)次数	气泡偏离情况	处理结果

3. 十字丝竖丝的检验与校正记录

十字丝竖丝的检验与校正记录见表2-10。

表2-10　十字丝竖丝的检验与校正记录

检验次数	气泡偏离情况	处理结果

4. 视准轴的检验与校正记录

视准轴的检验与校正记录见表2-11。

表2-11　视准轴的检验与校正记录

检验次数	尺上读数		$\dfrac{B_2-B_1}{4}$	正确读数 $B_3=B_2-\dfrac{1}{4}(B_2-B_1)$	视准轴误差 $C''=\dfrac{B_2-B_1}{4\times D}\cdot\rho''$
	盘左 B_1	盘右 B_2			

5. 横轴的检验与校正记录

横轴的检验与校正记录见表2-12。

表2-12　横轴的检验与校正记录

检验次数	P_1P_2	竖盘读数	竖直角	仪器到墙面距离 D	横轴误差 $i''=\dfrac{D_{P_1P_2}\cdot\operatorname{ctan}\alpha}{2D}\cdot\rho''$

6. 竖盘指标差的检验与校正记录

竖盘指标差的检验与校正记录见表2-13。

表2-13　竖盘指标差的检验与校正记录

检验次数	竖盘位置	竖盘读数	竖直角	指标差	盘右正确读数

7. 水准仪检验与校正记录

水准仪检验与校正记录见表2-14。

表 2-14　水准仪检验与校正记录

测站位置：_____　　检校者：_____　　记录者：_____　　日期：_____

测站位置	计算符号	第一次	第二次	原缩略图（按实际地形画图）
仪器在两标尺中间	a_1			
	b_1			
	$h_1 = a_1 - b_1$			
仪器在 B 标尺一端	h_1			
	b_2			
	$a_3 = h_1 + b_2$			
	a_2			
	$\Delta = a_3 - a_2$			

六、实训报告

水准仪检验与校正实训报告见表 2-15。

表 2-15　水准仪检验与校正实训报告

班级：_____　　组别：_____　　姓名：_____　　学号：_____　　日期：_____

主要仪器与工具		成绩	
实训目的			
1. 水准仪上主要有哪几条轴线？			
2. 水准仪各轴线间应满足什么条件？			
3. 如何迅速使圆水准器气泡居中？			
4. 水准仪应进行哪几项检验与校正？			
5. 实训总结。			

【实训四】 经纬仪的检验与校正

一、实训目的与要求

(1)了解经纬仪各主要轴线之间应满足的几何条件。
(2)掌握光学经纬仪检验校正的基本方法。

二、实训准备工作

(1)实训计划。以小组为单位,每组8~10人,实训课时为2~3学时。
(2)实训仪器及工具。DJ6型光学经纬仪1台、三脚架1个、测钎2根、校正针1根、小改锥1把、旋具1把、记录板1块、铅笔若干、测伞1把。
(3)实训场地布置。实训场地布置在室内或室外光线良好的场地。

三、实训方法与步骤

(一)一般性检验

检查三脚架是否稳固,安置仪器后检查制动和微动螺旋、微倾螺旋、调焦螺旋、脚螺旋转动是否灵活、有效,并记录在表中。

(二)经纬仪应满足的几何条件

经纬仪的主要轴线有视准轴CC、照准部水准管轴LL、望远镜旋转轴(横轴)HH、照准部旋转轴(竖轴)VV,如图2-31所示。

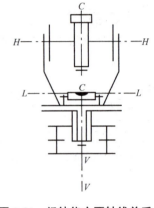

图2-31 经纬仪主要轴线关系

经纬仪各主要轴线应满足下列条件:
(1)竖轴应垂直于水平度盘且过其中心;
(2)照准部水准管轴应垂直于仪器竖轴($LL \perp VV$);
(3)视准轴应垂直于横轴($CC \perp HH$);
(4)横轴应垂直于竖轴($HH \perp VV$);
(5)横轴应垂直于竖盘且过其中心。

(三)水准管轴垂直于仪器竖轴的检验与校正

经纬仪轴线关系

竖丝垂直于横轴的检校

竖轴垂直于水准管轴的检校

1. 检验方法

初步整平仪器,转动照准部使水准管平行于一对脚螺旋连线,转动这对脚螺旋,使气泡严格居中;然后将照准部旋转180°,如果气泡仍居中,则说明条件满足,如果气泡中点偏离水准管零点超过一格,则需要校正。

2. 校正方法

先转动脚螺旋，使气泡返回偏移值的一半，再用校正针拨动水准管校正螺钉，使水准管气泡居中。如此反复检校，直至水准管旋转至任何位置时水准管气泡偏移值都在一格以内。

（四）十字丝竖丝垂直于横轴的检验与校正

1. 检验方法

用十字丝交点照准一个明显的点状目标，转动望远镜微动螺旋，若该目标离开竖丝，则需要校正。

横轴垂直于竖轴的检校

2. 校正方法

旋下望远镜前护罩，旋松十字丝分划板座的四个固定螺旋，微微转动十字丝环，使竖丝末端与该目标重合。重复上述检验，满足要求后，再旋紧四个固定螺旋并装上护罩即可。

（五）视准轴垂直于横轴的检验与校正

1. 检验方法

在仪器到墙的相反方向上、相等距离处立一测钎，视线水平时在测钎上作一标志 A。用盘左精确瞄准 A，纵转望远镜，仍使视线水平，在墙上标出 B_1；再用盘右精确瞄准 A，纵转望远镜，在墙上标出 B_2；若两点不重合且间距大于 2 cm，则需校正（仪器距墙 30 m 左右）。

视准轴垂直于横轴的检校

2. 校正方法

在 B_1、B_2 两点之间的 1/4 处定出一点 B，即为十字丝中心应照准的正确位置。取下十字丝分划板护罩，拨动十字丝分划板左、右校正螺钉，使十字丝交点对准 B 点。

（六）横轴垂直于仪器竖轴的检验与校正

1. 检验方法

如图 2-32 所示，在离墙面约 30 m 处安置经纬仪，盘左瞄准墙上高处一目标 P（仰角约 30°），放平望远镜，在墙面上定出 A 点；盘右再瞄准 P 点，放平望远镜，在墙面上定出 B 点；如果 A、B 重合，则说明条件满足。

2. 校正方法

如果 A、B 相距大于 5 mm，则需要校正。由于横轴校正设备密封在仪器内部，故该项校正应由仪器维修人员进行。

（七）指标差的检验与校正

1. 检验方法

整平经纬仪，盘左、盘右观测同一目标点 P，转动竖盘指标水准管微动螺旋，使竖盘指标水准管气泡居中，读取竖盘读数 L 和 R，按下式计算竖盘指标差：

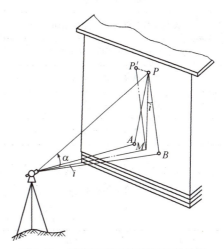

图 2-32 横轴垂直于仪器竖轴的检验

$$x=\frac{1}{2}(L+R-360°) \tag{2-18}$$

当竖盘指标差 $x>1'$ 时，需校正。

2. 校正方法

仍以盘右瞄准原目标 P，转动竖盘指标水准管微动螺旋，使竖直度盘读数为 $R-x$，此时竖盘指标水准管气泡必然偏离，用校正针拨动竖盘指标水准管一端的校正螺钉，使气泡居中。反复检查，直至指标差 x 不超过 $1'$ 为止。对于有竖盘指标自动归零补偿器的经纬仪，仍会有指标差存在。检验计算方法同上，算得盘左或盘右经指标差改正的读数后进行校正，校正的方法如下：打开校正小窗口的盖板可看到两个校正螺钉，等量相反转动（先松后紧）这两个螺钉，即可使竖盘读数调整至经指标差改正后的读数。

竖盘指标的检校

四、实训注意事项

(1) 按试验步骤进行各项检验校正，顺序不能颠倒。

(2) 检验数据正确无误后才能进行校正，校正结束后，各校正螺钉应处于稍紧状态。

(3) 选择仪器的安置位置时，应顾及视准轴和横轴的两项检验，既能看到远处水平目标，又能看到墙上高处目标。

五、实训观测记录

1. 一般性检验记录

一般性检验记录见表 2-16。

表 2-16 一般性检验记录

仪器型号与编号：＿＿＿＿＿＿＿＿ 日期：＿＿＿＿＿＿＿＿ 班组：＿＿＿＿＿＿＿＿ 姓名：＿＿＿＿＿＿＿＿

检验项目	检验结果
三脚架是否牢固	
脚螺旋是否有效	
水平制动与微动螺旋是否有效	
望远镜制动与微动螺旋是否有效	
照准部转动是否灵活	
望远镜转动是否灵活	
望远镜成像是否清晰	

2. 视准轴垂直于横轴的检校记录

视准轴垂直于横轴的检校记录见表 2-17。

表 2-17 视准轴垂直于横轴的检校记录

目标	项目	第一次	第二次
横尺读数	盘左 B_1		
	盘左 B_2		
	$\dfrac{B_2-B_1}{4}$		
	$B_3=B_2-\dfrac{1}{4}(B_2-B_1)$		

3. 横轴垂直于竖轴的检校记录

横轴垂直于竖轴的检校记录见表2-18。

表2-18　横轴垂直于竖轴的检校记录

项目	第一次	第二次
P_1P_2 距离		

4. 竖盘指标差的检校记录

竖盘指标差的检校记录见表2-19。

表2-19　竖盘指标差的检校记录

目标	盘左竖盘读数 L	盘右竖盘读数 R	指标差 x	正确竖盘读数 R'

六、实训报告

经纬仪的检验与校正实训报告见表2-20。

表2-20　经纬仪的检验与校正实训报告

班级：_____　　组别：_____　　姓名：_____　　学号：_____　　日期：_____

主要仪器与工具		成绩	
实训目的			
1. 照准部水准管轴的检验与校正	(1)安置好仪器后，调节两个脚螺旋，使水准管气泡严格居中，旋转照准部180°，气泡偏离中心是否大于$\frac{1}{2}$格？		
	(2)是否需要校正？		
	(3)如何校正？		
2. 十字丝竖丝垂直于横轴的检验与校正	(1)用十字丝交点照准一个明显的点状目标，转动望远镜微动螺旋，该目标是否离开竖丝？		
	(2)是否需要校正？		
	(3)如何校正？		

续表

3. 视准轴垂直于横轴的检验与校正	(1)在仪器到墙的相反方向上、相等距离处立一花杆,视线水平时在花杆上作一标志A。用盘左精确瞄准A,纵转望远镜,仍使视线水平,在墙上标出B_1;再用盘右瞄准A,纵转望远镜,在墙上标出B_2;是否两点不重合且间距大于2 cm? (2)是否需要校正? (3)如何校正?
4. 横轴垂直于仪器竖轴的检验与校正	(1)盘左瞄准高处一目标P,松开望远镜制动螺旋,慢慢将望远镜放到水平位置,在墙上标出一点A;盘右再瞄准P点,将望远镜放到水平位置,标出一点B;是否A、B两点不重合、相距超过规定限差? (2)是否需要校正? (3)如何校正?
5. 竖盘指标差的检验与校正	(1)瞄准一个明显的小目标,读取盘左、盘右的竖盘读数L和R,按公式计算出指标差,指标差是否大于$1'$? (2)是否需要校正? (3)如何校正?
6. 水平角观测采用盘左、盘右取平均值,是为了清除仪器的什么误差?	
7. 检验视准轴应垂直于仪器竖轴时,为什么要选择一个与仪器水平视线同高的目标点?而检验仪器横轴应垂直于竖轴时,目标为什么要选高一点?	
8. 用盘左校正指标差,盘左的正确读数如何计算?	
9. 用盘右校正指标差,盘右的正确读数如何计算?	
10. 实训总结。	

模块三 房地产平面控制测量

知识目标

1. 了解房地产平面控制测量的目的和作用，房地产平面控制网的布置原则与基本要求；掌握平面控制测量的方法。
2. 熟悉水平角、竖直角的定义与测量原理；掌握水平角度测量方法和竖直角的计算。
3. 掌握直线定线的方法，视距测量的方法及步骤，水准测量的含义及方法。
4. 熟悉导线的布设形式，掌握导线测量的外业工作及内业工作。
5. 掌握交会测量的方法，熟悉 GPS 定位原理及实施。

能力目标

1. 具备熟练使用水准仪的能力；具备水准测量成果计算的能力。
2. 具备对经纬仪进行简单检查和使用的能力；具备水平角、竖直角计算的能力。
3. 具备用钢尺进行距离测量和计算的能力，具备对直线进行定向的能力。
4. 明确导线测量外业工作、内业工作的内容和施测要求，并熟练进行导线测量。

单元一 房地产平面控制测量概述

一、房地产平面控制测量的目的和作用

房地产平面控制测量是房地产测量整个工程前期性的基础工作。它的目的是建立一个高精度、有一定密度的、能长期保存使用的、稳定的房地产平面控制网，为测绘大比例尺的房地产平面图、地籍平面图提供原始数据，为整个房产测量工作提供一个准确的控制框架和定位基准，并控制误差的累积。其主要作用有以下三点：

（1）为房地产要素的测量提供起算控制数据。在进行房地产要素测量时，为了防止测定房地产要素的几何位置时测量误差的累积，必须建立相应等级和密度的控制点网，通过控制点提供和传递起算数据，尤其对界址点、房角点的精度要求较高（±0.02 m），因而对起算点的房地产平面控制点的精度要求也很高。

（2）为房地产图的测绘提供测图控制和起算数据。不论采用何种测图方法（数字化机助图成图、航摄像片成图以及简单的平板仪测图），都需要有一定密度和精度保证的房产平面控制数据。

（3）为房地产测绘成果的变更与修测提供起算数据。由于城市建设发展的现状不断变化，以及房地产权属的变更、转移，为了保持房地产测绘成果的现势性，要及时地对房地产测验成果进行变更与修测。这些更新和变更修测都需要建立统一的标准与长期稳定的测量控制点。

二、房地产平面控制网的布置原则与基本要求

1. 布设原则

为了充分利用国家和城市的已有控制成果，保证测绘成果的共享和质量，满足国家经济建设和房地产管理的要求，房产平面控制点的布设应遵循从整体到局部、从高级到低级、分级布网的原则（也可越级布网）。

我国的国家平面控制网主要采取以三角网为主、导线网为辅的方式建立，一直沿用至今。随着GPS测量技术的普及应用，目前控制网的建立常采用GPS控制网。"从整体到局部"要求房地产平面控制测量将自己这种局部性质的测量变为全国整体控制测量的一部分。不论房地产平面控制测量是全城市的，还是覆盖更大的面积，它都是全国整个大地控制网的一部分，是国家财富和资产的一部分，具体地讲，就是在进行房地产平面控制测量时要和国家网相连接，点的密度、标志设置、精度等级要求都要和国家控制网接轨并保持一致。

城市中，大多数地方都有完整的大地控制网。这些控制网，尤其是二等城市控制网，都和全国的大地控制网保持着良好的联系。

"从整体到局部、从高级到低级、分级布网"的原则，要求房地产平面控制网应按照规定的等级规格，从高级到低级，统一分级布网，但不是要求逐级布网，中间可以越级布网。例如在二等平面控制网下，可以按照四等控制网的精度和规格，布设四等平面控制网。试验证明，越级布网在某些条件下是有利的，也不会降低控制网应有的精度。

2. 基本要求

为了满足房地产日益增长的需求，根据国家标准《房产测量规范 第1单元：房产测量规定》（GB/T 17986.1—2000）提出的各项规定和要求，要建立一个高精度的、有一定密度的、能长期保存使用的、稳定的房产平面控制网。建立房地产平面控制网的基本要求如下：

（1）控制点间有较高的相对精度，即要求最末一级的房产平面控制网中，相邻控制点间的相对点位中误差不超过±0.025 m，最大误差不超过±0.05 m，只有这样才能够保证控制下的房地产要素之间的相对精度，否则就不能满足房地产要素测量的要求，尤其是界址点和房角点的精度要求。

（2）控制点有相当的分布密度，以满足房地产要素测量对起算控制点的需求，即在市区

必须布设一、二、三级平面控制网点,在某些建筑物密集区或隐蔽区,需要在一、二、三级平面控制网点的基础上增设辅助控制网点,甚至缩短控制网点之间的边长,在通视良好的建筑物稀疏区,通常布设一、二级平面控制网即可。

(3)控制点应埋设永久性固定标志,以保证控制点的长期保存。

(4)控制网点的坐标能保持较长时间的稳定。由于房地产测绘是一种政府行为的测量,坐标和面积作为产权登记最主要的基本数据,其结果一经确定,即具有法律效力,应保持其严肃性和稳定性。

三、平面控制测量的方法

平面控制测量首先要建立平面控制网,主要方法有导线测量、三角测量、GNSS 测量和三边测量等。

如图 3-1 所示,将一系列控制点 1、2、3、4 依相邻次序连成折线图形,测量各折线边长和两相邻边的夹角,再根据起始数据通过计算推算各控制点的平面位置所进行的控制测量工作,称为导线控制测量,简称导线测量。这些形成折线的控制点称为导线点,以此建立的控制网称为导线网。

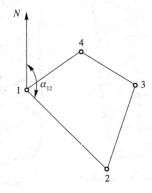

图 3-1 导线网

如图 3-2 所示,将一系列控制点 A、B、C、D、E、F 连接起来组成相互邻接的三角形,观测所有三角形的内角,并至少精密测量其中一条边的边长(AB 边),作为起算边,再根据起始数据通过计算推算各控制点的平面位置所进行的控制测量工作,称为三角控制测量,简称三角测量。这些构成三角形的控制点称为三角点,以此建立的控制网称为三角网。

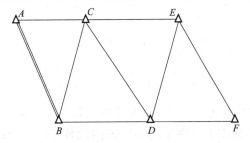

图 3-2 三角网

在全国范围内布设的平面控制网，称为国家平面控制网。国家平面控制网采用逐级控制、分级布设的原则，按其精度分成一、二、三、四等，精度由高级到低级逐步建立。如图 3-3 所示，一等三角网一般称为一等三角锁，它是在全国范围内沿经纬线方向布设的，形成间距约为 200 km 的格网，是国家平面控制网的骨干，除用于扩展低等级平面控制网的基础外，还为测量学科研究地球的形状和大小提供精确数据。二等三角网布设于一等三角锁环内，在格网中部用二等网全面填充，是国家平面控制网的全面基础。三、四等网是二等网的进一步加密，以满足测图和各项工程建设的需要。建立国家平面控制网主要采用三角测量的方法，但在某些局部地区，如果采用三角测量困难，也可用同等级的导线测量代替。如图 3-4 所示，其中一、二等导线测量，又称为精密导线测量。表 3-1 所示是国家各等级三角网主要技术要求。

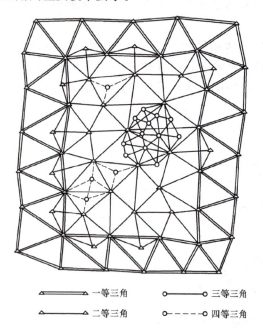

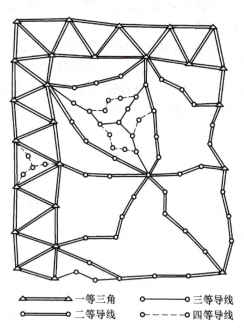

图 3-3　三角网(锁)的布设　　　　　　　　图 3-4　导线网的布设

表 3-1　国家各等级三角网主要技术要求

等级	平均边长/km	测角中误差/(″)	三角形最大闭合差/(″)	起始边相对中误差
一等	20～25	±0.7	±2.5	1/350 000
二等	9～13	±1.0	±3.5	1/250 000
三等	4～10	±1.8	±7.0	1/150 000
四等	1～6	±2.5	±9.0	1/100 000

随着全球导航卫星定位系统(GNSS)技术的应用和普及，我国从 20 世纪 80 年代开始，在利用原有大地控制网的基础上，逐步用 GNSS 网代替了国家等级的平面控制网和城市各级平面控制网．其构网形式基本上仍为三角形网或多边形格网(闭合环或附合线路)。我国国家级的 GNSS 控制网按控制范围和精度可分为 A、B、C、D、E 5 个等级。在全国范围

内,已建立由 20 多个点组成的国家 A 级 GNSS 网,在其控制下又有由 800 多个点组成的国家 B 级 GNSS 网。表 3-2 所示是国家各等级 GNSS 控制网主要技术要求。

表 3-2　国家各等级 GNSS 控制网主要技术要求

项目	级别			
	B	C	D	E
相邻点间平均距离/km	50	20	5	3
卫星截止高度角/(°)	10	15	15	15
同时观测有效卫星数	≥4	≥4	≥4	≥4
有效观测卫星总数	≥20	≥6	≥4	≥4
观测时段数	≥3	≥2	≥1.6	≥1.6
时段长度	≥23 h	≥4 h	≥60 min	≥40 min
采样间隔/s	30	10～30	5～15	5～15

注:1. 计算有效观测卫星总数时,应将各时段的有效观测卫星数扣除其间的重复卫星数。
　　2. 观测时段数≥1.6,指采用网观测模式时,每站至少观测一时段,其中二次设站点数应不少于总点数的 60%。
　　3. 采用基于卫星定位连续运行基准站点观测模式时,可连续观测,但观测时间应不低于表中规定的各时段观测时间的和。

　　城市地区建立的平面控制网称为城市平面控制网。它属于区域控制网,一般可在国家平面控制网的基础上根据测区大小、城市规划和城市工程建设的需要,布设不同等级的城市平面控制网,为城市大比例尺测图、城市规划、城市地籍管理、市政工程建设及城市管理等提供基本控制点。城市平面控制网建立的方法主要有三角测量、边角测量、导线测量和卫星定位测量。其中,导线测量和卫星定位测量是城市平面控制网建立的主要方法。三角网、GPS 网和边角网的精度等级依次为二、三、四等和一、二级,导线网的精度等级依次为三、四等和一、二、三级。

　　为满足工程建设的需要而建立的平面控制网称为工程平面控制网。工程平面控制测量采用的方法、等级及主要技术指标与城市平面控制测量基本相同。工程平面控制网根据工程建设的需要可分为不同种类:因工程设计、规划用图需要而布设的测图控制网;在工程建设中,为工程建筑物施工测量而布设的施工平面控制网;工程建设阶段及运营期间,为工程建筑物进行变形监测而布设的变形控制网。用于工程的平面控制测量一般是建立小区域平面控制网。在面积为 15 km² 以下的范围内,为大比例尺测图和工程建设而建立的平面控制网,称为小区域平面控制网。小区域平面控制网应尽可能与国家(或城市)的高级控制网联测,将国家(或城市)控制点的坐标作为小区域平面控制网的起算和校核数据,若测区内或附近无国家(或城市)控制点,则可以建立测区内的独立控制网。用于测图而建立的平面控制网称为图根平面控制网。组成图根平面控制网的控制点称为图根点,测定图根点平面位置的工作称为图根平面控制测量。图根平面控制网的建立,可采用图根导线、极坐标法、交会定点和卫星定位测量等方法。

四、国家和城市控制网的利用

房地产平面控制测量能利用的成果有两个：一个是国家的一、二、三、四等大地控制网的控制点；另一个是各城市的二、三、四等城市控制网和一、二级城市平面控制网。

一般来说，1958 年年底以后所完成的国家一、二、三、四等控制网如果不超过表 3-3 的要求，则可以考虑利用，但也应进行必要的检核，评估其是否符合国家标准《房产测量规范 第 1 单元：房产测量规定》(GB/T 17986.1—2000)的要求。

表 3-3　各级国家平面控制网限差

平面控制网等级	一等	二等	三等	四等
测角中误差/(″)	±0.7	1.0	±1.8	±2.5
边长/km	20～25	9～13	4～10	1～6
方位角中误差/(″)	±0.9	±1.5	±2.5	±4.5
最弱边边长相对中误差	1/200 000	1/120 000	1/80 000	1/45 000

另外，我国各大城市布设的城市二、三、四等控制网，以及部分城市的一、二级导线，大多执行《城市测量规范》(CJJ/T 8—2011)，各项指标如果符合国家标准中精度要求的城市控制网一般都可以利用，也可以在此基础上进行加密。

单元二　角度测量

一、角度测量的原理

(一) 水平角定义与测量原理

水平角是指地面上一点到两个目标点的方向线垂直投影到水平面上所形成的角度，用 β 表示。如图 3-5 所示，A、B、C 为地面上的三个点，过直线 AB、AC 的铅垂面，在水平面 H 上的交线 ab 和 ac 所形成的角 β，就是 AB 和 AC 之间的水平角。

若在角顶 A 点（测站）的铅垂线上，水平放置一个带有顺时针刻划角度的圆盘，使圆盘中心在此铅垂线上，通过 AB 和 AC 的两竖直面在圆盘上截得的读数为 m 和 n，则水平角 $\beta = n - m$。

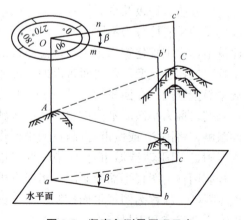

图 3-5　竖直角测量原理示意

由此可知，测量水平角的经纬仪必须具有一个能安置于水平位置且带角度刻划的圆盘，圆盘的中心必须处于角顶点的铅垂线上。望远镜不仅能在水平方向带动一读数指标转动，在刻度圆盘上指示读数，而且可以在竖直面转动，瞄准不同方向、高度的目标。

竖直角测量原理

(二)竖直角定义与测量原理

竖直角是指在同一竖直面内，倾斜视线与水平视线间的夹角，用 α 表示。如图 3-6 所示，竖直角有仰角和俯角之分。夹角在水平视线以上为"正"，称为仰角；在水平视线以下为"负"，称为俯角。竖直角的范围为 $0°\sim\pm90°$。

水平角测量原理

视线与铅垂线天顶方向之间的夹角，称为天顶距，在图 3-7 中用 Z 表示。当 α 取正值时，天顶距为小于 90°的锐角；当 α 取负值时，天顶距为大于 90°的钝角；$\alpha=0°$时，$Z=90°$。因而，竖直角 α 与天顶距 Z 之间存在的关系为

$$\alpha = 90° - Z \tag{3-1}$$

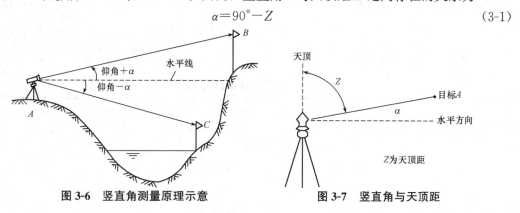

图 3-6　竖直角测量原理示意　　　　图 3-7　竖直角与天顶距

为了观测天顶距或竖直角，经纬仪上必须装置一个带有刻划注记的竖直圆盘，即**竖直度盘**，该度盘中心在望远镜旋转轴上，并随望远镜一起上下转动。竖直度盘的读数指标线与竖盘指标水准管相连，当该水准管气泡居中时，指标线处于某一固定位置。显然，照准轴水平时的度盘读数与照准目标时度盘读数之差，即为所求的竖直角 α。

光学经纬仪就是根据上述原理而设计制造的一种测角仪器。

测回法

二、水平角观测

水平角测量方法一般会根据观测目标的多少和工作要求的精度而定，常用的水平角度测量方法有测回法和方向观测法。

(一)测回法

测回法适用测量由两个方向所构成的水平角。如图 3-8 所示，欲观测水平角 AOB 的大小，先在角顶点 O 安置经纬仪，进行对中、整平，同时在 A、B 点树立标杆，其观测步骤如下：

(1)将仪器置于盘左位置(竖盘在望远镜的左侧，也称正镜)，旋转照准部，瞄准左方目标 A。瞄准时应用竖丝的双丝夹住目标，或用单丝平分目标，并尽可能瞄准目标的底部，

如图 3-8 所示。

(2)拨动度盘变换手轮,令水平度盘读数略大于 0°,即 L_A,记入手簿(表 3-4)。

(3)松开制动螺旋,按顺时针方向旋转照准部,瞄准目标 L_B,读取水平度盘读数 $\angle B$,记入手簿。以上操作为上半测回,测得的角值为 $\beta_上 = L_B - L_A$。

(4)倒转望远镜成盘右位置(竖盘在望远镜的右侧,也称倒镜),先瞄准目标 B,读取读数 R_B,再瞄准左方目标 A,读取读数 R_A,记入手簿。以上操作为下半测回,测得的角值为 $\beta_下 = R_B - R_A$。

上、下半测回合称一测回,规范中对 DJ6 型光学经纬仪的限差规定:上、下两个半测回所测的水平角之差应不超过 $\pm 40''$。如超此限差应重测,符合要求后取 $\beta_上$、$\beta_下$ 的平均值作为一测回角值,即

$$\beta = \frac{1}{2}(\beta_上 + \beta_下) \tag{3-2}$$

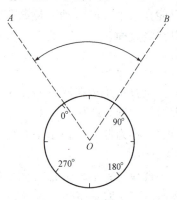

图 3-8 测回法测量水平角

具体记录与计算见表 3-4。

表 3-4 水平角观测记录(测回法)

测站	测回数	竖盘位置	目标	水平度盘读数 /(° ′ ″)	半测回角值 /(° ′ ″)	半测回互差 /(″)	一测回角值 /(° ′ ″)	各测回平均角值 /(° ′ ″)
O	1	左	A	0 02 17	48 33 06	18	48 33 15	48 33 03
			B	48 35 23				
		右	A	180 02 31	48 33 24			
			B	228 35 55				
	2	左	A	90 05 07	48 32 48	6	48 32 51	
			B	138 37 55				
		右	A	270 05 23	48 32 54			
			B	318 38 17				

(二)方向观测法

当一个测站上需要观测的方向多于两个时,应用方向观测法进行观测。如图 3-9 所示,在测站点 O 上,用方向观测法观测 A、B、C、D 各方向之间的水平角,可按下述操作步骤进行。

(1)盘左瞄准起始方向(也称零方向)点 A,将水平度盘读数设置为 0°或略大于 0°。精确瞄准 A 点,读取水平度盘读数,顺时针转动照准部,依次观测 B、C、D 点,每观测一个方向均读取水平度盘数并记入观测手簿。最后瞄准 A 点,并记录读数,这一步称为归零。A 方向两次读数之差称为归零差,它可以检查水平度盘的位置在观测

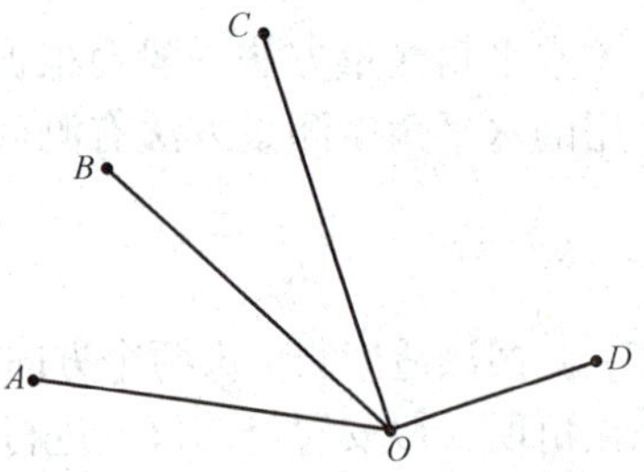

图 3-9 方向观测法观测水平角

过程中是否发生变动。

（2）盘右仍从 A 点开始，逆时针转动照准部，依次观测 A、D、C、B、A 点，一个测站只观测三个方向时，不必归零观测。方向观测法的记录与计算见表3-5，计算方法如下：

两倍照准差 $2C$

$$2C=盘左读数-（盘右读数\pm180°） \tag{3-3}$$

方向值的平均值

$$平均值=\frac{1}{2}[盘左读数+（盘右读数\pm180°）] \tag{3-4}$$

归零方向值

$$归零方向值=平均值-起始方向平均读数（表3-5括号内） \tag{3-5}$$

表3-5 水平角观测记录（方向观测法）

测站	测回数	目标	读数 盘左/(° ′ ″)	读数 盘右/(° ′ ″)	2C/(″)	平均读数/(° ′ ″)	归零方向值/(° ′ ″)	各测回归零方向值之平均值/(° ′ ″)
1	2	3	4	5	6	7	8	9
O	1	A	0 01 27	180 01 51	−24	(0 01 45) 0 01 42	0 00 00	
		B	43 25 17	223 25 37	−20	43 25 26	43 23 41	
		C	95 34 56	275 35 24	−28	95 35 08	95 33 23	
		D	150 00 33	330 01 02	−29	150 00 50	149 59 05	0 00 00
		A	0 01 37	180 02 01	−24	0 01 48		43 23 40
	2	A	90 0038	270 01 07	−29	(90 00 47) 90 00 50	0 000 00	95 33 20
		B	133 24 13	313 24 41	−28	133 24 26	43 23 39	149 59 04
		C	185 33 53	5 34 15	−22	185 34 05	95 33 18	
		D	239 59 36	60 00 00	−24	239 59 50	149 59 03	
		A	90 00 26	270 00 58	−32	90 00 44		

三、竖直角观测

1. 竖直角的计算

当望远镜位于盘左位置，视准轴水平、竖直度盘指标管水准气泡居中时，竖直度盘读数为 $90°$；当望远镜抬高 α 角度照准目标、竖直度盘指标管水准气泡居中时，竖直度盘读数设为 L，则盘左观测的竖直角为

$$\alpha_L=90°-L \tag{3-6}$$

纵转望远镜于盘右位置，当视准轴水平、竖直度盘指标管水准气泡居中时，竖直度盘读数为 $270°$；当望远镜抬高 α 角度照准目标、竖直度盘指标管水准气泡居中时，竖直度盘读数设为 R，则盘右观测的竖直角为

$$\alpha_R=R-270° \tag{3-7}$$

计算平均竖直角：盘左、盘右对同一目标各观测一次，组成一个测回。一个测回竖直角值（盘左、盘右竖直角值的平均值即为所测方向的竖直角值），即

$$\alpha=\frac{\alpha_L+\alpha_R}{2} \tag{3-8}$$

竖直角计算公式

2. 竖直度盘指标差的计算

当视线水平且指标水准管气泡居中时，盘左始读数为 90°或盘右始读数为 270°的情形称为竖直度盘指标管水准器与竖直度盘读数指标关系正确。事实上，此条件常不会满足，读数指标与正确位置差一个小角度 x，x 称为竖直度盘指标差。

如图 3-10 所示，设所测竖直角的正确值为 α，则考虑指标差 x 的竖直角计算公式为

$$\alpha = 90° + x - L = \alpha_L + x$$

$$\alpha = R - (270° + x) = \alpha_R - x$$

两式相减，可得出指标差 x 为

$$x = \frac{1}{2}(\alpha_R - \alpha_L) \tag{3-9}$$

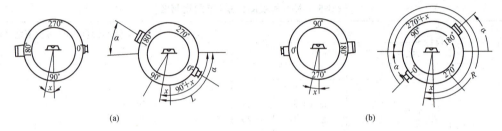

图 3-10　竖直度盘指标差
(a)盘左；(b)盘右

3. 竖直角的观测

竖直角观测时应用横丝瞄准目标的特定位置，观测步骤如下：

(1)在测站点上安置经纬仪，进行对中、整平，并量出仪器高。

(2)盘左瞄准目标，使十字丝横丝切于目标某一位置，旋转竖直度盘指标管水准器微动螺旋使竖直度盘指标管水准气泡居中，读取竖直度盘读数，记入手簿，并用上述公式计算盘左时的竖直角。

(3)盘右瞄准目标，使十字丝横丝切于目标同一位置，旋转竖直度盘指标管水准器微动螺旋使竖直度盘指标管水准气泡居中，读取竖直度盘读数，将其记入手簿，并计算盘右时的竖直角。

竖盘指标差　　　竖直角观测

单元三　距离测量与直线定向

一、钢尺量距

（一）直线定线

1. 目测定线

如图 3-11 所示，设 A、B 两点通视，要在直线 AB 上定出 C 点，则应在 A、B 两端点上竖立标杆，由测量员立于 A 点后 1～2 m 处，从 A 瞄向 B，并指挥另一个测量员手持花杆左右移动直至 C 点的花杆位于直线 AB 上，即定出直线 AB 上 C 点的位置。

图 3-11　花杆直线定线

为了保证定线的精度，如要在一条直线上同时定出几个中间点，则应由远及近定出各点的位置。

2. 经纬仪定线

欲测量 A、B 两点间的水平距离，丈量前，应先清除 AB 直线两侧 1 m 宽范围内的障碍物和杂草。然后将经纬仪安置在 A 点，在 B 点竖立标杆，用仪器瞄准标杆与经纬仪定线，在 AB 直线方向上标定出略小于整尺段的中间点 1、2、3 等，在中间点处各打一木桩，桩顶高出地面 3～5 cm，接着在木桩上沿 AB 视线方向打一小铁钉或画一十字线，作为钢尺读数标志。

（二）钢尺量距的一般方法

1. 平坦地面的丈量方法

如图 3-12 所示，设 A、B 两点互相通视，用钢卷尺丈量 A、B 两点间的水平距离，其操作方法是：①先在 A、B 点上竖立标杆；②后尺手持钢卷尺零端和一根测钎立于起点 A 处，前尺手持钢卷尺另一端和标杆、测钎沿 AB 方向前进，当到达一整尺段 1 处，后尺手在 A 点所立标杆后用目测指挥，令前尺手将标杆 1 插在直线 AB 上；③前、后尺手沿直线方向拉紧和拉平尺子，后尺手将零点对准 A 点，前尺手将测钎对准尺子末端刻划处插入地上，如此便完成了第一整尺段的丈量工作。用同样的方法依次丈量出第 2，3，…，n 个整尺段，最后不足一整尺段时，后尺手将尺子的零点对准测钎，前尺手对准 B 点并读数。

钢尺量距的一般方法

A、B 两点间的水平距离按下式计算：
$$D=nl+m \tag{3-10}$$

式中　D——直线的总长度；

　　　l——尺子长度（尺段长度）；

　　　n——尺段数；

　　　m——不足一尺段的余数。

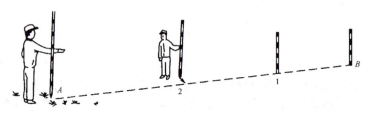

图 3-12　标杆直线定线

为了检核和提高量距的精度，应进行往返丈量。由 A 至 B 称为往测，由 B 至 A 称为返测，往测和返测之差称为较差，较差与往返丈量长度的平均值之比，称为丈量的相对误差，用以衡量丈量的精度。

相对误差通常以分子为 1 的分数形式表示，设 K 为相对误差，则

钢尺量距的精密方法

$$K=\frac{|D_{往}-D_{返}|}{D_{平}}=\frac{1}{\dfrac{D_{平}}{|D_{往}-D_{返}|}} \tag{3-11}$$

式中，$D_{平}=\dfrac{1}{2}(D_{往}+D_{返})$。

2. 倾斜地面丈量水平距离

在倾斜地面上丈量水平距离，根据地面坡度变化情况可将尺子拉平丈量，也可沿倾斜地面丈量。

（1）平量法。如图 3-13 所示，当地面坡度不大时，可将尺子拉平，然后在尺子末端悬挂垂球投影到地面上标出其端点，则 AB 直线总长度可按下式计算：
$$L=l_1+l_2+\cdots+l_i \tag{3-12}$$

式中　l_i——整尺长。

当地面坡度稍大时，l_i 也可以是不足一整尺的长度。

（2）斜量法。当地面坡度比较均匀，如图 3-14 所示，要丈量 A、B 的水平距离，可沿斜坡丈量出倾斜距离 L，然后按以下方法改算成水平距离 D：

若测得 A、B 两点间的高差 h，则
$$D=\sqrt{L^2-h^2} \tag{3-13}$$

若测得地面的倾斜角 α，则
$$D=L\cos\alpha \tag{3-14}$$

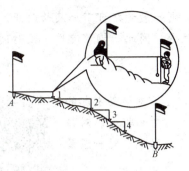

图 3-13　平量法示意

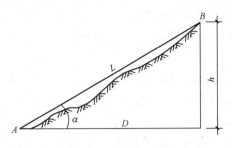

图 3-14　斜量法示意

(三) 成果整理

在钢尺精密量距中，每一丈量尺段长度改算成水平距离，都需进行尺长改正、温度修正、倾斜改正，视精度要求不同有时还应进行高程归化和投影改正。

1. 尺长改正

在标准温度、标准拉力下，设钢尺的实际长度为 l，名义长度为 l_0，则钢尺的尺长改正数 Δl 为

$$\Delta l = l - l_0$$

Δl 为整尺段的改正数，则每尺段的改正值为

$$\Delta L_l = \frac{\Delta l}{l} \times L \tag{3-15}$$

式中　L——尺段倾斜长度。

2. 温度修正

设钢卷尺在检定时的温度为 t_0，丈量时的温度为 t，则一尺段长度的温度改正数 Δl_t 为

$$\Delta l_t = \alpha(t - t_0)l \tag{3-16}$$

式中　α——钢尺的线膨胀系数，$\alpha = 1.2 \times 10^{-5} \, ℃^{-1}$。

3. 倾斜改正

在倾斜地面上沿地面丈量时，设一尺段两端的高差为 h，量得的倾斜长度为 l，将倾斜长度化为水平长度 d，应加的改正数为 Δl_h，其计算公式推导如下

$$h^2 = l^2 - d^2 = (l+d)(l-d)$$

$$\Delta l_h = l - d = \frac{h^2}{l+d} \tag{3-17}$$

阅读材料

钢尺量距的误差来源及注意事项

1. 尺长误差

钢尺名义长度与实际长度不符，产生的误差即尺长误差，如用未鉴定过的钢尺丈量，则结果包含尺长误差。因此，一般都应对所用钢尺进行检定，使用时加入尺长改正。若尺

长改正数未超过尺长的 1/10 000，丈量距离又较短，则一般量距可不加尺长改正。而鉴定过的钢尺经过一段时间的使用，尺长改正也会发生改变。因此，钢尺使用一段时间后，就应重新检定，以降低尺长误差的影响。

2. 温度变化的误差

钢尺的膨胀系数 $\alpha=1.2\times10^{-5}\ ℃^{-1}$，温度每变化 1 ℃对量距引起的相对误差仅为 1/80 000。但当温差较大、距离很长时，影响较大。对精密量距应进行温度改正，并尽可能用点温计测定钢尺的温度。对一般量距，若丈量与检定时的温差超过 10 ℃，也应进行温度改正。

3. 拉力误差

钢尺量距时施加的拉力如与检定时的拉力不同，会产生拉力误差。拉力的大小会影响尺长，当一般量距拉力误差不超过 100 N、精密量距不超过 10 N 时，可以忽略拉力误差对量距的影响，不予改正。

钢尺的检定

4. 定线误差

定线时中间点产生偏差不在一条直线上，量得的距离不是直线，必然产生误差。当用标杆目测定线时，应使各整尺段偏离直线方向小于 0.3 m。在精密量距中，应用光学经纬仪定线。

5. 倾斜误差

对一般量距而言，钢尺不水平会使量距产生倾斜误差，使所量距离增长，但如果钢尺倾斜不大于 40 cm，其误差可忽略不计。对于精密量距，则需要通过尺段高差进行倾斜改正。

6. 风力影响

风力会使钢尺产生抖动，导致尺长发生变化；如果风向与直线方向垂直，会使钢尺产生偏向弯曲。因此，在风速较大时，不宜进行距离丈量。

7. 其他因素

量距时，因尺子端点刻划对不准点的标志或吊垂球、插测钎投点不准，均可能产生较大误差，操作时应加倍注意。

二、视距测量

视距测量是利用水准仪、经纬仪等测量仪器的望远镜内的视距装置，根据几何光学和三角学原理测定距离和高差的一种方法。它主要用于地形图的碎部测量。

(一)视距测量原理

1. 视线水平

如图 3-15 所示，在 A 点上安置仪器，照准在 B 点上竖立的视距尺，测定 A、B 两点间的水平距离 D 和高差 h。当望远镜的视线水平时，望远镜的视线与视距尺面彼此垂直。对光后，视距尺的像落在十字丝分划板的平面上，这时尺上 G 点和 M 点的像与视距丝的 g 和 m 相重合。根据光学原理，可以反过来把 g 点和 m 点当作发光点，从这两点发出的平行于光轴的光线，经物镜折射后必定通过物镜的前焦点 F，交视距尺于 G 点和 M 点。

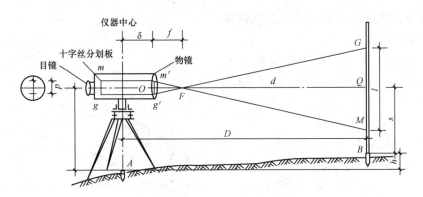

图 3-15 视线水平条件下视距测量原理

在图 3-15 中，△GFM 和△g′Fm′相似，于是有

$$\frac{GM}{g'm'}=\frac{FQ}{FO} \tag{3-18}$$

式中　GM——视距间距，用 l 表示；

FO——物镜焦距，用 f 表示；

$g'm'$——十字丝分划板上两视距丝的固定间距，用 p 表示。

则

$$FQ=\frac{f}{p}l$$

水平距离

$$D=d+f+\delta=\frac{f}{p}l+f+\delta$$

式中　$\frac{f}{p}$ 和 $f+\delta$——视距乘常数和视距加常数。

令

$$k=\frac{f}{p},\ c=f+\delta$$

则水平距离

$$D=kl+c \tag{3-19}$$

式中　k——视距乘常数，通常 $k=100$；

c——视距加常数，对绝大多数仪器而言望远镜为内对光望远镜，$c=0$。

故水平距离

$$D=kl \tag{3-20}$$

从图 3-15 可以看出，A、B 两点间的高差

$$h=i-S \tag{3-21}$$

式中　i——仪器高，指地面点到仪器横轴中心的高度；

S——仪器十字丝中丝在视距尺上的读数。

2. 视线倾斜

在实际工作中，由于地面起伏较大，仪器视线水平测量碎部点的范围很小，有时甚至不能在视距上读数，所以必须把望远镜视线放在倾斜位置才能看到视距尺（图 3-16），如果视距尺仍是垂直地竖立于地面，则视线不再与视距尺面垂直，因而上面导出的公式就不再

适用。为此下面将讨论当望远镜视线倾斜时的视距测量公式。

由图 3-16 可以看出，由于望远镜上下丝与中丝的视线夹角很小，故可将 $\angle G'GQ$、$\angle M'MQ$ 作为直角处理，则有

$$GQ = G'Q\cos\alpha$$
$$MQ = M'Q\cos\alpha$$
$$GM = GQ + QM$$
$$= G'Q\cos\alpha + M'Q\cos\alpha$$
$$= G'M'\cos\alpha = l\cos\alpha$$

故

$$D' = kl\cos\alpha$$

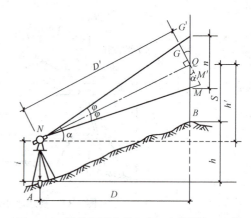

图 3-16 视线倾斜条件下视距测量原理示意

由于 $D = D'\cos\alpha$，可得出水平距离

$$D = kl\cos^2\alpha \tag{3-22}$$

从经纬仪横轴到 Q 点的高度 h'（称初算高差），由图 3-16 可知

$$h' = D\tan\alpha \tag{3-23}$$

则高差

$$h = D\tan\alpha + i - S$$

式中 i——仪器高；

S——十字丝的中丝在视距尺上的读数。

在碎部测量工作中，往往把十字丝的中丝截在视距尺上的读数视为仪器高 i，即 $S = i$，则有

$$h = h' = D\tan\alpha \tag{3-24}$$

（二）测量方法及步骤

(1) 在控制点 A 上安置经纬仪，进行对中和整平。

(2) 量取仪器高 i。

(3) 将视距尺立于欲测的 B 点上，观测者转动望远镜瞄准视距尺，并使中丝截视距尺上某一整数 S 或仪器高 i，分别读出上、下距丝和中丝读数，将下丝读数减去上丝读数得视距间隔 l。

(4) 在中丝不变的情况下读取竖直度盘读数（读数前必须使竖盘指标水准管的气泡居中），并将竖盘读数换算为竖直角 α。

完成一个点的观测后，重复 (2)~(4) 步骤测定另一点。

阅读材料

视距测量误差

1. 仪器误差

通常认定视距乘常数 $k = 100$，但由于视距丝间隔有误差，视距尺有系统性刻划误差，以及仪器检定的各种因素，都会影响 k 值。k 值的误差对视距的影响是系统性的。因此，使用一架新仪器之前，应对 k 值进行检定。

2. 观测误差和外界影响

视距测量时，视距尺不够竖直，将使测得的距离和高差存在误差，且误差随视距尺的倾斜而增加。

空气对流使视距尺的成像不稳定，视线通过水面上空和视线离地表太近时较为突出，成像不稳定造成读数误差增大，对视距精度影响很大。如果风力较大，尺子不易立稳，发生抖动，分别用两根视距丝读数又不能严格在同一个时候进行，也对视距间隔产生影响。

另外，大气密度分布是不均匀的，特别在晴天接近地面部分的密度变化更大，使视线弯曲，给视距测量带来误差。根据试验，只有在视线离地面超过 1 m 时，折光影响才比较小。

三、水准测量

（一）水准测量的含义

高程测量是根据一点的已知高程，通过测定与另一点的高差，经计算得出另一点的高程。水准测量是高程测量中最常用的方法，另外还有三角高程测量的方法。

水准测量方法

我国目前采用的 1985 年国家高程基准，从青岛水准原点出发，用一、二、三、四等水准测量在全国范围内测定一系列水准点。根据这些水准点，为地形测量而进行的水准测量称为图根水准测量；为某一工程建设而进行的水准测量称为工程水准测量。图根水准测量和工程水准测量统称为普通水准测量。

水准测量是利用能提供一条水平视线的仪器，配合水准尺测出地面两点间的高差，从而由已知点的高程推算未知点高程的一种方法。

水准测量原理

如图 3-17 所示，已知 A 点高程为 H_A，求 B 点的高程 H_B。在 A、B 两点间安置一架水准仪，并在 A、B 两点上分别竖立水准尺，利用水平视线读出 A 点尺上的读数 a 及 B 点尺上的读数 b，则可知 A、B 两点间高差为

$$h_{AB}=a-b \tag{3-25}$$

测量是由已知点向未知点方向进行观测，则规定称 A 点为后视点，a 为后视读数；B 点为前视点，b 为前视读数；两点间的高差，总是等于后视读数减去前视读数。当 $a>b$ 时，$h_{AB}>0$，说明 B 点比 A 点高；反之，B 点低于 A 点。

测得两点间的高差 h_{AB} 后，若已知 A 点高程为 H_A，则未知点 B 的高程 H_B 为

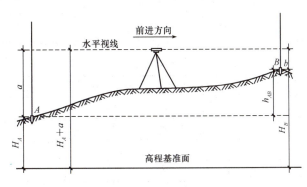

图 3-17 水准测量原理

$$H_B=H_A+h_{AB} \tag{3-26}$$

实际工作中，也可以通过水准仪的视线高 H_i 计算未知点 B 的高程 H_B，即

$$\begin{cases} H_i=H_A+a \\ H_B=H_i-b \end{cases} \tag{3-27}$$

这种计算方法也称视线高法,在工程测量中广泛使用该种方法。

(二)水准测量方法

水准测量是按一定的水准路线进行的由已知一点高程,求算另一点高程的一般方法。

当两点间相距较远或高低起伏较大时,需要将两点之间分成若干测段,逐段安置仪器,依次测得各段高差,然后计算两点间的高差。如图 3-18 所示,在 A、B 两点间依次设三个点,安置四次仪器,即设四个测站,每一测站可读取后、前视读数,测定相邻两点间的高差,最后计算各测站高差的代数和,即为待测点和已知点间的高差。

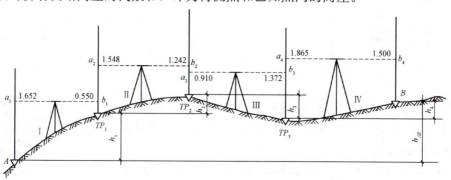

图 3-18 水准测量示意

实际作业中,如图 3-18 所示,在离 A 点不超过 200 m 处选定点 TP_1,当仪器视线水平后,先读后视读数 a_1,再读前视读数 b_1,分别记录在水准测量手簿的相应栏中(表 3-6),同时算出 A 点和 TP_1 点之间的高差,即 $h_1 = a_1 - b_1 = 1.102$ m。

当第一测站测完后,后视尺沿着 AB 方向前进,选择第二点 TP_2,在其上立尺,水准仪搬至 D 站。注意,此时立在 TP_1 点上的水准尺不动,只将尺面翻转过来,然后进行观测、计算,依次类推测到 B 点。求出 A 至 B 的高差 h_{AB},则 B 点的高程为

$$H_B = H_A + h_{AB} \tag{3-28}$$

表 3-6 水准测量记录

仪器型号_____ 观测者_____ 记录者_____ 天气_____ ____年____月____日

测站	测点	后视读数/m	前视读数/m	高差/m +	高差/m −	高程/m	备注
1	A	1.652		1.102		1 556.482	已知
	TP_1		0.550				
2	TP_1	1.548		0.306			
	TP_2		1.242				
3	TP_2	0.910			0.462		
	TP_3		1.372				
4	TP_3	1.865		0.365		1 557.793	$H_B = H_A + h_{AB} = 1\ 557.793$
	B		1.500				

续表

测　站	测　点	后视读数/m	前视读数/m	高差/m +	高差/m −	高程/m	备　注
计算校核	$\sum a=5.975；\sum b=4.664；\sum h=+1.311$ $\sum a-\sum b=5.975-4.664=+1.311$						

单元四　导线测量

导线测量是建立小区平面控制网常用的一种方法，在房地产平面控制测量中也是最常用的方法。特别是在地物分布复杂的建筑区、视线障碍较多的隐蔽区和带状地区，多采用导线测量的方法。导线的布设和观测比较简单，精度能够保证，速度又快，所以被广泛采用。

一、导线的布设形式

1. 闭合导线

如图 3-19 所示，导线从一已知高级控制点 A 开始，经过一系列的导线点 2、3、…，最后回到 A 点，形成一个闭合多边形。

在无高级控制点的地区，A 点也可作为同级导线点，进行独立布设。闭合导线多用于范围较为宽阔地区的控制。

2. 附合导线

布设在两个高级控制点之间的导线称为附合导线。如图 3-20 所示，导线从已知高级控制点 A 开始，经过 2、3、…导线点，最后附合到另一高级控制点 C。附合导线主要用于带状地区的控制，如铁路、公路、河道的测图控制。

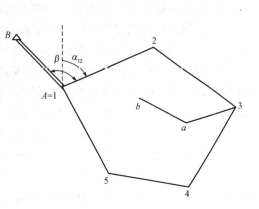

图 3-19　闭合导线和支导线

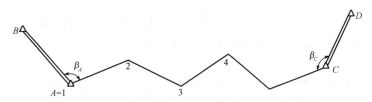

图 3-20　附合导线

3. 支导线

从一个已知控制点出发，支出 1～2 个点，既不附合至另一控制点，也不回到原来的起始点，这种形式称为支导线，如图 3-19 中的 3—a—b。由于支导线缺乏检核条件，故测量规范规定支导线一般不超过 2 个点。它主要用于当主控导线点不能满足局部测图需要时而采用的辅助控制。

二、导线测量的外业工作

导线测量的外业工作包括选点、埋设标志桩、量边、测角及导线的定向与联测。

1. 选点及埋设标志桩

在选点之前，应尽可能地收集测区范围及其周围的已有地形图、高级平面控制点和水准点等资料。若测区内已有地形图，应先在图上研究，初步拟订导线点位，然后到现场实地踏勘，根据具体情况最后确定下来，并埋设标志桩。现场选点时，应根据不同的需要，掌握以下几点原则：

（1）相邻导线点间应通视良好，以便于测角。

（2）采用不同的工具（如钢尺或全站仪）量边时，导线边通过的地方应考虑到它们各自不同的要求。如用钢尺，则尽量使导线边通过较平坦的地方，若用全站仪，则应使导线避开强磁场及折光等因素的影响。

（3）导线点应选在视野开阔的位置，以便使测图时控制的范围大，减少设测站次数。

（4）导线各边长应大致相等，一般不宜超过 500 m，也不应短于 50 m。

（5）导线点应选在点位牢固、便于观测且不易被破坏的地方；在有条件的地方，应使导线点靠近线路位置，以便定测放线多次利用。

导线点位置确定之后，应打下桩顶面边长为 4～5 cm、桩长为 30～35 cm 的方木桩，顶面应打一小钉以标志导线点位，桩顶应高出地面 2 cm 左右；对于少数永久性的导线点，也可埋设混凝土标石。为了便于以后使用时寻找，应做"点之记"，即将方木桩与其附近的地物关系量出并绘记在草图上，如图 3-21 所示；同时，在导线点方木桩旁应钉设标志桩(板桩)，并在板桩上写明导线点的编号及里程。

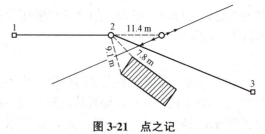

图 3-21　点之记

2. 量边

导线边长可以用全站仪、钢尺等工具来丈量。用全站仪量边时，应往返观测取平均值。对于图根导线仅进行气象改正和倾斜改正；对于精度要求较高的一、二级导线，应进行仪器加常数和乘常数的改正。

用钢尺丈量导线边长时，需往返丈量，当两者较差不大于边长的 1/2 000 时，取平均值作为边长采用值。所用钢尺应经过检定或与已检定过的钢尺比长。

3. 测角

对于导线的转折角可测量左角或右角。按照导线前进的方向，在导线左侧的角称为左角,在导线右侧的角称为右角。一般规定闭合导线测内角,附合导线在铁路系统习惯测右角,在其他系统多测左角。若采用电子经纬仪或全站仪,测左角要比测右角具有较多的优点,它可直接显示出角值、方位角等。

导线角一般用 DJ6 或 DJ2 级经纬仪用测回法测一个测回。其上、下半测回角值较差,要求 DJ6 级经纬仪不大于 $30''$;DJ2 级经纬仪不大于 $20''$。各级导线的主要技术要求见表 3-7。

表 3-7 各级导线的主要技术要求

等级	附合导线长度/km	平均边长/(m)	测角中误差/('')	测回数 DJ6	测回数 DJ2	角度闭合差/('')	导线全长相对闭合差
一级	2.5	250	5	4	2	$\pm 10''\sqrt{n}$	1/10 000
二级	1.8	180	8	3	1	$\pm 16''\sqrt{n}$	1/7 000
三级	1.2	120	12	2	1	$\pm 24''\sqrt{n}$	1/5 000
图根	≤1.0M	≤1.5 测图最大视距	20	1	—	$\pm 60''\sqrt{n}$	1/2 000

4. 导线的定向与联测

为了计算导线点的坐标,必须知道导线各边的坐标方位角,因此应确定导线起始边的方位角。若导线起始点附近有国家控制点,则应与控制点联测连接角,再推算导线各边的方位角。如果导线附近无高级控制点,则利用罗盘仪施测导线起始边的磁偏角,并假定起始点的坐标作为起算数据,如图 3-20 中的 β_A、β_C,再推算导线各边的方位角。

三、导线测量的内业工作

导线测量的内业工作,是计算出各导线点的坐标(x, y)。在进行计算之前,首先应对外业观测记录和计算的资料检查核对,同时,也应对抄录的起算数据进一步复核,当资料没有错误和遗漏,而且精度符合要求后,方可进行导线的计算工作。

下面分别介绍闭合导线和附合导线的计算方法与过程,对于附合导线,仅介绍其与闭合导线计算的不同之处。

1. 闭合导线的计算(以图 3-22 为例)

(1) 角度闭合差的计算与调整。闭合导线规定测内角,而多边形内角总和的理论值为

$$\sum \beta_{理} = (n-2) \times 180° \tag{3-29}$$

式中 n——内角的个数,图 3-22 中,$n=5$。

在测量过程中,误差是不可避免的,实际测量的闭合导线内角之和 $\sum \beta$ 与其理论值 $\sum \beta_{理}$ 会有一定的差别,两者之间的不符值称为角度闭合差 f_β,即

$$f_\beta = \sum \beta_{测} - \sum \beta_{理} = \sum \beta_{测} - (n-2) \times 180° \tag{3-30}$$

不同等级的导线规定有相应的角度闭合差容许值。

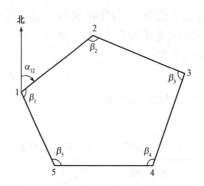

图 3-22 闭合导线角度闭合差的计算

若 $f_\beta \leqslant f_{\beta 允}$，因各角都是在同精度条件下观测的，故可将角度闭合差按相反符号平均分配到各角上，即改正数为

$$V_i = -f_\beta / n \tag{3-31}$$

当 f_β 不能被 n 整除时，余数应分配在含有短边的夹角上。经改正后的角值总和应等于理论值，以此校核计算是否有误。可检核：

$$\sum V_i = -f_\beta \tag{3-32}$$

若 $f_\beta > f_{\beta 允}$，即角度闭合差超出规定的容许值时，则应查找原因，必要时应进行返工重测。

(2) 导线各边坐标方位角的计算。当已知一条导线边的方位角后，其余导线边的坐标方位角可根据已经经过角度闭合差配赋后的各个内角依次推算出来。其计算公式如下：

$$\alpha_{前} = \alpha_{后} + 180° \pm \beta_{左右} \tag{3-33}$$

如图 3-23 所示，假设已知 12 边的坐标方位角为 α_{12}，则 23 边的坐标方位角 α_{23} 可根据式(3-33)计算出来。

坐标方位角应为 0°～360°，它不应该为负值或大于 360°。当计算出的坐标方位角出现负值时，则应加上 360°；当出现大于 360°之值时，则应减去 360°。最后检算出起始边 12 的坐标方位角，若与原来已知值相符，则说明计算正确。

(3) 坐标增量的计算。在平面直角坐标系中，两导线点的坐标之差称为坐标增量。它们分别表示为导线边长在纵、横坐标轴上的投影，如图 3-24 中的 Δx_{12}、Δy_{12} 所示。

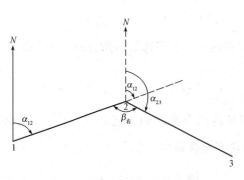

图 3-23 导线边方位角的推算

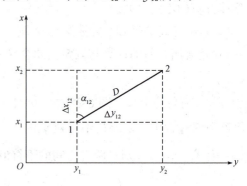

图 3-24 坐标增量

知道了导线边长 D 及坐标方位角后，就可以计算出两导线点之间的坐标增量。坐标增量可按下式计算：

$$\Delta x_i = D_i \cos\alpha_i \qquad (3-34)$$

坐标增量有正、负之分：Δx 向北为正、向南为负，Δy 向东为正、向西为负。

(4)坐标增量闭合差的计算与调整。闭合导线的纵、横坐标增量代数和在理论上应该等于零，即

$$\sum \Delta x_{理} = 0 \qquad (3-35)$$

量边和测角中都会含有误差，在推算各导线边的方位角时，是用改正后的角度来进行的，因此可以认为第(3)步计算的坐标增量基本不含有角度误差，但是用到的边长观测值是带有误差的，故计算出的纵、横坐标增量的代数和往往不等于零，其数值 f_x、f_y 分别为纵、横坐标增量的闭合差(图 3-25)，即

$$f_x = \sum \Delta x_{测} \qquad (3-36)$$

由图 3-25 可以看出，坐标增量闭合差的存在使闭合导线在起点 1 处不能闭合，而产生闭合差。f_D 称为导线全长闭合差，即

$$f_D = \sqrt{f_x^2 + f_y^2} \qquad (3-37)$$

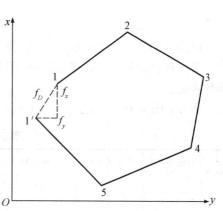

图 3-25 导线全长闭合差

导线全长闭合差是因量边误差的影响而产生的，导线越长则闭合差的累积越大，故衡量导线的测量精度应以导线全长与闭合差之比 K 来表示：

$$K = \frac{f_D}{\sum D} = \frac{1}{\dfrac{\sum D}{f_D}} \qquad (3-38)$$

式中，K 通常用分子为 1 的形式表示，称为导线全长相对闭合差；$\sum D$ 为导线总长，即一条导线的所有导线边长之和。

各级导线的相对精度应满足表 3-7 中的要求，否则应查找超限原因，必要时进行重测。若导线全长相对闭合差在容许范围内，则可进行坐标增量的调整。调整的方法：一般钢尺量边的导线，可将闭合差反号，以边长按比例分配；若为光电测距导线，其测量结果已进行了加常数、乘常数和气象改正，则坐标增量闭合差也可按边长成正比反号平均分配，即

$$\begin{cases} v_{xi} = -\dfrac{f_x}{\sum D} \times D_i \\ v_{yi} = \dfrac{f_y}{\sum D} \times D_i \end{cases} \qquad (3-39)$$

式中 v_{xi}、v_{yi}——第 i 条边的纵、横坐标增量的改正数；

D_i——第 i 条边的边长；

$\sum D$——导线全长。

坐标增量改正数的总和应满足下面的条件：

$$\sum v_x = -f_x \qquad (3-40)$$

$$\sum v_y = -f_y$$

改正后的坐标增量代数和应该等于零，这可作为计算正确与否的检核依据。

（5）坐标的计算。根据调整后的各个坐标增量，从一个已知坐标的导线点开始，可以依次推算出其余导线点的坐标。在图 3-24 中，若已知 1 点的坐标 x_1、y_1，则 2 点的坐标计算过程为

$$x_2 = x_1 + \Delta x_{12} \qquad (3-41)$$

$$y_2 = y_1 + \Delta y_{12}$$

已知点的坐标，既可以是高级控制点的，也可以是独立测区中的假定坐标。

最后推算出起点 1 的坐标，两者与已知坐标完全相等，以此作为坐标计算正确与否的检核依据。

表 3-8 所示为一个五边形闭合导线计算过程。

表 3-8 闭合导线计算表

测站	右角观测值 /(° ′ ″)	改正后右角 /(° ′ ″)	坐标方位角 /(° ′ ″)	边长 /(m)	坐标增量/m $\Delta x'$	$\Delta y'$	改正后坐标增量/m Δx	Δy	坐标/m x	y
1			335 24 00	231.30	+0.06 +210.31	−0.05 −96.29	+210.37	−96.34	200.00	200.00
2	−11″ 90 07 02	90 06 51							410.37	103.66
			65 17 09	200.40	+0.06 +83.79	−0.04 +182.04	+83.85	+182.00		
3	−11″ 135 49 12	135 49 01							494.22	285.66
			109 28 08	241.00	+0.07 −80.32	−0.05 +227.22	−80.25	+227.17		
4	−10″ 84 10 18	84 10 08							413.97	512.38
			205 18 00	263.40	+0.07 −238.14	−0.05 −112.57	−238.07	−112.62		
5	−10″ 108 27 18	108 27 08							224.10	400.21
			276 50 52	201.60	+0.06 +24.04	−0.05 −200.16	+24.10	−200.21		
1	−10″ 121 27 02	121 26 52							200.00	200.00
			335 24 00							
2										
∑	540 00 52	540 00 00		1137.70	−0.32	+0.24	0	0		

$$f_{\beta 容} = \pm 40\sqrt{n} = \pm 89''$$

$$\sum \beta_{理} = (5-2) \times 180° = 540°00'00''$$

$$f_D = \sqrt{(-0.32)^2 + (0.24)^2} = 0.40$$

$$f_\beta = \sum \beta_{测} - \sum \beta_{理}$$

$$K = \frac{f_D}{\sum D} = \frac{0.40}{1\,137.70} = \frac{1}{2\,840} < \frac{1}{2\,000}$$

$$= 540°00'52'' - 540°00'00''$$

$$= +52'' < f_{\beta 容}，合格。$$

合格。

(1)角度闭合差的计算与调整：观测内角之和与理论角值之差 $f_\beta=+52''$，按图根导线角度闭合差容许值 $f_{\beta允}=\pm30\sqrt{5}=\pm67''$，$f_\beta<f_{\beta允}$，说明角度观测质量合格。将闭合差按相反符号平均分配到各角上后，余下的 $2''$ 则分配到最短边 2～3 两端的角上各 $1''$。

(2)坐标增量闭合差的计算与导线精度的评定：坐标增量初算值用改正后的角值推算各边方位角后按式(3-33)计算，最后得到坐标增量闭合差 $f_x=-0.32$，$f_y=+0.24$，则导线全长闭合差 $f_D=0.40$ m，用此计算导线全长相对闭合差 $K=1/2\ 840<1/2\ 000$，故导线测量精度合格。

(3)坐标的计算：在角度闭合差、导线全长相对闭合差合格的条件下，方可按式(3-39)计算坐标增量改正数，得到改正后的坐标增量，最后按式(3-41)推算各点坐标。

2. 附合导线的计算

附合导线的计算过程与闭合导线的计算过程基本相同，也必须满足角度闭合条件和纵、横坐标闭合条件。但附合导线是从一已知边的坐标方位角 α_{AB} 闭合到另一已知边的坐标方位角 α_{CD} 上的，同时，还应满足从已知点 B 的坐标推算出 C 点坐标时，与 C 点的已知坐标吻合，如图 3-26 所示。因此，附合导线在角度闭合差和坐标增量闭合差的计算与调整方法上与闭合导线稍有不同，以下仅指出两类导线计算中的区别：

(1)角度闭合差的计算。如图 3-26 所示，点 A、B、C、D 是高级平面控制点，因此 4 个点的坐标是已知的，AB 及 CD 的坐标方位角也是已知的。β 是导线观测的右角，故可依下式推算出各边的坐标方位角：

$$\alpha_{12}=\alpha_{AB}+180°-\beta_1$$
$$\cdots$$
$$\alpha'_{CD}=\alpha_{(n-1),n}+180°-\beta_n \tag{3-42}$$

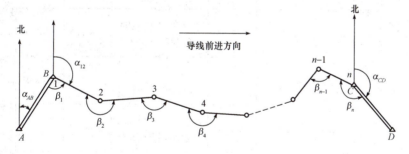

图 3-26 附合导线的计算

将以上各式等号两边相加，消去两边的相同项可得

$$\alpha'_{CD}=\alpha_{AB}+n\cdot180°-\sum_{i=1}^{n}\beta_i \tag{3-43}$$

由此可以得出推导终边坐标方位角的一般公式如下：
若观测右角，则

$$\alpha_\text{终}=\alpha_\text{始}+n\cdot180°-\sum_{i=1}^{n}\beta_i \tag{3-44}$$

若观测左角，则

$$\alpha_{终} = \alpha_{始} - n \cdot 180° + \sum_{i=1}^{n}\beta_i \qquad (3\text{-}45)$$

由于存在测量角度误差，推算值 $\alpha'_{终}$ 与已知值 $\alpha_{终}$ 不相等，产生了附合导线的角度闭合差，即

$$f_\beta = \alpha'_{终} - \alpha_{终} \qquad (3\text{-}46)$$

附合导线角度闭合差的调整原则上与闭合导线相同，但需注意的是，当用右角计算时，角度闭合差应以相同符号平均分配在各角上；当用左角计算时，角度闭合差则以相反符号分配。

(2)坐标增量闭合差的计算。附合导线各边坐标增量的代数和理论上应该等于终点与始点已知坐标之差值，即

$$\sum \Delta x_{理} = x_{终} - x_{始} \qquad (3\text{-}47)$$

由于测量误差的不可避免性，两者之间产生差值，这个差值称为附合导线坐标增量的闭合差，即

$$f_x = \sum \Delta x_{测} - (x_{终} - x_{始}) \qquad (3\text{-}48)$$

附合导线坐标增量闭合差的分配办法同闭合导线。

表 3-9 所示为一附合导线计算示例。

表 3-9　附合导线计算表

测站	右角观测值 /(° ′ ″)	改正后的右角 /(° ′ ″)	坐标方位角 /(° ′ ″)	边长 /(m)	坐标增量/m		改正后的坐标增量/m		坐标/m	
					$\Delta x'$	$\Delta y'$	Δx	Δy	x	y
Ⅱ−91			317 52 06							
Ⅱ−90	−05″ 267 29 58	267 29 53							4 028.53	4 006.77
			230 22 13	133.84	−0.02 −85.37	−0.05 −103.08	−85.39	−103.13		
1	−04″ 203 29 46	203 29 42							3 943.14	3 903.64
			206 52 31	154.71	−0.03 −138.00	−0.07 −69.94	−138.03	−70.01		
2	−05″ 184 29 36	184 29 31							3 805.11	3 833.63
			202 23 00	80.70	−0.02 −74.66	−0.03 −80.75	−74.68	−30.78		
3	−05″ 179 16 06	179 16 01							3 730.43	3 802.85
			203 06 59	148.93	−0.03 −136.97	−0.06 −58.47	−137.00	−58.53		
4	−04″ 81 16 52	81 16 48							3 593.43	3 744.32
			301 50 11	147.16	−0.03 +77.63	−0.06 −125.02	+77.60	−125.08		
Ⅱ−89	−05″ 147 07 34	147 07 29							3 671.03	3 619.24
Ⅱ−88			334 42 42							
$\sum$	1 063 09 52	1 063 09 24		665.33	−357.37	−387.26				

续表

测站	右角观测值 /(° ′ ″)	改正后的右角 /(° ′ ″)	坐标方位角 /(° ′ ″)	边长 /(m)	坐标增量/m		改正后的坐标增量/m		坐标/m	
					$\Delta x'$	$\Delta y'$	Δx	Δy	x	y
$\alpha'_{终}=317°52'06''+6×180°-1\,063°09'52''=334°42'14''$ $f_\beta=\alpha'_{终}-\alpha_{终}=334°42'14''-334°42'42''=-28''<f_{β容}=±40''\sqrt{6}=±98''$,合格 $f_x=+0.13\ \ f_y=+0.27$ $f_D=\sqrt{0.13^2+0.27^2}=0.30(m)$ $K=\dfrac{f_D}{\sum D}=\dfrac{0.30}{665.33}=\dfrac{1}{2\,200}<\dfrac{1}{2\,000}$,合格										

单元五　交会测量

当测区内用导线或小三角布设的控制点不能满足测图或施工放样的要求时，可采用交会定点的方法来加密。常用的交会定点方法有前方交会、侧方交会、后方交会、距离（测边）交会等。

一、前方交会

如图 3-27 所示，A、B 为已知坐标的控制点，P 为待求点。用经纬仪测得 α、β 角，则根据 A、B 点的坐标，即可求得 P 点的坐标，这种方法称为前方交会。

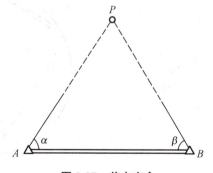

图 3-27　前方交会

二、侧方交会

图 3-28 所示为侧方交会。其是在一个已知点 A 和待求点 P 上安置经纬仪，测出 α、γ 角，并由此推算出 P 角，求出 P 点坐标。侧方交会主要用于有一个已知点不便安置仪器的情况。为了检核，它也需要测出第三个已知点 C 的 ε 角。

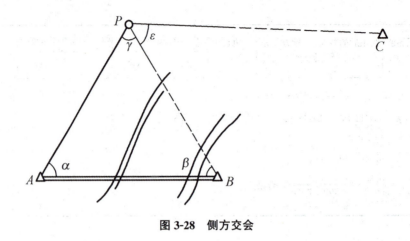

图 3-28 侧方交会

三、后方交会

如图 3-29 所示,后方交会是在待求点 P 上安置经纬仪,观测 3 个已知点 A、B、C 之间的夹角 α、β,然后根据已知点的坐标和 α、β 计算 P 点的坐标的交会测量方法。

为了检核,在实际工作中往往要求观测 4 个已知点,组成两个后方交会图形。

由于后方交会只需在待求点上设站,因此较前方交会、侧方交会的外业工作量少。它不仅用于控制点加密,也多用于导线点与高级控制点的联测。

在后方交会中,若 P、A、B、C 位于同一个圆周上,则 P 点虽然在圆周上移动,而由于 α、β 值不变,故 x_p、y_p 值不变,因此 P 点坐标产生错误,这个圆称为危险圆(图 3-30)。P 点应该离开危险圆附近,一般要求 α、β 和 B 点内角之和不应为 $160°\sim200°$。

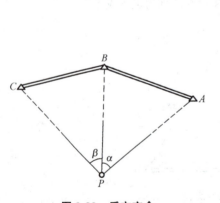

图 3-29 后方交会

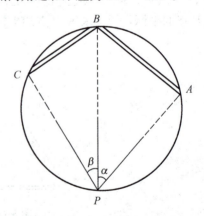

图 3-30 后方交会的危险圆

四、距离(测边)交会

由于光电测距仪和全站仪的普及,现在也常采用距离交会的方法来加密控制点。如图 3-31 所示,已知 A、B 点的坐标及 AP、BP 的边长 D_b、D_a,可求得待定点 P 的坐标。

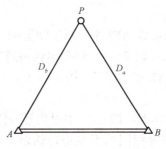

图 3-31　距离(测边)交会

单元六　GPS 定位测量

GPS 定位测量主要应用于四等和四等以上的基本控制测量或一级房地产平面控制测量，也可用于二、三级的房地产平面控制测量、房角点和界址点等重要房产要素的测定。

GPS 全球定位系统是于 1994 年建成的新一代卫星导航定位系统。GPS 全球定位系统的优点包括定位精度高，观测时间短，测站间无须通视，观测方便，提供统一的三维坐标，全天候作业以及定时定位。

总之，凭借精度高、速度快、费用省、操作简单、技术先进的优良性能，GPS 被广泛应用于国民经济建设的各个测绘领域，现已逐渐成为城市房地产测量的主要技术手段与方法。

一、GPS 定位原理

1. 基本原理

如图 3-32 所示，设由卫星 S_1 至测站 P 的距离为 $\tilde{\rho}_1$，则 P 在以 S_1 为圆心、$\tilde{\rho}_1$ 为半径的球面上。同理，P 在以 S_2 为圆心、$\tilde{\rho}_2$ 为半径的球面上，也在以 S_3 为圆心、$\tilde{\rho}_3$ 为半径的球面上。三个球面的交点就是 P。GPS 进行定位的基本原理，是以 GPS 卫星和用户接收天线之间的距离（或距离差）的观测量为基础，并根据已知的卫星瞬时坐标来确定用户接收机所对应的点位，即待定点的三维坐标 (x, y, z)。

2. 伪距法定位原理

GPS 卫星根据自己的星载时钟发射含有测距码的调制信号，称为测距码信号（粗码 C/A 码或精码 P 码）。该信号从卫星发射经时间 Δt 后，到达接收机天线。用上述信号传播时间 Δt 乘以电磁波在真空中的速度 c，就可以求得卫星至接收机的距离 $\tilde{\rho}$，即

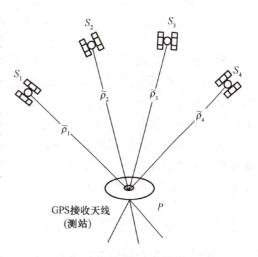

图 3-32　GPS 定位几何原理

$$\tilde{\rho} = \Delta t \cdot c \tag{3-49}$$

实际上，考虑到卫星时钟与接收机时钟不同步的影响，电离层(高度为 50～1 000 km 的大气层)和对流层(高度在 50 km 以下的大气层)对传播速度的影响，这里求得的距离值并非真正的站星几何距离，习惯上称为"伪距"，用 $\tilde{\rho}$ 表示，与之相对应的定位方法称为伪距法定位。

为了测定上述测距码的时间延迟，即 GPS 卫星信号的传播时间，需要将多台 GPS 接收机安置在不同的测点上，同时锁定相同的卫星进行伪距测量。因此对载波进行相位测量，可以得到较高的测量定位精度。

3. 相对定位原理

相对定位原理是用两台 GPS 接收机分别安置在同步观测基线两端，并同步观测相同的 GPS 卫星，以确定基线端点的相对位置或坐标差。同样，多台接收机安置在多条基线上同步观测相同卫星，可以确定多条基线向量，如图 3-33 所示。

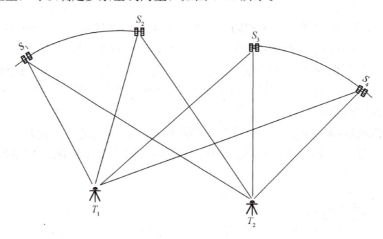

图 3-33　GPS 相对定位原理

静态相对定位的最基本情况是采用两台(或两台以上)GPS 接收机分别安置在一条(或多条)基线的两端，固定不动，同步观测 4 颗以上 GPS 卫星，以确定基线端点在坐标系中的相对位置或基线向量。由于在测量过程中，所测过的基线边能构成闭合图形，便于观测成果的检核，从而提高了 GPS 定位的精度。

动态相对定位的数据处理有两种方式：一种是实时处理，另一种是测后处理。前者的观测数据无须存储，但难以发现粗差，精度较低；后者在基线长度为数千米的情况下，精度为 1～2 cm，因而较为常用。

二、GPS 定位技术的实施

同传统的测量控制网建立方法一样，利用 GPS 技术建立房地产基本控制网也包括外业和内业两项工作。外业工作主要包括选点和建立标志、外业观测等。内业工作主要包括GPS 测量的技术设计、GPS 测量成果检核与数据处理等。如果按照 GPS 测量工作实施过程，则可分为技术设计、选点和建立标志、外业观测、成果检核与数据处理以及平差计算阶段，现介绍如下。

1. 技术设计

GPS 网的技术设计是一项基础性的工作。这项工作应根据 GPS 网的用途和用户的要求进行，其主要内容包括 GPS 网精度指标的确定和 GPS 网的网形设计等。

(1) GPS 网精度指标的确定。各级 GPS 测量控制网的定位精度指标通常以网中基线观测的距离误差 m_D 来表示，其形式为

$$m_D = \pm(a + b \times 10^{-6} \cdot D) \tag{3-50}$$

式中 a——距离固定误差(mm)；

b——距离比例误差系数；

D——基线距离(km)。

GPS 网中最小距离应为平均距离的 1/3～1/2，最大距离应为平均距离的 2～3 倍。

GPS 各级控制网的精度指标见表 3-10。

表 3-10 GPS 各级控制网的精度指标

等级	平均边长/km	a/mm	$b(1 \times 10^{-6})$	最弱边相对中误差
二等	9	≤10	≤2	≤1/120 000
三等	5	≤10	≤5	≤1/80 000
四等	2	≤10	≤10	≤1/45 000
一级	0.5	≤10	≤15	≤1/20 000
二级	0.2	≤15	≤20	≤1/10 000

(2) GPS 网的网形设计。网形设计的核心是如何高质量、低成本地完成既定的测量任务。通常在进行 GPS 网设计时，必须顾及测站选址、卫星选择、仪器设备装置与后勤交通保障等因素。当网点位置、接收机数量确定以后，网的设计就主要体现在观测时间的确定、网形构造及各点设站观测的次数等方面。GPS 网的网形布设通常有点连式、边连式、网连式、混连式等基本方式，在此基础上即可布设经典控制测量网形。具体布设主要取决于工程所要求的精度、野外条件及 GPS 接收机台数等因素。

点连式[图 3-34(a)]是指相邻同步网形之间仅有一个公共点的连接，在公共点上设站两次，其余点只设站一次。以这种方式布点所构成的网形几何强度很弱，没有或极少有非同步图形闭合条件，一般不单独使用。

边连式[图 3-34(b)]是指同步网形之间有一条公共基线的连接。这种布网方案，网的几何强度较高，有较多的复测边和非同步网形闭合条件，几何强度和可靠性均优于点连式。但其工作量最大，检核条件也最多。

网连式(图 3-35)是指相邻同步网形之间通过两个以上的公共点相连接的方法。这种方法至少需要 4 台接收机。显然，这种密集的布设方法，几何强度、可靠性指标和成本都较高，多用于较高精度的控制网。

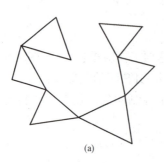 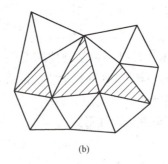

图 3-34 GPS 网的网形布设

(a)点连式布设；(b)边连式布设

边点混合连接式是把点连式与边连式有机地结合起来，组成 GPS 网，既能保证网的几何强度，提高网的可靠性，又能减少外业工作量，降低成本，是一种较为理想的布网方法。

图 3-36 所示是在点连式的基础上加测 4 个时段，把边连式与点连式结合起来，以得到几何强度改善的布网设计方案。

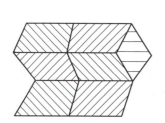 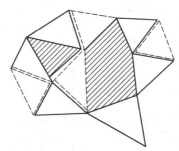

图 3-35 网连式布设　　　　图 3-36 边点混合连接式布设

2. 选点和建立标志

由于 GPS 测量观测站之间不要求通视，而且 GPS 网的图形结构比较灵活，所以选点工作较常规测量简便。但 GPS 测量又有其自身的特点，选点时应满足以下要求：

(1)点位应选在交通方便、易于安置接收设备的地方，且视场要开阔，视场内周围障碍物的高度角一般应小于 15°。

(2)GPS 点应避开对电磁波接收有强烈吸收、反射等干扰影响的金属和其他障碍物体，如高压线、电台、电视台、高层建筑、大范围水面等。

(3)地面基础稳定，易于点的保存。

(4)网形应有利于同步观测边点连接。

(5)点位选定后，按要求埋置标石，并绘制点之记。

3. 外业观测

外业观测工作主要包括安置天线、开机观测和做观测记录等。

(1)安置天线。正确安置天线是实现精密定位的重要条件之一，其安置工作应符合下列要求：

1)一般情况下，天线应尽量利用脚架安置在标志中心的垂线方向上，直接对中。在特殊情况下，偏心观测时，归心元素应以解析法精确测定。

2）需要在觇标的基板上安置天线时，应先卸去觇标顶部，以防止干扰信号，并将标石中心投影到基板上，作为安置天线的依据。

3）GPS点上建有寻常标时，应在安置天线前，先放倒觇标或采取其他措施，防止干扰卫星信号。

4）天线定向标志线应指向正北，考虑当地磁偏角影响后，定向误差不应超过±5°，以减弱相位中心偏差的影响。

5）天线底板上的圆水准器气泡必须居中。

6）雷雨天气安置天线时，应注意将其底盘接地，雷雨过境时应暂停观测并卸下天线，防止雷击。

天线高是天线的相位中心至测站点标志中心顶端的垂直距离。天线安置后，应在各观测时段的前后各量天线高一次，两次之差不应超过3 mm，并取其平均值。

（2）开机观测。安置完天线后，在离开天线适当位置的地面上安放GPS接收机，接通接收机与电源、天线、控制器的连接电缆，经检查测站上各项连接无误，且接收机预置状态正确后，即可启动接收机进行观测。观测作业的主要任务是捕获GPS卫星信号并对其进行跟踪、接收和处理，从而获取定位信息和观测数据。

（3）做观测记录。GPS测量作业所获得的成果记录主要有观测记录、测量手簿两种形式。观测记录由接收机自动完成，均记录在存储介质上，其主要内容包括载波相位观测值及相应的观测历元，GPS卫星星历参数，实时绝对定位结果，测站控制信息及接收机工作状态信息。

测量手簿是在接收机启动前及观测过程中，由作业人员随时填写的表格，包括观测时的气象元素等有关信息。其格式和内容见表3-11。具体要求见《全球定位系统(GPS)测量规范》(GB/T 18314—2009)。

表3-11 C、D、E级GPS测量手簿

点号		点名		图幅编号	
观测员		日期段号		观测日期	
接收机名称及编号		天线类型及其编号		存储介质编号 数据文件名	
近似纬度	° ′ ″N	近似经度	° ′ ″E	近似高程	m
采样间隔	s	开始记录时间	h min	结束记录时间	h min
天线高测定		天线高测定方法及略图		点位略图	
测前： 测后： 测定值_____ _____ m 修正值_____ _____ m 天线高_____ _____ m 平均值_____ _____ m					

续表

时间(UTC)	跟踪卫星号(PRN)及信噪比	纬度/° ′ ″	经度/° ′ ″	大地高/m	天气状况
记事					

4. 成果检核与数据处理

外业观测结束后，必须及时在测区进行观测数据的检核，并根据情况采取淘汰或必要的重测、补测措施，确保无误后再进行数据处理。只有按照《房产测量规范 第1单元：房产测量规定》(GB/T 17986.1—2000)要求，对各项检核内容严格检查，确保准确无误后，才能进行后续的数据处理与平差计算。

(1)GPS测量成果检核。在解算出GPS基线向量的基础上，对外业观测成果进行质量检核是实现预期定位精度的重要环节，主要内容包括每个时段同步观测边数据的检核、重复观测边的检核、同步观测环的检核、异步观测环的检核等。

(2)数据处理。GPS接收机采集的数据是接收天线至卫星伪距、载波相位和卫星星历等数据，而不是常规测量技术所得到的角度、距离和高差等。因此要得到有实际意义的定位信息，还必须进行一系列的处理。GPS数据处理的基本流程是数据采集→数据传输→预处理→基线解算→GPS网平差。

5. 平差计算

在各项质量检核符合要求后，以所有独立基线组成闭合图形，以三维基线向量及其相应方差、协方差阵作为观测信息，在此基础上进行GPS网的平差计算。

(1)GPS网的无约束平差。利用基线处理结果和协方差阵，以一个点的WGS－84系三维坐标作为起算依据，进行GPS网的无约束平差。无约束平差提供各控制点在WGS－84系下的三维坐标、各基线向量3个坐标差观测值的总改正数、基线边长以及点位和边长的精度信息。

(2)GPS网的有约平差。实际工程中所使用的国家坐标或城市、矿区坐标，需要将GPS网的平差结果进行坐标转换而得到。

(3)GPS网与地面网的联合平差，即除了GPS基线向量观测值和约束数据以外，还有地面常规测量值如边长、方向和高差等，将这些数据一并进行平差计算。

在国家坐标系或地方坐标系内进行约束平差和联合平差，平差完成后网点坐标已属于国家坐标系或地方坐标系，因而这两种平差方法是解决GPS成果转换的有效手段。

三、GPS定位在房地产测量中的应用

房地产测量主要通过采集和表述房屋和房屋用地的有关信息，为房产产权、户籍管理、房地产开发利用、征收税费以及城镇规划建设提供测量数据和资料。由于房地产的法律和经济特性，房产测量图必须具备准确性和现实性。

模块三 房地产平面控制测量

GPS 在房地产测量方面的应用与一般 GPS 控制网测量在主要技术上相似，都是采用载波相位测量相对定位，但又有其不同点。一般房地产测量中边长较短，定位精度要求不很高，而对效率要求较高。另外，房地产测量上的 GPS 点一般在城市高级点控制下布测，其布测图形较灵活，定位方法广泛采用快速定位法。

目前，GPS 技术在房地产控制测量中得以广泛应用，是由于 GPS 测量能够满足各等级房地产平面控制网的精度要求。

各等级 GPS 相对定位测量的主要技术要求应符合表 3-12 的规定。

表 3-12 各等级 GPS 相对定位测量的技术指标

等级	卫星高度角/(°)	有效观测卫星总数	时段中任一卫星有效观测时间/min	观测时段数	观测时段长度/min	数据采样间隔/s	点位几何图形强度因子
二等	≥15	≥6	≥20	≥2	≥90	15～60	≤6
三等	≥15	≥4	≥5	≥2	≥10	15～60	≤6
四等	≥15	≥4	≥5	≥2	≥10	15～60	≤8
一级	≥15	≥4			≥1	15～60	≤8
二级	≥15	≥4			≥1	15～60	≤8
三级	≥15	≥4			≥1	15～60	≤8

模块小结

对于每个城镇，在房地产权产籍管理区域内进行房产测绘，都必须建立具有必要精度的平面控制网，作为房地产平面图测绘和日常变更测量的基础。测量房地产平面控制网的工作称为房地产平面控制测量。本模块主要介绍房地产平面控制测量概述、经纬仪及角度测量、距离测量与直线定向、导线测量、交会测量、GPS 定位测量。

思考与练习

一、填空题

1. "_____、_____、_____"的原则，要求房地产平面控制网应按照规定的等级规格，从高级到低级，统一分级布网，但不是要求逐级布网，中间可以越级布网。

2. 国家平面控制网采用的原则，按其精度分成_____等，精度由高级到低级逐步建立。

3. _____是指地面上一点到两个目标点的方向线垂直投影到水平面上所形成的角度。

4. _____是指在同一竖直面内，倾斜视线与水平视线间的夹角。

5. 常用的水平角度测量方法有_____和_____。

6. 导线测量的外业工作包括_____、_____、_____、_____及_____。
7. 常用的交会定点方法有_____、_____、_____、_____等。
8. 多个测回观测水平方向时，要配置60°33′52″，度盘上应该配置_____，而测微器上该配置_____。
9. 外业测量的基准面是_____。
10. 平面控制网按其布网形式分为三角网_____、_____、_____及_____四种形式。

二、选择题

1. 用经纬仪测垂直直角时，必须用( )精确地瞄准目标的特定位置。
   A. 十字丝竖丝 B. 十字丝横丝 C. 十字丝交点 D. 以上都不对
2. 经纬仪观测竖直角时，采用盘左、盘右取平均可消除( )的影响。
   A. 水平度盘分划误差 B. 水平度盘中心差
   C. 竖直度盘指标差 D. 照准部旋转引起底部位移误差
3. 水准测量时，一条线路采用往、返测取中数可以消除( )的影响。
   A. 角误差 B. 仪器下沉误差 C. 标尺零点 D. 标尺下沉误差
4. 消除视差的正确方法是( )。
   A. 仔细调节目镜
   B. 仔细进行物镜对光
   C. 仔细进行目镜对光，然后进行物镜对光
   D. 仔细进行物镜对光，然后进行目镜对光
5. 控制测量计算的基准面是( )。
   A. 大地水准面 B. 参考椭球面 C. 法截面 D. 高斯投影面

三、简答题

1. 简述房地差平面控制测量的目的和作用。
2. 建立房地产平面控制网的基本要求有哪些？
3. 平面控制测量的主要方法有哪些？
4. 简述竖直角的观测步骤。
5. 钢尺量距的一般方法有哪些？
6. 导线的布设形式有哪些？

模块实训

【实训一】 测回法观测水平角

一、实训目的与要求

（1）会用测回法进行水平角的观测。
（2）会进行水平角的记录和计算。

二、实训准备工作

(1) 实训计划。以小组为单位,每组6~8人,实训课时为3学时。

(2) 实训仪器及工具。DJ6型光学经纬仪1台、三脚架1个、测钎2根、记录板1块、铅笔若干、测伞1把。

(3) 实训场地布置。实训场地布置在室内或室外光线良好的场地。

三、实训方法与步骤

1. 安置仪器

将经纬仪在测站点上对中、整平(对中误差不超过1 mm,整平误差不超过1/2格)。在目标点竖立测钎标志。

2. 读数

(1) 盘左:瞄准左边目标 A,读取水平度盘读数 $a_左$ 并记录,顺时针方向转动照准部,瞄准右边目标 B,读取水平度盘读数 $b_左$ 并记录,计算上半测回角值 $B_左 = b_左 - a_左$。

(2) 盘右:瞄准右边目标 B,读取水平度盘读数 $b_右$ 并记录,逆时针方向转动照准部,瞄准左边目标 A,读取水平度盘读数 $a_右$ 并记录,计算下半测回角值 $B_右 = b_右 - a_右$。

盘左和盘右两个半测回合在一起叫作一测回。两个半测回测得的角值的平均值就是一测回的观测结果,即

$$B = \frac{1}{2}(B_左 + B_右) \tag{3-51}$$

四、实训注意事项

(1) 仪器安置时要严格对中、整平。

(2) 目标要瞄准,尽量瞄准测钎的底端。

(3) 在用测回法进行水平角测量时,应注意在每一个测回中,先用盘左位置,自左至右顺时针观测;然后,再用盘右位置,自右至左逆时针观测。

(4) 每测回中,只需在盘左位置的第一个目标上按 $180°/n$ 的间隔值来配置度盘读数。

(5) 瞄准目标时,一定要消除视差。

(6) 在观测中,千万不要动轴座上的中轴固定螺旋。

水平角观测误差来源及消减措施

五、实训观测记录

测回法观测水平角实训观测记录,见表3-13。

表3-13 测回法观测水平角观测记录

仪器型号:_____ 天气:_____ 日期:_____ 观测:_____ 记录:_____

测站	测回	目标	竖盘位置	水平度盘读数/(° ′ ″)	半测回角值/(° ′ ″)	一测回水平角/(° ′ ″)	各测回平均水平角/(° ′ ″)

续表

测站	测回	目标	竖盘位置	水平度盘读数 /(° ′ ″)	半测回角值 /(° ′ ″)	一测回水平角 /(° ′ ″)	各测回平均水平角 /(° ′ ″)

六、实训报告

测回法观测水平角实训报告见表3-14。

表3-14　测回法观测水平角实训报告

班级：_____　　组别：_____　　姓名：_____　　学号：_____　　日期：_____

主要仪器与工具		成绩	
实训目的			

1. 观测水平角时，什么情况下采用测回法？

2. 计算水平角时，如果减数不够减，为什么可以再加360°？

3. 水平角观测时，若右目标读数小于左目标读数，应如何计算角值？

4. 实训总结。

【实训二】 全圆方向观测法观测水平角

一、实训目的与要求

(1)练习全圆方向法观测法测量水平角的操作方法。
(2)做好观测记录。
(3)能够进行水平角的计算。

二、实训准备工作

(1)实训计划。以小组为单位,每组 5 或 6 人,实训课时为 4 学时。

(2)实训仪器及工具。DJ6 级光学经纬仪 1 台、脚手架 1 个、测钎 4 根、木桩 2 个、记录板 1 块、测伞 1 把。

(3)实训场地布置。实训场地布置在室内或室外光线良好的场地,如图 3-37 所示,用方向观测法观测 A、B、C、D 各方向之间的水平角。

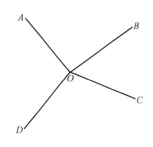

图 3-37 方向观测法观测水平角示意

三、实训方法与步骤

1. 安置仪器

将仪器安置在测站上,对中、整平后,选择一个通视良好、目标清晰的方向作为起始方向(零方向)。

2. 观测

(1)盘左观测。先找准起始方向(称为 A 点),设置度盘读数为 0°02′左右,并记入手簿;然后顺时针转动照准部依次瞄准 B、C、D、A 点,读数并记入手簿。A 点两次读数之差称为上半测回归零差,其值应小于 24″。

(2)倒转望远镜,盘右观测。从 A 点开始,逆时针依次瞄准 D、C、B、A,读数并记入手簿。A 点两次读数差称为下半测回归零差,其值也应小于 24″。

四、实训注意事项

(1)水平角观测应在通视良好、成像清晰稳定时进行。
(2)安置仪器时必须稳妥。
(3)观测过程中,仪器不应受阳光直接照射。太阳强光或下雨天,要给仪器打伞以保护仪器。
(4)应选择远近适中、易于瞄准的清晰目标作为起始方向。

五、实训观测记录

全圆方向法水平角观测记录见表 3-15。

模块三　房地产平面控制测量

表 3-15　全圆方向法水平角观测记录

仪器：_____　　测站：_____　　等级：_____　　日期：_____年____月____日

天气：_____　　观测者：_____　开始时间：_____　结束时间：_____

成像：_____　　记录者：_____　觇表类型：_____

测站	测点	水平度盘读数		2C /(″)	$\dfrac{盘左+(盘右\pm180°)}{2}$ /(° ′ ″)	一测回归零后方向值 /(° ′ ″)	各测回平均方向值 /(° ′ ″)	平均角值 /(° ′ ″)	备注
		盘左 /(° ′ ″)	盘右 /(° ′ ″)						

六、实训报告

全圆方向法观测水平角实训报告见表 3-16。

表 3-16　全圆方向法观测水平角实训报告

班级：_____　组别：_____　姓名：_____　学号：_____　日期：_____

主要仪器与工具		成绩	
实训目的			
1. 上半测回归零差超限是否还应继续观察下半测回？归零差超限是什么原因造成的？			
2. 在一个测站上，当观测目标为 3 个时，用全圆方向法观测水平角可以不归零，而多于 3 个观测目标时必须归零，为什么？			
3. 在一测回观测过程中，发现水准管气泡已偏移了 1 格以上，是调整气泡后继续观测，还是必须重新观测？为什么？			

续表

4. 实训总结。

【实训三】 竖直角观测

一、实训目的与要求

(1)理解竖直角测量原理。
(2)掌握竖直角测量的观测、记录和计算方法。
(3)掌握竖盘指标差的计算方法。

二、实训准备工作

(1)实训计划。以小组为单位,每组5~8人,实训课时为3学时。
(2)实训仪器及工具。DJ6型经纬仪1台、记录板1块、铅笔若干、测伞1把。
(3)实训场地布置。实训场地布置在室内或室外光线良好的场地。

三、实训方法与步骤

1. 安置仪器

(1)在实训场地任选一点作为测站点,在测站周围任选一高目标点和一低目标点作为观测点。
(2)将经纬仪安置在测站点上对中、整平。对中误差应小于1 mm,整平误差应小于1/2格。

2. 竖直度盘的构造

图3-38所示为光学经纬仪竖直度盘构造示意图。由竖直角测量原理可知,要求安装在横轴(水平轴)一端的竖直度盘与横轴相互垂直,且两者的中心重合。度盘分画按0°~360°进行注记,其形式有顺时针方向与逆时针方向注记两种,指标为可动式。其构造特点如下。

(1)竖直度盘、望远镜固定在一起,当望远镜横轴(水平轴)上下转动时,竖直度盘随着转动,而指标不一起转动。

(2)指标、指标水准管、指标水准管微动框三者连成一体,而且指标的方向与指标水准管垂直。当转动指标水准管微动螺旋时,通过其使指标及其水准管做微量运动。当气泡居中时,水准管轴水平指标就处于正确位置(即铅垂)。

(3)当望远镜视线水平,竖盘指标水准管气泡居中时,指标在竖直度盘上的读数应为90°或90°的倍数。

3. 判断竖直角计算公式

转动望远镜,观察竖盘读数的变化规律,写出所用仪器的竖直角计算公式。

当竖盘注记为顺时针形式时,其竖直角计算公式为

$$\left.\begin{array}{l}\alpha_{左}=90°-L\\ \alpha_{右}=R-270°\end{array}\right\} \quad (3\text{-}52)$$

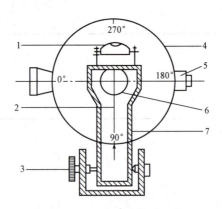

图 3-38 竖直度盘构造示意
1—指标水准管；2—读数指标；3—指标水准管微动螺旋
4—竖直度盘；5—望远镜；6—水平轴；7—框架

4. 一测回观测

(1) 盘左：用十字丝中丝瞄准目标，转动竖盘指标水准管微动螺旋，使指标水准管气泡居中（对于装有自动补偿器的竖盘，需旋转竖盘补偿器开关，使补偿器处于工作状态），读取竖盘读数 L 并记录，计算竖直角值 $\alpha_{左}$。

(2) 盘右：同法观测，读取竖盘读数 R 并记录，计算竖直角值 $\alpha_{右}$。

(3) 计算一测回竖直角值。

1) 计算平均竖直角：盘左、盘右对同一目标各观测一次，组成一个测回。一测回竖直角值（盘左、盘右竖直角值的平均值即为所测方向的竖直角值）：

$$\alpha = \frac{\alpha_{左} + \alpha_{右}}{2} \tag{3-53}$$

2) 竖直角 $\alpha_{左}$ 与 $\alpha_{右}$ 的计算：如图 3-39 所示，竖盘注记方向有全圆顺时针和全圆逆时针两种形式。竖直角是倾斜视线方向读数与水平线方向值之差，根据所用仪器竖盘注记方向形式来确定竖直角计算公式。

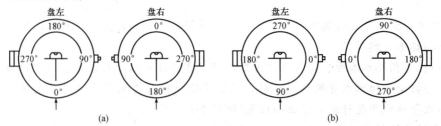

图 3-39 竖盘注记示意
(a) 全圆顺时针；(b) 全圆逆时针

确定方法：盘左位置，将望远镜大致放平，看一下竖盘读数接近 0°、90°、180°、270° 中的哪一个，盘右水平线方向值为 270°；然后，将望远镜慢慢上仰（物镜端抬高），看竖盘读数是增加还是减小。如果是增加，则为逆时针方向注记 0°～360°，竖直角计算公式为

$$\left.\begin{array}{l}\alpha_{左}=L-90°\\ \alpha_{右}=270°-R\end{array}\right\} \quad (3\text{-}54)$$

如果是减小，则为顺时针方向注记 $0°\sim360°$，竖直角计算公式为

$$\left.\begin{array}{l}\alpha_{左}=90°-L\\ \alpha_{右}=R-270°\end{array}\right\} \quad (3\text{-}55)$$

(4) 计算竖盘指标差 x。

$$x=\frac{1}{2}(L+R-360°)\alpha \quad (3\text{-}56)$$

竖盘指标差 x 应以秒为单位。

计算竖直角 α，计算公式为

$$\alpha=\frac{\alpha_{左}+\alpha_{右}}{2} \quad (3\text{-}57)$$

其中，平均竖直角要以度分秒为单位。

四、实训注意事项

(1) 仪器安置时要严格对中、整平。
(2) 竖直角观测时，应尽量用十字丝横丝切准目标的顶部。
(3) 每次读数前应使竖盘指标水准管气泡居中。
(4) 计算竖直角和指标差时，应注意正负号。
(5) 同一台仪器观测数据的指标差之间的互差不得超过 $24″$，超限应重测。

五、实训观测记录

竖直角测量记录见表 3-17。

表 3-17　竖直角测量记录

测站	目标	竖盘位置	水平度盘读数 /(° ′ ″)	竖直角 /(° ′ ″)	竖盘指标差 /(″)	平均竖直角 /(° ′ ″)

续表

测站	目标	竖盘位置	水平度盘读数 /(° ′ ″)	竖直角 /(° ′ ″)	竖盘指标差 /(″)	平均竖直角 /(° ′ ″)

六、实训报告

竖直角观测实训报告见表 3-18。

表 3-18 竖直角观测实训报告

班级：_____ 组别：_____ 姓名：_____ 学号：_____ 日期：_____

主要仪器与工具		成绩	
实训目的			

1. 实训场地布置草图。

2. 天顶距与竖直角的关系是什么？

3. 经纬仪是否也能像水准仪那样提供一条水平视线？如何提供？若 DJ6 型经纬仪竖盘指标差为 +36″，则竖盘读数为多少时才是一条水平视线？

续表

4. 用盘左、盘右观测一个目标的竖直角，其值相等吗？若不相等，说明了什么？应如何处理？
5. 实训总结。

【实训四】 距离测量与测设

一、实训目的与要求

掌握利用钢尺测设已知水平距离的方法。

二、实训准备工作

(1) 实训计划。以小组为单位，每组6人或7人，实训课时为2学时。

(2) 实训仪器及工具。30 m(50 m)钢尺1把、标杆3根、测钎4个、锤球1个、铁锤1把、记录板1块、木桩5个、小铁钉若干。

(3) 实训场地布置。实训场地布置在长度为80 m左右平坦场地。

三、实训方法与步骤

(一) 距离测量的工具

1. 丈量的主要工具

钢尺又称钢卷尺，是用宽为10～15 mm、厚度为0.4 mm的低碳薄钢带制成的。其表面每隔1 mm刻有刻线，并每隔10 cm有数字标记。卷式量距尺通过手柄卷入尺盒或带有手把的金属架上，端部有铜环，以便丈量时拉尺之用。使用时可从尺盒中拉出任意长度，用完后卷入盒内，如图3-40所示。

钢尺长度有20 m、30 m、50 m三种。使用钢尺量距时要有经纬仪、标杆和测钎的配合。

图3-40 钢尺

钢尺因材质引起的伸缩性小，一般量距精度比较高，常用于精密基线丈量，且丈量时分别在每尺段端点处钉木桩，并在桩顶上钉以用小刀刻痕的镀锌薄钢板来准确读数，同时在钢尺的两端使用拉力计。

2. 丈量的辅助工具

钢尺量距的辅助工具有标杆、测钎、锤球、木桩等，如图3-41所示。

(1) 标杆。标杆多由直径约3 cm的木杆或铝合金制成，一般为2～4 m，杆身涂有红白相间的20 cm色段，下端装有铁脚，以便插在地面上或对准点位，用以标定直线点位或作为照准标志，如图3-41(a)所示。

(2)测钎。测钎用长度为 30~40 cm,直径为 3~6 mm 的钢筋制成,上部煨成一个小圈,可套入环内,在小圈上系一醒目的红布条,下部呈尖形,将 6~8 根组成一组,用以标定尺点的位置和便于统计所丈量的整尺段数,也可作为照准的标志,如图 3-41(b)所示。

(3)锤球。锤球用钢或铁制成,上大下尖呈圆锥形,一般重为 0.05 kg、0.5 kg 不等,如图 3-41(c)所示,多用于斜坡上丈量水平距离时对准尺点。

(4)木桩。木桩用坚硬木料,根据需要制成不同规格的方形[图 3-41(d)]或圆形木棒,下部呈尖形,顶面平整,用以标定点位,一般直径为 3~5 cm,长为 20~25 cm。打入地面后,留有 1~2 cm 余量,桩顶上画有十字,十字中点常钉小钉,以标示点的精确位置。

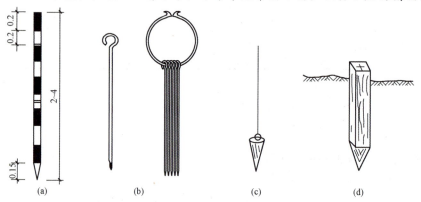

图 3-41 丈量辅助工具(单位:m)
(a)标杆;(b)测钎;(c)锤球;(d)木桩

(二)距离测量

(1)在所测量线段两端 A、B 两点上打下木桩,木桩上钉上小钉作为起始点,并各竖立一标杆。

(2)后尺手执尺零端将零刻画线对准 A 点,前尺手沿 AB 方向前进,到一尺段处停下,由后尺手定向,左右移动,拉紧钢尺在整尺注记插下测钎,该段量距完毕。如此丈量完其他整尺和零尺段距离,同法由 B 到 A 量距,得到 $D_{往}$、$D_{返}$ 丈量结果,计算其平均值 D [$(D_{往}+D_{返})/2$]及相对误差 K。

(三)距离测设

(1)在所需测设线段 AB 方向上竖立一标杆,后尺手执尺零端将零刻画线对准 A 点,前尺手沿 AB 方向前进,到一尺段处停下,由后尺手定向,左右移动,拉紧钢尺在整尺注记插下测钎,如此丈量完其他整尺和零尺段距离,标定出 B' 点。

(2)对测设 AB' 长度进行往返丈量,丈量结果如大于放样长度,则向内改正,相反则向外改正差值。

四、实训注意事项

(1)在距离测量与测设中,首先应熟悉钢尺的零点位置和尺面注记。
(2)注意保护钢尺,严防钢尺打卷、车轧,且不得沿地面拖拉钢尺。
(3)前进时,应有人在钢尺中部将钢尺托起。
(4)进行已知水平距离的测设时,一定要注意进行检核,以保证测设的精度。

五、实训观测记录

距离测量记录手簿见表 3-19。

表 3-19　距离测量记录手簿

工程名称：		日期：　年　月　日			量距：				
钢尺型号：		天气：			记录：				
测　线		整尺段	零尺段	总计	较差	精度	平均值	备注
AB	往							单位为 m
	返							

六、实训报告

距离测量实训报告见表 3-20。

表 3-20　距离测量实训报告

班级：_____　组别：_____　姓名：_____　学号：_____　日期：_____

主要仪器与工具		成绩	
实训目的			
1. 距离丈量的作用是什么？			
2. 测量中的水平距离指的是什么？			
3. 在距离丈量中，为什么要定线？			

模块三　房地产平面控制测量

续表

4. 实训总结。

【实训五】　精密距离测量

一、实训目的与要求

掌握精密距离测量的方法，能进行尺段长度的计算。

二、实训准备工作

(1)实训计划。以小组为单位，每组5人，实训课时为3学时。

(2)实训仪器及工具。经纬仪1台、钢尺1把、测钎3根、标杆3支、弹簧秤1把、记录板1块、铅笔若干、小三角尺1块、温度计1个。

(3)实训场地布置。实训场地布置在空旷、平坦的场地。

三、实训方法与步骤

(一)定线

如图3-42所示，直线AB为待精密丈量的水平距离，清除直线上的障碍物后，即可用经纬仪进行定线。即定线时在A点安置经纬仪，瞄准B点上的标志，随即在经纬仪视线上用钢尺概量出略短于每一整尺长的位置1，2，…，各点位均用木桩标定，桩顶要高出地面3～5 cm，并在桩顶钉一镀锌薄钢板，在镀锌薄钢板上画一条与视线AB相重合的短线，再画一条与该短线相垂直的线，形成十字，以十字中心为丈量标志。

(二)量距

量距时一般需要五人，两人拉尺，两人读数，一人记录、测温度兼指挥。具体操作步骤如下：

(1)先量A、1两桩间的距离，后尺员将弹簧秤挂在尺的零端。前尺员持尺的末端，并使尺的同一侧贴近两端桩顶的标志。

(2)前、后尺员同时用力拉尺，拉力采用标准拉力(一般30 m钢尺加拉力100 N，50 m钢尺加拉力150 N)。前尺员在尺上某一分画对准十字线交点时发出读数口令"预备"，后尺员看弹簧秤，在刻画100 N时回答"好"。在喊"好"的同一瞬间，两端的读尺员同时根据钢尺与十字线交点相切的分画值，先读mm，估读到0.5 mm，然后再读cm、dm、m读数。

(3)每一尺段按上述方法丈量三次，每次均应移动钢尺的位置，三次所得距离之差不得大于±3 mm，否则要重量。如果在限差之内，则取三次结果的平均值，作为此尺段的丈量结果。每量一尺段都要读取温度一次。

(4)用同样的方法丈量其他尺段，直至终点。由起点丈量到终点称往测，往测完成后，应调转尺的方向，立即进行返测。

以上读数，记录员应立即复诵并将读数记入精密量距与计算表中。两端读数相减，即为该尺段的长度。

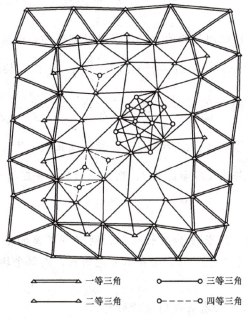

图 3-42 精密距离测量

（三）测量桩顶间高差

上述测得距离为相邻桩顶间的斜距，为了进行倾斜改正，得到桩顶间的平距，需要测得相邻桩顶间的高差。测定相邻桩顶之间的高差，采用水准测量方法，在量距前或测距后，往返测量或者采用两面尺法测量相邻桩顶之间的高差，往返测或两面尺法测得高差较差要求在 10 mm 之内。若满足条件，则取其平均值作为测量结果。

（四）尺段长度的计算

用经过检定的钢尺进行精密测距时，由于钢尺长度会受到拉力、温度以及自身误差等影响，测量结果需要进行尺长改正、温度改正、倾斜改正才能得到实际的距离。

1. 尺长改正

假设钢尺名义长度为 l_0，在标准拉力、标准温度下检定长度为 l'，则整尺段的尺长改正数为

$$\Delta l = l' - l_0 \tag{3-58}$$

每 1 m 的尺长改正数为

$$\Delta l_{d1} = \frac{l' - l_0}{l_0} \tag{3-59}$$

任一段距离 l 的尺长改正数为

$$\Delta l_d = \frac{l' - l_0}{l_0} \times l \tag{3-60}$$

2. 温度改正

钢尺的长度会随着温度的变化而发生微小的变化，温度高，则钢尺膨胀；温度低，则钢尺收缩。钢尺长度变化的大小由钢尺的膨胀系数 α（一般为 $1.15 \times 10^{-5} \sim 1.25 \times 10^{-5}/\text{℃}^{-1}$）决定，假设检定时温度为 t_0℃，量距时，温度为 t℃，则某尺段 l 的温度改正数为

$$\Delta l_t = \alpha \cdot (t - t_0) \cdot l \tag{3-61}$$

3. 倾斜改正

若沿桩顶量出相邻桩顶之间斜距为 l'，用水准仪测得相邻桩顶高差为 h，则此距离倾斜改正数为 $\Delta l_h = l - l' = (l'^2 - h^2)^{1/2} - l' = l' \cdot \left[\left(1 - \dfrac{h^2}{l'^2} \right)^{1/2} - 1 \right]$，按级数展开：

$$\Delta l_h = l' \cdot \left[\left(1 - \dfrac{h^2}{2l'^2} - \dfrac{1}{8} \cdot \dfrac{h^4}{l'^4} - \cdots \right) - 1 \right] = -\dfrac{h^2}{2l'^2} - \dfrac{1}{8} \cdot \dfrac{h^4}{l'^4} - \cdots \tag{3-62}$$

若高差不大，可只取第一项：$\Delta l_h = -\dfrac{h^2}{2\,l'}$，倾斜改正数永远为负值。

经过上述三次改正，若某尺段量距为 l，则改正后的水平距离为

$$d = l + \Delta l_d + \Delta l_t + \Delta l_h \tag{3-63}$$

4. 计算全长

把经过改正后的各个尺段长度和余长相加，则得到距离的全长，同理算出返测全长，精密量距要求相对误差小于 1/10 000。若在限差范围内，则取平均值作为观测结果。

四、实训注意事项

(1) 丈量前，应将钢尺交由有关部门进行检定。

(2) 丈量时，定线要直，尺子要平，拉力均匀，对点要准。

(3) 不要用锤球尖凿地。

五、实训观测记录与计算

精密量距记录与计算见表 3-21。

表 3-21　精密量距记录与计算

钢尺号码：No.8 读数者：×××；×××						尺长方程式：$l_t = 30 + 0.003 + 1.25 \times 10^{-5} \times 30(t-20)$ 记录计算者：××× 日期：××年×月×日				
尺段编号	实测次数	前尺读数/m	后尺读数/m	尺段读数/m	温度/℃	高差/m	温度改正数/mm	尺长改正数/mm	倾斜改正数/mm	改正后尺段长/mm
A—1	1									
	2									
	3									
	平均									
1—2	1									
	2									
	3									
	平均									

续表

钢尺号码：No.8 读数者：×××；×××	尺长方程式：$l_t = 30 + 0.003 + 1.25 \times 10^{-5} \times 30(t-20)$ 记录计算者：××× 日期：××年×月×日								
⋮									
4—B	1								
	2								
	3								
	平均								
总和									

六、实训报告

精密距离测量实训报告见表3-22。

表3-22 精密距离测量实训报告

班级：_____ 组别：_____ 姓名：_____ 学号：_____ 日期：_____

主要仪器与工具		成绩	
实训目的			

1. 精密距离测量主要有哪些方法？

2. 精密距离测量主要有哪几项改正数？

3. 实训总结。

【实训六】 视距测量

一、实训目的与要求

(1) 了解视距测量的原理。
(2) 用视距法测定周围各组所选点测点与测站之间的水平距离和高差。

二、实训准备工作

(1) 实训计划。以小组为单位,每组 5~7 人,实训课时为 2 学时。
(2) 实训仪器及工具。经纬仪 1 台、三脚架 1 个、锤球 1 个、水准尺 1 根、小钢尺 1 把、计算器 1 个(自备)、记录板 1 块。
(3) 实训场地布置。实训场地布置在光线良好的室内或室外场地。

三、实训方法与步骤

(1) 在测站点上安置经纬仪,对中、整平,然后用小钢尺量取仪器高度 i(精确到 cm),设测站点地面高程为 H_0。
(2) 选择若干个地形点,在每个点上竖立水准尺,读取下、上丝读数,中丝读数 v(可取与仪器高相等,即 $v=i$),竖直度盘读数 L,并分别记入手簿。竖盘读数时,竖盘指标水准气泡要居中。
(3) 用公式 $D=KL\cos^2\alpha$ 和 $h=D\tan\alpha+i-S$ 计算平距和高差。用公式 $H_i=H_0+h$ 计算高程。

四、实训注意事项

(1) 视距尺读数应仔细、准确,精确到毫米。
(2) 读取竖盘读数时,应打开竖盘自动归零装置。
(3) 标尺应严格竖直。
(4) 仪器高度、中丝读数和高差计算应精确到厘米,平距精确到分米。

五、实训观测记录

视距测量记录见表 3-23。

表 3-23 视距测量记录

测站名称:_____ 测站高程:_____ 仪器高:_____
仪器型号:_____ 天气:_____ 日期:_____ 观测:_____ 记录:_____

点号	视距读数		视距/m	中丝读数/m	竖盘读数/(° ′ ″)	平距/m	高差/m	高程/m
	下丝	上丝						

六、实训报告

视距测量实训报告见表 3-24。

表 3-24 视距测量实训报告

班级：_____ 组别：_____ 姓名：_____ 学号：_____ 日期：_____

主要仪器与工具		成绩	
实训目的			

1. 什么是视距测量？视距测量有什么优点？

2. 影响视距测量精度的因素有哪些？

3. 视距测量应注意哪些事项？

4. 实训总结。

【实训七】 普通水准测量

一、实训目的与要求

(1) 熟悉水准路线的布设形式。

(2) 练习普通水准测量的观测、记录、计算与校核。

二、实训准备工作

(1) 实训计划。以小组为单位，每组 5 人或 6 人，各项操作轮流进行，每人至少做一个测站的观测，实训课时为 3 学时。

(2) 实训仪器及工具。DS3 型水准仪 1 台、水准尺 2 把、三脚架 1 个、记录板 1 块、尺垫 2 个、测伞 1 把。

(3)实训场地布置。选定一条闭合水准路线,在场中选 1 个坚固点作为已知高程点 A (假定为一整数),选定 B、C、D 三个坚固点作为待定高程点,进行闭合水准路线测量。由水准点到待定点的距离,以能安置 2~3 站仪器为宜。

三、实训方法与步骤

(1)第一站安置水准仪于 A 点和转点 1 (拼音缩写 ZD_1,英文缩写 TP_1)之间,约前后距离大致相等处,其视距不超过 100 m,进行粗略整平和目镜对光,如图 3-43 所示。

(2)操作程序是后视 A 点上的水准尺,精确整平后读取后视读数,记入手簿。

(3)前视转点 1 上的水准尺,精平后读取前视读数,记入手簿,并计算两点间高差,即

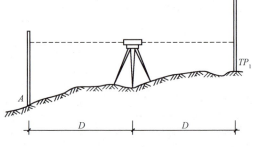

图 3-43 水准测量水准仪安置与水准尺距离示例

$$高差 = 后视读数 - 前视读数 \tag{3-64}$$

(4)沿选定的路线,迁至第 2 测站,仍用第 1 测站施测的方法进行观测。依次连续设站,经过 C 点和 D 点,连续观测,最后回至 A 点。

(5)计算检核:后视读数之和减前视读数之和应等于高差之和。

$$\sum 后视读数 - \sum 前视读数 = \sum 高差 \tag{3-65}$$

(6)根据已知点高程及各测站高差,计算水准路线的高差闭合差,并检查高差闭合差是否超限,其限差公式为

$$平地\ f_{h高} = \pm 40\sqrt{L} \tag{3-66}$$

或

$$山地\ f_{h高} = \pm 12\sqrt{n} \tag{3-67}$$

式中 n——测站数;

L——水准路线的长度,以 km 为单位。

(7)若高差闭合差在容许范围内,则对高差闭合差进行调整,计算各待定点的高程。

四、实训注意事项

(1)严格遵照水准测量的操作步骤,严防水准尺和尺垫同时移动。

(2)要选择好测站和转点的位置,尽量避开人流和车辆的干扰。

(3)观测过程中严防尺垫移动,水准尺必须保持竖直。

(4)尺上读数不宜过大或过小,即读数位置距尺端不宜小于 0.3 m。

(5)水准点(或假定的临时水准点)上不能用尺垫,在转点用尺垫时,水准尺应放在顶点。

(6)在整个试验过程中,观测者一定不能离开仪器。迁站时先松开制动螺旋,而后将仪器抱在胸前,所有仪器和工具均随人带走。

(7)记录、计算必须在规定的表格中边测、边记、边算,不得重新转抄。记录数据有错时,严禁用橡皮涂改或连环涂改。

五、实训观测记录

普通水准测量记录见表 3-25。计算应正确、清晰、工整。

表 3-25　普通水准测量记录表

日期：_____　　仪器型号：_____　　观测者：_____　　记录者：_____

测站	测点	水准尺读数		高差/m		高程/m	备注
		后视/m	前视/m	＋	－		
计算检核							

六、实训报告

普通水准测量实训报告见表 3-26。

表 3-26　普通水准测量实训报告

班级：_____　　组别：_____　　姓名：_____　　学号：_____　　日期：_____

主要仪器与工具		成绩	
实训目的			

1. 实训场地布置图。

2. 测量成果计算。

水准测量成果计算表

测点	测站数	实测高差/m	高差改正数/m	改正后高差/m	高程/m
辅助计算					

续表

3. 水准测量的原理是什么？
4. 水准测量中什么叫作后视点、后视尺、后视读数？
5. 水准测量时为什么要求前、后视距相等？
6. 如何消除视差？
7. 水准测量中，转点有什么作用？
8. 实训总结。

模块四 房地产调查

知识目标

1. 了解房地产调查的概念和目的；掌握房地产调查的内容和方法。
2. 掌握房屋调查及房屋用地调查的内容。

能力目标

能通过实地详细调查，查清测区所有房屋及其用地的位置、权属、权界、数量和利用现状等基本情况，为房地产图的测绘和编制做好基础。

单元一 房地产调查概述

一、房地产调查的概念和目的

房地产调查是根据房地产测量的目的和任务，结合房地产行政管理和经营管理的需要，对房屋和房屋用地的位置、权界、权属、数量和利用状况等基本情况及地理名称和行政境界进行调查。

房地产调查的任务是调查房屋及其他用地的位置、权属、权界、特征、质量及数量，并为房地产测量做好准备。

房地产调查的目的是获取房地产各要素资料，通过确权审查、实物定质定量，认定房地产权界及其归属，最终充实完善房地产测绘的各种资料，为房地产管理提供可靠并能直接服务的基础资料。

模块四　房地产调查

二、房地产调查的内容

房地产调查的内容包括：
(1)房屋用地权界的调查。
(2)房屋状况调查。
(3)房地产数量调查及示意图的绘制。
(4)房地产权属状况调查。
(5)地理名称和行政境界调查。

三、房地产调查的方法

房地产调查一般应经过政府公告、资料准备、实地调查、确权定界及成果整理5个阶段。调查人员在房地产调查工作中应广泛收集包括测绘、土地划拨、房屋批建、房地产等级评估、标准地名及房地产产权产籍等有关资料，并采取"先阅后查"的办法进行。

"先阅"是要求调查人员在实施房产调查前明确其权属是否合法属实，即对房产权属单元的有关权属文件，结合产籍档案按房地产法规、政策、办法等对照审阅。

"后查"是在审阅产权产籍资料后在现场进行调查。现场调查的基本原则包括调查者不将产权产籍资料原件带至现场；调查者应会同房地产各方权利人代表共同到现场指界认定；调查人员必须现场如实记录各权属单元房地产调查情况，并对房地产权属纠纷进行客观记录。

阅读材料

房地产调查在房地产测绘中的地位

房地产调查是房地产测绘的重要环节，它贯穿于整个房地产测绘过程。在分幅平面图测绘阶段，通过房地产调查获得各用地单元的范围、坐落及相互关系，并按房地产管理要求对各用地单元编"丘号"；在分丘图测绘阶段，房地产调查是为了确定各用地单元的权属、界线，对界址点进行等级划分和编号，了解丘内房屋的情况并编立"幢号"；在房屋分幢测绘过程中，房地产调查着重于房屋产权来源、产别及房屋基本情况展开，并确定房屋中各部分功能及结构，为合理测算房屋面积做好准备；在多元产权房屋分户测丈阶段，通过房地产调查，确定各分户自用范围、公共面积范围及共有共用情况，并收集公共面积的分推协议或文件。

单元二　房屋调查

一、房屋坐落调查

房屋坐落是指房屋所在的位置，具体来说就是指房屋所在街道的名称和门牌号。房屋坐落在小里弄、胡同或巷内时，应加注附近主要街道的名称。如果该房屋没有门牌号，应借用毗连房屋门牌号，并加注东、南、西、北方位。如果是单元式的成套住宅，应加注单元号、室号或户号。当房屋坐落在两个以上街道或有两个以上门牌号时，则应全部注明。房屋调查表见表4-1。

表4-1 房屋调查表

市区名称或代码号_____ 房产区号_____ 房产分区号_____ 丘号_____ 序号_____

坐落				区(县)		街道(镇)		胡同(街巷)		号		邮政编码	
产权主				住址									
用途								产别				电话	
房屋状况	幢号	权号	户号	总层数	所在层次	建筑结构	建成年份	占地面积/m²	使用面积/m²	建筑面积/m²	墙体归属				产权来源
											东	南	西	北	
房屋权界线示意图												附加说明	
												调查意见	

调查者：　　　　　年　月　日

二、房屋产权人、产权性质、产别和产权来源的调查

1. 房屋产权人的调查

房屋产权人(或称权利人)是指依法享有房屋所有权和该房屋用地使用权的法人、其他组织和自然人，包括私人所有、单位所有和房地产管理部门直接管理三种。

私人所有房屋的产权人一般就是指产权证件上的署名人。当产权证件上的署名人已死亡，应注明代理人的姓名。如果产权是共有的，应注明全体共有人的姓名。如果房屋是典当的，则应注明典当人姓名及典当情况。产权人已死亡又无代理人，产权归属不清或无主房地产，以"已亡""不清""无主"注记。没有产权证的私有房屋，其产权人应为依法建房或取得房屋的户主的户籍姓名，并应调查未办理产权的原因。

单位所有房屋的产权人就是房屋所属的单位。单位可以分为全民所有制单位、集体所

有制单位和部队。单位所有的房屋应注明具有法人资格的所有权单位的全称。当房屋是两个或两个以上单位共有时应注明全体共有单位的名称。

房地产管理部门直接管理的房屋门类比较多，包括公产、代管产、托管产和拨用产4种类型：公产应注明房地产管理部门的全称；代管产应注明代管及原产权人姓名；托管产应注明托管及委托人的姓名或单位名称；拨用产应注明房地产管理部门的全称及拨借单位名称。

2. 房屋产权性质的调查

我国现行的所有制形式有3种，即全民所有制、集体所有制和个体所有制。房屋产权性质就是按照上述所有制形式，对房屋产权人占有的房屋进行所有制分类，划分为全民、集体和私有三类。对于外企房产、中外合资企业房产不进行分类，但应按实际注明。

3. 房屋产别的调查

房屋产别是根据房屋产权占有和管理不同而划分的类别。目前，我国城镇房屋类别按两级分类：一级分8类；二级分4类。具体分类名称、编号、含义见表4-2。

表4-2 房屋产别分类标准

一级分类		二级分类		含义
编号	名称	编号	名称	
10	国有房产			归国家所有的房产，包括由政府接管、国家经租、收购、新建以及国有单位用自筹资金建设或购买的房产
		11	直管产	由政府接管、国家经租、收购、新建、扩建的房产（房屋所有权已正式划拨给单位的除外），大多数由政府房地产管理部门直接管理、出租、维修，少部分免租拨借给单位使用
		12	自管产	国家划拨给全民所有制单位以及全民所有制单位自筹资金购建的房产
		13	军产	中国人民解放军部队所有的房产，包括由国家划拨的房产、利用军费开支或军队自筹资金构建的房产
20	集体所有房产			城市集体所有制单位所有的房产，即集体所有制单位投资建造、购买的房产
30	私有房产			私人所有的房产，包括中国公民、港澳台同胞、海外侨胞、在华外国侨民、外国人所投资建造与购买的房产，以及中国公民投资的私营企业（私营独资企业、私营合伙企业和私营有限责任公司）所投资建造、购买的房产

4. 房屋产权来源的调查

房屋的产权来源是指产权人取得房屋产权的时间和方式，如继承、购买、赠予、交换、自建、征用、收购、调拨、拨用等。产权来源有两种以上的应分别注明，并分别注明各产权来源形式的房产份额。

产权来源的表现形式，各地还会有其他提法，应根据具体情况按《房产测量规范 第2单元：房产图图式》(GB/T 17986.2—2000)要求进行归纳统一，以提高标准化水平。产权来源应填记距现实最近一次的产权来源、事实表现形式。

三、房屋层数、层次、建筑结构、建筑年份

1. 房屋层数的调查

房屋层数是指房屋的自然层数,一般按室内地坪±0.000 m 以上计算;采光窗在室外地坪以上的半地下室,其室内层高在 2.20 m 以上的,计算自然层数。房屋总层数为房屋地上层数与地下层数之和。

假层、附层(夹层)、插层、阁楼(暗楼)、装饰性塔楼,以及突出层面的楼梯间、水箱间不计层数。

调查房屋数应注意以下几个问题:

(1) 利用屋面搭盖的与正屋结构不同的房屋不计层。

(2) 各地建筑由于风格、形式多样且差异较大,因此在调查房屋层数时,不应在室外凭直观获得调查结果,应到房屋内部进行勘察。

在房屋调查统计汇总时,根据房屋的总层数对房屋分类,见表 4-3。

表 4-3 房屋按层分类表

房屋分类	单层	多层	中高层	高层	超高层	地下室
房屋层数	1层	2~6层	7~9层	11~29层	30层以上	地下室

2. 房屋层次的调查

房屋的层次是指本权属单元的房屋在该幢楼房中的第几层。

地下层次以负数表示。层次是一序号,层数是描述房屋层次多少的一个量,是两个不同的概念。多元产权房屋中,层次与户号、室号一起组成该房产权属单元的具体坐落。

在存在跃层(复式结构)的房屋中,一般将其各部分的首层都划为第一层,以上相应部位划为同一层次,如图 4-1 所示。

假层、附层(夹层)、阁楼(暗楼)不另编层次,将其划入相应的层次,说明为"某层附层"等,如图 4-1 所示。

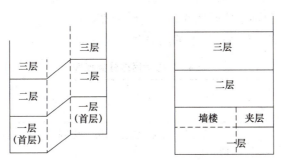

图 4-1 房屋的层次

3. 房屋建筑结构的调查

房屋建筑结构是指房屋的梁、柱、墙及各种构架等结构。

按照国家统计局的标准,房屋建筑结构可分为钢结构、钢和钢筋混凝土结构、钢筋混

凝土结构、混合结构、砖木结构、其他结构。一幢房屋有两种以上的建筑结构时，应以面积大的为准。分类标准见表4-4。

表4-4 房屋建筑结构分类标准

分类		内容
编号	名称	
1	钢结构	承重的主要构件是用钢材料建造的，包括悬索结构
2	钢和钢筋混凝土结构	承重的主要构件是由钢和钢筋混凝土建造的
3	钢筋混凝土结构	承重的主要构件是用钢筋混凝土建造的，包括薄壳结构、大模板现浇结构及使用滑模、升板等建造的钢筋混凝土结构的建筑物
4	混合结构	承重的主要构件是用钢筋混凝土和砖木建造的
5	砖木结构	承重的主要构件是用砖、木材建造的
6	其他结构	凡不属于上述结构的房屋都归此类，如竹结构、砖拱结构、窑洞等

4. 房屋建成年份的调查

房屋建成年份是指房屋实际竣工年份，拆除翻建的应以翻建竣工年份为准。一幢房屋有两种以上建成年份时，应分别注明。

四、房屋用途、占地面积、建筑面积的调查

1. 房屋用途的调查

房屋用途是指人们利用房屋从事生产、生活及经营活动的性质。房屋的原建用途是房屋在进行规划设计及施工过程中的重要参数，但除住宅用房的用途相对稳定外，作为非住宅使用的房屋的实际用途随着调查时间不同而常有变化，因此房屋用途这一要素具有很强的时间性，它必须结合调查时间使用。

房屋用途是指房屋目前的实际用途，按两级分类，一级分为8类，二级分为28类，具体分类见表4-5。一幢房屋有两种以上的用途时，应分别调查注明。

表4-5 房屋用途分类标准

一级分类		二级分类		含义
编号	名称	编号	名称	
10	住宅	11	成套住宅	由若干卧室、起居室、厨房、卫生间、室内走道或客厅等组成的供一户使用的房屋
		12	非成套住宅	供人们生活居住但不成套的房屋
		13	集体宿舍	机关、学校、企事业单位的单身职工、学生居住的房屋。集体宿舍是住宅的一部分

续表

一级分类		二级分类		含义
编号	名称	编号	名称	
20	工业、交通、仓储	21	工业	独立设置的各类工厂、车间、手工作坊、发电厂等从事生产活动的房屋
		22	公用设施	自来水、泵站、污水处理、变电、燃气、供应、垃圾处理、环卫、公厕、殡葬、消防等市政公用设施的房屋
		23	铁路	铁路系统从事铁路运输的房屋
		24	民航	民航系统从事民航运输的房屋
		25	航运	航运系统从事水路运输的房屋
		26	公交运输	公路运输、公共交通系统从事客货运输、装卸、搬运的房屋
		27	仓储	用于储备、中转、外贸、供应等的各种仓库、油库用房
30	商业、金融、信息	31	商业服务	各类商店、门市部、饮食店、粮油店、菜场、理发店、照相馆、浴室、旅社、招待所等从事商业和为居民生活服务所用的房屋
		32	经营	各种开发、装饰、中介公司等从事各类经营业务活动所用的房屋
		33	旅游	宾馆、饭店、乐园、俱乐部、旅行社等主要从事旅游服务所用的房屋
		34	金融保险	银行、储蓄所、信用社、信托公司、证券公司、保险公司等从事金融服务所用的房屋
		35	电信信息	各种邮电、电信部门、信息产业部门，从事电信与信息工作所用的房屋
40	教育、医疗、卫生、科研	41	教育	大专院校、中等专业学校、中学、小学、幼儿园、托儿所、职业学校、业余学校、干校、党校、进修院校、工读学校、电视大学等从事教育所用的房屋
		42	医疗卫生	各类医院、门诊部、卫生所(站)、检(防)疫站、保健院(站)、疗养院、医学化验、药品检验等医疗卫生机构从事医疗、保健、防疫、检验所用的房屋
		43	科研	各类从事自然科学、社会科学等研究设计、开发所用的房屋
50	文化、娱乐、体育	51	文化	文化馆、图书馆、展览馆、博物馆、纪念馆等从事文化活动所用的房屋
		52	新闻	广播电视台、电台、出版社、报社、杂志社、通讯社、记者站等从事新闻出版所用的房屋
		53	娱乐	影剧院、游乐场、俱乐部、剧团等从事文艺演出所用的房屋
		54	园林绿化	公园、动物园、植物园、陵园、苗圃、花圃、花园、风景名胜、防护林等所用的房屋
		55	体育	体育场、馆、游泳池、射击场、跳伞塔等从事体育活动所用的房屋
60	办公	61	办公	党、政机关、群众团体、行政事业单位等行政、事业单位所用的房屋
70	军事	71	军事	中国人民解放军军事机关、营房、阵地、基地、机场、码头、工厂、党校等所用的房屋
80	其他	81	涉外	外国使领馆、驻华办事处等涉外机构所用的房屋
		82	宗教	寺庙、教堂等从事宗教活动所用的房屋
		83	监狱	主要指监狱、看守所、劳改场(所)等所用的房屋

2. 房屋占地面积的调查

房屋的面积包括建筑占地面积、建筑面积、使用面积、共有面积、产权面积等。

房屋占地面积是指房屋底层外墙（柱）所围水平面积，一般与底层房屋建筑面积相同（不含散水、明沟的占地面积）。

3. 房屋建筑面积的调查

房屋建筑面积也称"房屋展开面积"，是房屋各层建筑面积的总和。房屋建筑面积包括使用面积、辅助面积和结构面积三部分。

房屋建筑面积是按房屋外墙（柱）勒脚以上各层的外围水平投影面积计算，包括阳台、挑廊、地下室、室外楼梯等辅助设施面积。

测算建筑面积的房屋必须是结构牢固、有上盖、层高 2.2 m 以上（含 2.2 m）的永久性建筑。

4. 房屋使用面积的调查

房屋使用面积是指房屋户内全部可供使用的空间面积，按房屋内墙面水平投影计算。它包括直接为办公、生产、经营或生活使用的面积和辅助用房，如厨房、厕所或卫生间以及壁柜、户内过道及楼梯、阳台、地下室等面积。

5. 房屋产权面积的调查

房屋产权面积是指产权主依法拥有房屋所有权的房屋建筑面积。它包括房屋套内建筑面积（包括套内房屋使用面积、墙体面积和阳台面积）和分摊面积（即房屋的公共面积），及公共建筑之间的分隔墙，以及外墙水平投影一半的建筑面积。

五、房屋分层、分户调查

1. 房屋的分层调查

房屋的分层调查是准确测算房屋各层建筑面积，进而准确测算整幢建筑面积的基础工作。

（1）层的说明。

1）假层。它指房屋的最上一层，四周外墙的高度一般低于正式层外墙的高度，内部房间利用部分屋架空间构成的非正式层，其高度大于 1.7 m 部分的面积不足底层 1/2 的叫作假层。

2）气层。利用房屋的人字屋架下面的空间建成，并设有老虎窗的叫作气层。

3）夹层和暗楼。建筑设计时，安插在上下两层之间的房屋叫作夹层。房屋建成后，利用房屋上、下两正式层之间的空间添加建成的房间叫作暗楼。

4）过街楼和吊楼。横跨里巷两边房屋建造的悬空房屋叫作过街楼；一边依附于相邻房屋，另一边为支柱支承的悬空房屋叫作吊楼。

5）自然层。房屋中为人们提供的正常生产、工作与学习的楼层叫作自然层。

6）技术层。高层建筑中为方便房屋上下部位的使用而建设的楼层叫作技术层。

7）地下层。设置于室外地平面之下的楼层叫作地下层。

8）地下架空层。设置于室外地平面之下的利用房屋架空基础而建造的楼层叫作地下架空层。

9）平台层。平台层即房屋屋面层。

（2）附属结构房屋。

1）阳台。房屋建筑的上层，伸出墙外的部分，作为吸收阳光和纳凉使用的叫作阳台或眺台。阳台按其位置，可分为凸阳台、凹阳台和凸凹阳台；按其结构，可分为内阳台和挑阳台；按其形式，可分为封闭阳台和不封闭阳台。绘图时应把凸出墙面的部位绘成虚线。

2）天井和顶棚。房屋内部用于采光、通风的小块空间，无盖见天的叫作天井，天井上有透明顶棚覆盖的叫作顶棚。

3）室外楼梯。设置于房屋主体外的楼梯叫作外楼梯。

4）走廊。走廊按其位置可分为内走廊、外走廊、通廊和檐廊，按其结构可分为柱廊和挑廊。

2. 房屋的分户调查

在多元产权房屋中，分户调查确定各户独立用房范围和共有共用的用房范围、户间界墙的权属以及共有共用房的共有共用关系，并同时收集各权属单元对房产的划分约定协议。

六、其他调查

1. 房屋墙体归属调查

房屋墙体是房屋的主要结构，严格地讲，墙体和其他结构本身是整幢房屋所公共的，这里讲的墙体归属主要是指墙体投影面积的产权归属，其产权归属涉及产权人的权利和权利范围与关系，调查房屋墙体归属，是定界确权和测绘房地产分丘图、分户图的重要依据。

墙体归属以权属单元为单位调查。墙体的归属根据具体情况可划分为自有墙、共有墙和借墙三种。墙体归属调查时，依据相应的产权产籍资料，由毗邻各权利人共同确定，并及时在权界示意图中加以记录表示。如产权产籍资料及权利人双方对某一界墙的归属存在争议，难以确定时应及时做好协调工作，并在主管部门的指导下尽量对争议部位的权属依法加以明确。

2. 他项权利

他项权利指房屋所有权上设置有其他的权利，其种类有典权、抵押权等。

典权，典权俗称"典当"，也称"活卖"，是房屋产权人将其房地产以商定的典价典给承典人，承典人取得使用房屋的权利。

抵押权，是房屋产权人为清偿自身或他人债务，通过事先约定将自己所有的房地产作为担保物，抵押给抵押权人的权利。

若房屋所有权上发生他项权利，调查时，应根据产权产籍资料记载事实结合实际情况加以记录。

3. 房屋产权的附加说明

在调查中对产权不清或有争议的，以及设有典当权、抵押权等他项权利的，应进行记录。

4. 房屋权界线示意图

房屋权界线示意图是以权属单元为单位绘制的略图，表示房屋及其相关位置、权界线、共有共用房屋权界线，以及与邻户相连墙体的归属，并注记房屋边长。对有争议的权界线应标注部位。

模块四 房地产调查

房屋权界线是指房屋权属范围的界线，包括共有共用房屋的权界线，以产权人的指界与邻户认证来确定，对有争议的权界线，应进行相应记录。

【案例 4-1】房屋调查示例

房屋调查表示例见表 4-6。

表 4-6 房屋调查表

市区名称或代码号 __13__　房产区号 __06__　房产分区号 __11__　丘号 __0048-6__　序号 __17__

									墙体归属				
坐落	雁塔区(县)人民路			街道(镇)大平巷		胡同(街巷)3-8号			邮政编码			710054	
产权主	××			住址		西安市雁塔区太平巷3-8号							
用途	住宅							产别	私产		电话	7886666	
房屋状况	幢号	权号	户数	所在层次	建筑结构	建成年份	占地面积/m²	使用面积/m²	建筑面积/m²	东	南	西	北	产权来源
	(6)	B	17	6	5	4	1976	226.77	47.00	61.10	共	共	共	共	房改房
房屋权界线示意图	（示意图：25.00 × 10.30，标注 ⑰ 共用 ** / ** **）												附加说明	房屋产权 100%
													调查意见	

单元三 房屋用地调查

一、房屋用地单元的划分与编号

1. 丘的定义

丘是指地表上一块有界空间的地块。一个地块只属于一个产权单元时称独立丘，属于几个产权单元时称组合丘。

丘是根据目前我国房地产的管理体制和房地产管理的实际情况以及房地产测绘所具备的条件而设计的一个房产测绘和调查的最基本单元。

2. 丘的划分

丘在划分时，有固定界标的按固定界标划分，没有固定界标的按自然界线划分，一般以一个单位、一个门牌号、一处院落划分为独立丘。一个产权单元的用地由不相连的若干地块组成时，则每一地块均应划分为独立丘。一个地块内，当多个权属单元的用地范围相互渗透，各权属单元的用地范围较小，在分幅图上难以逐一表示各自范围时，将地块划分为组合丘。

3. 丘的编号

丘的编号按市、市辖区(县)、房产区、房产分区、丘分五级组成。

丘号编立格式如下：

市代码＋市辖区(县)代码＋房产区代码＋房产分区代码＋丘号
(2位)　　　(2位)　　　(2位)　　　(2位)　　　(4位)

市代码、市辖区(县)代码采用《中华人民共和国行政区划代码》(GB/T 2260—2007)规定的代码。房产区是以行政建制的区、街道(或镇、乡)的行政辖区，或者房地产管理部门划分的区域为基础划定的。根据实际情况和需要，可以街坊或主要街道围成的方块为基础将房产区再划分为若干房产分区。房产区应在市辖区或县级市的范围内统一编号。房产分区以房产区为单位划分，可按自然界线，依街坊或居民点，或大的机关、企事业单位划分。若调查区域较小，没有必要划分房产分区时，考虑到今后的市区发展，可将该房产分区号编为01，当市区扩大时，从01续编。丘号的编立以房产分区为编号区，采用四位自然数字从0001至9999编列。

丘号编立顺序，以房产分区(或房产区)为单位，从北到南、从西向东呈反S形编列。在变更测量或修补测中，新增的丘号接原编号顺序连续编立。

由于房产区及房产分区随着城市发展变化而不断地变动，实际工作中进行小范围的房地产基础测绘时，丘号的编立也可临时以图幅为单位进行，待全市基础测绘工作进行到一定阶段，再做统一的调整。当丘跨越图幅时，按主门牌号所在图幅编立，相邻图幅该丘不再编号，以该丘主门牌号所在图幅的丘号加括号表示，如(12)。

在丘号编立的实际工作中，客观地存在着各丘的形状不一、大小不等等诸多复杂状况，因此应根据丘的平面分布情况，从编立首号起，按编号的前进方向，综合考虑毗连地块编号的连贯性以及跨图接边等具体情况进行编号，以便利于管理及资料的检索与查询。

4. 幢及其编号

幢是指一座独立的，包括不同结构和不同层次的房屋。幢也是一个量词，表示房屋的座数，是房屋调查与房屋测绘的基本单元。

幢号以丘为单位，幢号的编号顺序：自进大门起，从左到右，从前到后，以数字1、2……顺序按S形编号。幢号注在房屋轮廓线内的左下角，并加括号表示。

5. 房产权号

通常情况下，房屋都是建在本单元或本人的用地范围内的，但也有少数情况是在他人用地范围内建造的,这种情况应在幢号后面加编房产权号。房产权号的编号是以房屋权属单元为单位的,用标志符 A 表示,注记在幢号的右侧,和幢号并列。

房屋共有权号是一个标志符,表明该幢房屋的产权有多个产权人或产权单位。

二、房屋用地情况的调查

房屋用地情况调查是房产调查的主要组成部分,也是房产管理的主要依据。房屋用地情况调查的内容包括用地坐落、产权性质、等级、税费、用地人、用地单位所有制性质、使用权来源、四至、界标、用地用途分类、用地面积和用地纠纷等基本情况。房屋用地调查时还要绘制用地范围略图及填写房屋用地调查表(表 4-7)。

表 4-7　房屋用地调查表

坐落		区(县)	街道(镇)		胡同(街巷)号		电话			邮政编码	
产权主		产权主		土地等级			税费				
用途		住址					所有制性质				
用地来源							用地用途分类				
用地状况	四至	东	南	西	北	界标	东	南	西	北	附加说明
	面积/m²	合计用地面积		房屋占地面积		院地面积		分摊面积			

1. 房屋用地坐落

房屋用地坐落是指房屋用地的地理位置,即所在地的地理名称。房屋用地坐落在小里弄、胡同和小巷时,应加注附近主要街道的名称;缺门牌号时,应借用毗连房屋门牌号并加注东、南、西、北方位;房屋用地坐落在两个以上街道或有两个以上门牌号时,应全部注明。

2. 用地人、用地人所有制性质

用地人是指房屋用地使用权人的名称或姓名,用地人的所有制性质按表 4-7 中房屋所有人所有制性质填写。

3. 土地等级

土地等级是各地方人民政府根据国家土地等级划分的总原则,结合本地区的特点,制定的适合本地区的地区性土地等级评估标准。可按该标准划分土地各等级的区域。

4. 用地税费

房屋用地税费是指用地人每年向土地管理部门或税务机关缴纳的费用,以年度缴纳金额为准。可以根据国家的规定或是当地有关部门规定的标准缴纳,属于免征对象的应注明"免征",并简注原因。

5. 房屋用地的所有制性质

我国城市市区的土地属于国家所有；农村和城市郊区的土地，除由法律规定属于国家所有的以外，均属于集体所有。因此，土地的所有制性质只有国家所有和集体所有。集体所有的还应注明土地所有单位的全称。

6. 房屋用地来源

房屋用地来源是指取得土地使用权的时间和方式，如转让、出让、征用、划拨等。调查土地的来源时应尽可能以证件作为依据。

7. 房屋用地用途分类

房屋用地用途分类按现行国家标准《房产测量规范 第 1 单元：房产测量规定》(GB/T 17986.1—2000)附录 A 中的表 A3 执行(表 4-8)。

表 4-8 房屋用地用途分类标准

一级分类		二级分类	含义
10 商业、金融业用地		商业服务业、旅游业、金融保险业等用地	
	11	商业服务业	各种商店、公司、修理服务部、生产资料供应站、饭店、旅社、对外经营的食堂、文印誊写社、报刊门市部、蔬菜购销转运站等用地
	12	旅游业	主要为旅游业服务的宾馆、饭店、大厦、乐园、俱乐部、旅行社、旅游商店、友谊商店等用地
	13	金融保险业	银行、储蓄所、信用社、信托公司、证券交易所、保险公司等用地
20 工业、仓储用地		工业用地、仓储用地	
	21	工业	独立设置的工厂、车间、手工业作坊、建筑安装的生产场地、排渣(灰)场等用地
	22	仓储	国家、省(自治区、直辖市)及地方的储备、中转、外贸、供应等各种仓库、油库、材料堆场及附属设备等用地
30 市政用地		市政公用设施、绿化用地	
	31	市政公用设施	自来水厂、泵站、污水处理厂、变电所(站)、煤气站、供热中心、环卫所、公共厕所、火葬场、消防队、邮电局(所)及各种管线工程专用地段等用地
	32	绿化	公园、动植物园、陵园、风景名胜、防护林、水源保护林及其他公共绿地等用地
40 公共建筑用地		文化、体育、娱乐、机关、宣传、科研、设计、教育、医卫等用地	
	41	文、体、娱	文化馆、博物馆、图书馆、展览馆、纪念馆、体育场馆、俱乐部、影剧院、游乐场、文化体育团体等用地
	42	机关、宣传	党政事业机关及共、青、妇等群众组织驻地、广播电台、电视台、出版社、报社、杂志社等用地
	43	科研、设计	科研、设计机构用地，如科学院(所)、设计院及其实验室、实验场等用地
	44	教育	大专院校、中等专业学校、职业学校、干校、党校、中小学校、幼儿园、托儿所、业余进修院(校)、工读学校等用地
	45	医卫	医院、门诊部、保健院(所、站)、疗养院(所)、救护站、血站、卫生院、防治所、检疫站、防疫站、医学化验、药品检验等用地

模块四 房地产调查

续表

一级分类		二级分类		含义
50	住宅用地			供居住的各类房屋用地
60	交通用地			铁路、民用机场、港口码头及其他交通用地
		61	铁路	铁路线路及场站、地铁出入口等用地
		62	民用机场	民用机场及其附属设施用地
		63	港口码头	专供客、货运船舶停靠的场所用地
		64	其他交通	车站(场)、广场、公路、街、巷、小区内的道路等用地
70	特殊用地			军事设施、涉外、宗教、监狱等用地
		71	军事设施	军事设施用地,包括部队机关、营房、军用工厂、仓库和其他军事设施等用地
		72	涉外	外国使馆、驻华办事处等用地
		73	宗教	专门从事宗教活动的庙宇、教堂等宗教用地
		74	监狱	监狱用地,包括监狱、看守所、劳动场(所)等用地
80	水域用地			河流、湖泊、水库、坑塘、沟渠、防洪堤坝等用地
90	农用地			水田、菜地、旱地、园地等用地
		91	水田	筑有田埂(坎)可以经常蓄水,用于种植水稻等水生作物的耕地
		92	菜地	以种植蔬菜为主的耕地,包括温室、塑料大棚等用地
		93	旱地	水田、菜地以外的耕地,包括水浇地和一般旱地等
		94	园地	种植以采集果、叶、根、茎等为主的多年生木本和草本作物,覆盖度大于50%或每亩株数大于合理株数70%的土地,包括果树、苗圃等用地
00	其他用地			各种未利用土地、空置地等其他用地

三、房屋用地权属界址线的调查

1. 房屋用地界址线的含义

房屋用地界址线是指用地单位合法使用土地范围的边界线,是一个闭合的多边形。

房屋用地界址线作为用地单位合法使用土地范围的边界线,理论上应与红线范围(相应文件中的用地范围)内的实得土地范围相一致,而界址线放样的偏差,历史违章,重新征用、划拨、出让与转让,以及土地灭失等原因致使两者不一致。

调查中,调查人员必须根据资料档案结合实地情况,会同用地权利人和所涉及相邻关系的权利人现场共同指界确定,这也是确认用地使用权属的工作程序。对于无档案资料和双方皆无法确定或存在争议的界址线,调查人员应如实、详细地做好记录,报请相关主管部门进一步落实解决。

2. 界标

界标指房屋用地范围权属界址线的界址标志。调查时可填写用地范围边界界标物的名称。当界标物为线状地物时,一定要确定界址线与界标的位置关系。

3. 用地的四至关系

房屋用地四邻地块情况为房屋用地的四至。房屋用地的四至一般按东、南、西、北概略方位分别调查。与房屋用地相邻的是自然街道、沟、渠等线性地物或者空地植被时，应填记自然街道或地形、植被名称。与房屋用地相邻的是房屋用地时，则应调查其权利人名称及其主要情况。

4. 房屋用地示意图的绘制

房屋用地范围示意图表示的内容有用地界线及其权属，包括共用院落界线；界标及其类别；用地范围内房屋的位置及形状；房屋用地界线边长，包括共用院落的相对定位关系尺寸；用地四至名称。绘制房屋用地示意图时，以房屋用地单元(丘)为单位，用概略比例尺绘制。

阅读材料

行政境界与地理名称调查

(1)行政境界调查。行政境界调查，应依照各级人民政府规定的行政境界位置，调查区、县和镇以上的行政区划范围，并标绘在图上。街道或乡的行政区划，可根据需要调绘。

(2)地理名称调查。

1)地理名称调查(以下简称地名调查)包括居民点、道路、河流、广场等自然名称。

2)自然名称应根据各地人民政府地名管理机构公布的标准名或公安机关编定的地名进行。凡在测区范围内的所有地名及重要的名胜古迹，均应调查。

(3)行政机构名称调查。行政机构名称只对镇以上行政机构进行调查。

(4)企事业单位名称的调查。应调查实际使用该房屋及其用地的企事业单位的全称。

模块小结

房产调查是近年来伴随着城市房地产业而兴起的，为城市公共管理提供重要基础数据，并为房屋产权归属、产权登记、产权产籍管理提供可靠的基础资料。由此，房产调查是一项十分细致而又严肃的工作，同时也是一项准确性、技术性要求很高的调查工作。本模块主要介绍房地产调查概述、房屋调查及房屋用地调查。

思考与练习

一、填空题

1. 房地产调查一般应经过_____、_____、_____、_____及_____ 5个阶段。

2. 房屋坐落是指房屋所在的位置，具体来说就是指房屋所在街道的_____和_____。

3. _____ 是指依法享有房屋所有权和该房屋用地使用权的法人、其他组织和自然人。

4. 我国现行的所有制形式有三种，即_____、_____和_____。

5. 房屋层数是指房屋的自然层数，一般按_____以上计算；采光窗在室外地坪以上的半地下室，其室内层高在的，计算自然层数。

6. _____是指人们利用房屋从事生产、生活及经营活动的性质。

7. _____是指房屋底层外墙（柱）所围水平面积，一般与底层房屋建筑面积相同（不含散水、明沟的占地面积）。

8. _____是指产权主依法拥有房屋所有权的房屋建筑面积。

9. _____是指地表上一块有界空间的地块。一个地块只属于一个产权单元时称_____，属于几个产权单元时称_____。

10. _____是指用地单位合法使用土地范围的边界线，是一个闭合的多边形。

二、选择题

1. 界址点的精度要求最高位（　　）。
   A. 5 cm   B. 10 cm   C. 15 cm   D. 20 cm

2. 新增的界址点和建筑物角点的点号，分别按（　　）的最大点号续编。
   A. 编号区内界址点   B. 建筑物角点
   C. 编号区内界址点或建筑物角点   D. 编号区内界址点和建筑物角点

3. 房产界址点的精度分（　　）。
   A. 一级   B. 二级   C. 三级   D. 四级

4. 房屋用地调查与测绘以（　　）为单元分户进行。
   A. 宗地   B. 丘   C. 地块   D. 街道

5. 丘的编号以房产分区为编号区，采用（　　）位自然数字从（　　）至（　　）编列；以后新增丘接原编号顺序连续编立。
   A. 2；01～99   B. 3；001～999
   C. 4；0 001～9 999   D. 5；00 001～99 999

三、简答题

1. 房地产调查及其目的是什么？
2. 房地产调查的内容包括哪些？
3. 简述房屋用地权属界址线的调查的含义及内容。

模块实训

一、实训目的及要求

房屋调查和房屋用地调查。

二、实训安排

实训学时数安排2～3学时，4～5人为一组。每组实训设备为图板、记录板各1块，调查用表1~2张。自备2H铅笔、三角板与计算器等。

三、实训步骤

(1)由教师事先联系实训地点，给每组指定1~3丘进行房产调查。

(2)首先熟悉地籍测量和房产测量规范，了解丘、幢编号。

(3)按房屋调查表和房屋用地调查表要求逐项调查，并将调查结果填入《房屋调查表》(表4-6)和《房屋用地调查表》(表4-7)中。

(4)小组成员互相对调查表格进行核对，确保调查结果准确无误。

四、实训注意事项

(1)丘的编号从北至南，从西至东以反S形顺序编列。幢号以丘为单位，从左到右，从前到后用数字1，2，…顺序按S形进行编号。

(2)在他人用地范围所建的房屋，应在幢号后面加编房产权号，房产权号用标识符A表示；多户共有的房屋，在幢号后面加编共有权号，共有权号用标识符B表示。

(3)调查中凡碰到有争议的情况，均应标出争议部位，并做相应记录。

五、实训观测记录

《房屋调查表》《房屋用地调查表》及相关调查记录说明等。

模块五 房地产要素测量

模块五 房地产要素测量

知识目标

1. 熟悉界址测量、境界测量、房屋及其附属设施测量，陆地交通、水域测量。
2. 熟悉界址点静定，界址点的标定、埋设及标志种类，界址点的编号及成果表。
3. 掌握房地产要素测量的方法——野外解析法、航空摄影、全野外数据采集。
4. 熟悉房地产草图的作用、内容、图纸规格及比例尺。

能力目标

能进行房地产界址点及建筑物房交点的测量；能进行界址、境界、房屋及其附属设施的测量。

单元一 概述

一、界址测量

界址测量是指对界址点和界址线的测量，最主要的是界址点坐标的测定。

界址点坐标测量所用到的起算点，应是邻近的基本控制点或高级界址点。界址点的测量方法，可采用极坐标法、会交法、直导线法、正交法等野外解析法测定。使用支导线方法测定界址点坐标时，导线边的变数应不超过 3 条，导线转折角应测左、右角，各测一测回。

如需要丘界限的边长时，则可直接用界址点的坐标反算求得。如没有界址点的坐标时，可采用测距仪或钢尺进行丈量，将丘界测量结果标示在房产分丘图上。对不规则的弧形丘界线，可按折线分段丈量。测量结果应标示在分丘图上，为计算丘面积及复丈检测提供依据。

二、境界测量

行政境界测量包括国界线以及国内各级行政区划界的测量。测绘国界时，应根据边界条约或有关边界的正式文件精确测定，国界线上的界桩点应按坐标值展绘，注出编号，并尽量注出高程。国内各级行政区划界应根据勘界协议、有关文件准确测绘，各级行政区划界上的界桩、界碑按其坐标值展绘。

行政区域界线的成果主要有界桩登记表、界桩成果表、边界点位置和边界线走向说明、边界协议书附图、各级行政区域界线详图集部分。

在收集和使用上述成果资料时，要特别注意更新与修测的成果资料，同时还应注意上述行政区域界线成果资料的批准部门和批准时间。

房地产测绘人员无权测定各级行政区域界线，只能将其描述或测绘至房产分幅图上或分丘图上，并使房地产测绘成果与其保持一致。对未定边界线，按未定边界线描述。

三、房屋及其附属设施测量

1. 房屋的测量

房屋应逐幢测绘，不同产别、不同建筑结构、不同层数的房屋应分别测量，独立成幢的房屋，以房屋四面墙体外侧为界测量；毗连房屋四面墙体，在房屋所有人指界下，区分自有、共有或借墙，以墙体所有权范围为界测量。每幢房屋除按相关规范要求的精度测定其平面位置外，应分幢分户丈量作图。丈量房屋以勒脚以上墙角为准；测绘房屋以外墙水平投影为准。

2. 房屋附属设施的测量

房屋附属设施测量时，柱廊以柱外围为准；檐廊以外轮廓投影、架空通廊以外轮廓水平投影为准；门廊以柱或围护物外围为准，独立柱的门廊以顶盖投影为准；挑廊以外轮廓投影为准；阳台以底板投影为准；门墩以墩外围为准；门顶以顶盖投影为准；室外楼梯和台阶以外围水平投影为准。

3. 房角点测量

房角点测量指对建筑物角点测量，其点的编号方法除点的类别代码外，其余均与界址点相同，房角点的类别代码为4。

房角点测量不要求在墙角上都设置标志，可以房屋外墙勒脚以上 100 ± 20 cm 处墙角为测点，房角点测量一般采用极坐标法、正交法。对正规的矩形建筑物，可直接测定3个房角点坐标，另一个房角点的坐标可通过计算求出。

4. 其他建筑物、构筑物测量

其他建筑物、构筑物测量是指不属于房屋、不计算房屋建筑面积的独立地物以及工矿专用或公用的储水池、油库、地下人防干支线等。

独立地物的测量，应根据地物的几何图形测定其定位点：亭以柱外围为准；塔、烟囱、罐以底部外围轮廓为准；水井以中心为准。构筑物按需要测量。

共有部位测量前，必须对共有部位认定，认定时可参照购房协议、房屋买卖合同中设定的共有部位，经实地调查后予以确认。

四、陆地交通、水域测量

1. 陆地交通测量

陆地交通测量是指铁路、道路桥梁测量。铁路以轨距外缘为准，道路以路缘为准，桥梁以桥头和桥身外围为准测量。

2. 水域测量

水域测量是指河流、湖泊、水库、沟渠、水塘测量。河流、湖泊、水库等水域以岸边线为准，沟渠、池塘以坡顶为准测量。

五、其他相关地物测量

其他相关地物是指天桥、站台、阶梯路、游泳池、消火栓、检阅台、碑以及地下构筑物等。

消火栓、碑不测其外围轮廓，以符号中心定位。天桥、阶梯路均依比例绘出，取其水平投影位置。站台、游泳池均依边线测绘，内加简注。地下铁道、过街地道等不测出其地下物的位置，只表示出入口的位置。

单元二　房产界址点及建筑物房角点测量

一、界址点的标定、埋设及标志种类

界址点的位置应在权属调查确定界址线的同时，通过规定的法定程序标定。标界时必须由双方指界人到现场指界。单位使用的土地，要有单位法人代表出席指界；组合丘用地，要有该丘各户共同委派的代表指界；房屋用地人和法人不能出席指界时，应由委托的代理人指界，并且均须出具身份证明和委托书。

经双方认定的界址，必须由双方指界人在房屋用地调查表上签字盖章。

一、二级界址点必须设立固定的标志。界址点的标志分为两种，一种是定位标志，其中心表示界址点点位，一般埋设在空旷地区或没有固定界标处，也可以埋在固定的坎、坡及道路沿上；另一种是标记标志，标志指示出界址点所在的位置，一般设立在永久性的建构筑物的转角处，即硬界上。

当一、二级界址点点位落在无法直接埋标的位置（如沟、河中心）时，应在界址点附近，埋设引桩来间接说明界址点和界址线的位置。

二、界址点的编号

界址点的编号以高斯投影的一个整千米格网为编号区，每个编号区的代码以该千米格网西南角的横纵坐标千米值表示。点的编号在一个编号区内从 1~9999 连续顺编。点的完整编号由编号区代码、点的类别代码、编号三部分组成,编号形式如下:

  点的编号＝编号区代码＋类别代码＋编号
 （15 位） （9 位） （1 位） （5 位）

【例 5-1】 350392648300049 表示的含义是什么

【解】 350392648300049＝350392648＋3＋00049

编号区代码由 9 位数组成,第 1、第 2 位数为高斯坐标投影带的带号或代号,第 3 位数为横坐标的百千米数,第 4、第 5 位数为纵坐标的千千米和百千米数,第 6、第 7 位和第 8、第 9 位数分别为横坐标和纵坐标的十千米和千米数。

类别代码用 1 位数表示,其中:1 表示房产平面控制点,2 表示高程控制点,3 表示界址点,4 表示房角点,5 表示高程特征点。

点的编号用 5 位数表示,从 1~99 999 连续顺编。

35 为高斯投影 38 带第 35 带的高斯投影带带号;0 为横坐标(y)的百千米数,在此为 0;39 为纵坐标(x)的千千米和百千米数,在此为 3 900 千米(3 900 km);26 为横坐标(y)的十千米和千米数,在此为 26 千米(26 km);48 为纵坐标(X)的十千米和千米数,在此为 48 千米(48 km)。

公里格网的西南角格网点的横纵坐标值为

$y=35$(带)026 km,$x=3\ 948$ km

3 代表该点为界址点;00049 代表该点(界址点)为 49 号。

三、界址点成果表

各级界址点测定后,要以丘为单位绘制界址点略图,并以编号单元为单位编列界址点坐标成果表,格式见表 5-1。表格填写完成后,将表装订成册并作为正式测量成果上交。

表 5-1 界址点坐标成果表

编号单元(房产人分区号或图幅号)

丘号	界址点编号	标志类型	等级	坐标		间距	点位说明
				x	y		

测绘单位   填表者   检查者   填表日期 年 月

表中标志类型据实填写"混凝土、石灰、钢筋、喷涂"等,间距为同一权属界线上相邻址点之间的距离;点位说明,主要对界标进行说明,有时也可说明界址点与相对地物的相对关系。

单元三　房地产要素测量的方法

一、野外解析法

野外解析法测量是指在野外对房产要素进行采集，绘制草图，并通过计算机对观测数据处理编辑成图。具体的测定方法有极坐标法、交会法、直角坐标法等，不论使用何种方法，必须保证所测各点相对于房产平面控制点的点位中误差不超过 ±0.05 m，最大限差为 ±0.10 m。但当测定一级界址点时，应按界址点测量的精度要求进行。一般采用极坐标法、线交会法或直角坐标法，不使用正交法。

（一）野外解析法测量

1. 极坐标法

如图 5-1 所示，极坐标法是根据测站上的一个方向，测出测站点至界址点方向间的夹角 β，再测出测站点至界址点的距离 i，然后确定界址点的位置。

这种方法是测定界址点最直接和常用的方法。可用光学经纬仪测定 β 角，用检定过的钢尺测定距离 i，然后计算出界址点的坐标。若采用全站仪观测，则可直接测出界址点坐标，这样能有效提高观测的工作效率及准确率。

图 5-1　极坐标法示意

2. 线交会法

线交会法分为角度交会法和距离交会法，这种方法要求交会角大于 30°且小于 150°。

（1）角度交会法。角度交会法是指从两个已知点分别量出其至未知界址点的角度，从而确定出未知界址点的位置。

（2）距离交会法。距离交会法是指从两个已知点分别量出其至未知界址点的距离，从而确定出未知界址点的位置。

3. 直角坐标法

如图 5-2 所示，通常以导线边或其他控制线作为轴线，测出某一界址点在轴线上的投影位置，量出投影位置至轴线一端点的距离和至界址点的垂距，从而确定出界址点的位置。观测时，使用钢尺丈量距离配以直角棱镜作业，支距长度不得超过 50 m。

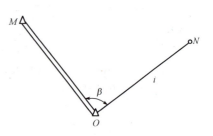

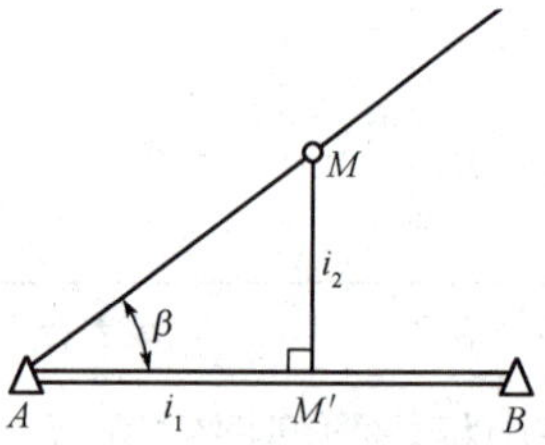

图 5-2　直角坐标法示意

（二）实地测定界址点的作业方法

1. 准备工作

在测量之前，除要做好一般性的准备工作外，还应充分做好界址点测定的准备工作。

准备工作的程序如下：

收集房产权属调查→踏勘界址点位置→整理踏勘后的资料

2. 野外界址点测量的注意事项

（1）野外界址点测量应使用专用的界址点观测手簿。记录时，界址的观测序号用观测草图上的草编界址点号。

（2）使用钢尺量距时，其量距长度不能超过一个尺段，钢尺必须经检定并对结果进行尺长改正。

（3）使用测距仪或全站仪时，考虑到在墙角立棱镜会有偏心差，故测量时使用两点式觇牌或粘贴性反射片能提高精度。

3. 野外观测成果的内业整理

界址点的外业观测工作结束后，应及时计算界址点的坐标，并算出相邻界址边长，填入界址点误差表中，并对数据进行检核，发现错误及时改正。当全部边长都在限差内时计算面积。

在房产调查区内的所有界址点坐标经检查合格后，按界址点的编号方法编号，并计算全部面积，然后把界址点坐标和面积填入标准的表格，整理成册。

二、航空摄影

目前，用航空摄影的方法进行城市房地产测量确实存在许多不利的因素，主要表现为城市建筑物密集且树木很多。这样就对航空摄影的质量造成了很大的影响，也造成了许多阴影，使补测工作量加大；同时房屋的屋檐改正的精度，也影响着航空摄影测量成果的质量。上面所讲的城市存在的复杂条件，使航摄高度（即航摄比例尺）受到限制。因此，航测成果的精度和效率都受到限制且难以再提高。

目前为止，已有几个城市利用航空摄影测量进行了大规模的房地产测量，并取得了较好的成果，也积累了许多有益的经验。因此应考虑各城市自身的地理特点和需求，根据实际情况通过比较和分析谨慎地选择合适的方法进行房地产测量。

1. 像片控制点

航空摄影测量具有效率高、成图精度均匀的优点，可将外业的大量工作转化为内业完成。按照摄影测量的理论，无论采用哪种成图方法都需要像片控制点。像片控制点分为平面控制点、高程控制点和平高控制点。平面控制点和平高控制点相对邻近基本控制点的点位中误差不超过图上±0.1 mm，高程控制点和平高控制点相对邻近高程控制点的高程中误差不超过 0.1 mm。它的获取方法可用全野外布点测定，先在野外测定少量的控制点，然后在室内用解析法空中三角测量加密获得内业测图需要的全部控制点。经过外业像片控制点的联测与内业控制点的加密，就能按各种成图方法在各种成图仪器上确定地面点的平面和高程位置。

《房产测量规范 第 1 单元：房产测量规定》(GB/T 17986.1—2000)中规定，内业加密控制点对邻近野外控制点的平面点位中误差和高程中误差不得超过表 5-2 的规定。

表 5-2　加密点平面和高程中误差

比例尺	加密点平面中误差（平地、丘陵地）/m	加密点高程中误差（平地、丘陵地）/m
1∶1 000	0.35	0.5
1∶500	0.18	0.5

阅读材料

加密点误差

加密点中误差以全区或单个区域为单位按式(5-1)或式(5-2)进行估算：

$$m_q = \pm \sqrt{\frac{[\Delta\Delta]}{n}} \tag{5-1}$$

$$m_g = \pm \sqrt{\frac{[dd]}{3n}} \tag{5-2}$$

式中　m_q——全区控制点中误差(m)；

　　　m_q——单个区域控制点中误差(m)；

　　　Δ——多余野外控制点不符值(m)；

　　　d——相邻航线或相邻区域网之间公共点较差(m)；

　　　n——评定进度点数。

2. 像片调绘与调绘表

用航空摄影测量方法测绘房产图，一般采用全野外像片调绘和立体测图仪测绘的方法。当采用立体测绘仪测绘时，可以在室内用精密立体测绘仪或解析测图仪进行地物要素的测绘，然后用所测绘的原图到外业进行地物要素的补调或补测。要求判读准确，描绘清楚，图式符号运用恰当，各种注记正确无误。

调绘像片和航测原图上各种要素应分红、绿、黑三色表示。其中房产要素、房产编号和说明用红色，水系用绿色，其他用黑色。像片上无影像、影像模糊和被影像或阴影遮盖的地物，应在调绘期间进行补调或补测。

外业直接在像片上表示某些要素有一定困难时，可采用"调绘志"的方法，即在调绘片上蒙附等大的聚酯薄膜，画出调绘面积与像片上准确套合，作业中着重对界址、权属界限、阴影、屋檐改正等有关情况及数字，记录在上面，表述有关地物的形状、尺寸及其相关位置或某些说明资料，为内业提供应用。

3. 外业补测

对像片上无影像的地物、影像模糊的地物、被阴影或树木影像覆盖的地物，作业期间应进行补调或补测。补调可采用以明显地物点为起点的交会法或截距法，在像片上或调绘志上标明与明显地物点的相关距离 2 或 3 处，取位至 0.01 m；补测或补调难度较大且影响精度时采用平板仪作业。对航摄后拆除的地物，应在像片相应位置用红色划去，成片的应标出范围并加文字说明。

4. 屋檐宽度测量与屋檐改正

当屋檐宽度大于图上 0.2 mm 时，应在像片或采集原图上的相应位置注明实量的宽度，丈量取位至 0.01 m。内业立体测图或图形编辑时应根据实量长度对屋檐进行改正。

5. 数据采集、处理与图形编辑

数据采集可以选用各类解析测图仪或精密立体测图仪与图形工作站联机作业。解析测图仪内定向的框标坐标量测误差不超过±0.005 mm，个别不得超过±0.008 mm，绝对定向的平面坐标误差不超过图上±0.3 mm，个别不得超过±0.4 mm；高程定向误差不超过加密点的高程中误差；绘图绝对定向的平面误差不超过图上±0.3 mm。定向残差要配赋至最小，且配赋合理。

房产数字图的数据采集成果应进行检核，在保证数据采集成果无误的基础上才能进行数据处理与图形编辑。

数据处理包括数据的检查和更新、数据的选取和运算、图形的变换和表示等。图形编辑包括按有关技术规定建立符号库、规定图形要素的层次及颜色、数字注记和文字注记应符合的规定。最后根据要求的文件格式建立数据文件与图形文件。

三、全野外数据采集

电子速测仪和电子记录簿或便携式计算机所组成的野外数据采集系统将逐渐成为房地产测量中房地产要素测量和数据采集的主要手段。现在许多城市都正将电子速测仪和野外数据的自动化采集系统作为房地产测量的发展方向，有的城市已使用全野外数据采集的方法，进行房地产信息的采集和房地产图的绘制。

全野外数据采集的主要内容：全野外数据采集是指利用电子速测仪和电子记录簿或便携式计算机所组成的野外数据采集系统，记录的数据可直接传输至计算机，通过人机交互处理生成图形数据文件，可自动绘制房地产图。

国家标准《房产测量规范 第1单元：房产测量规定》(GB/T 17986.1—2000)中，对采用全野外数据采集方法的主要技术指标和技术要求做了较详细的规定，现说明如下：

全野外数据采集宜使用精度不低于Ⅱ级的全站仪，其1 km的测距中误差小于10 mm，经纬仪精度不低于DJ6，即其测角误差不大于±6″。

每个测站应输入测站点点号、测站点坐标、仪器号、指标差、视准轴误差、观测日期、仪器高等参数。

仪器对中偏差不超过±3 mm；仪器高、觇点高取至厘米；加、乘常数改正不超过1 cm时可不进行改正。

以较远点定向，以另一已知点做检核，检核较差不得超过±0.1 m，数据采集结束后，应对起始方向进行检查。

观测时，水平角和垂直角读至1′，测距读到1 mm，最大距离一般不超过200 m，施测困难地区可适当放宽，但距离超过100 m时，水平角读至0.1′。

观测棱镜时，棱镜气泡应居中，如棱镜中心不能直接安置于目标点的中心时，应做棱镜偏心改正。

野外作业过程中应绘制测量草图，草图上的点号和输入记录的点号应一一对应。

模块五 房地产要素测量

单元四　房地产测量草图

一、测量草图的作用

测量草图是地块、建筑物、位置关系和房产调查的实施记录，是展绘地块界址、房屋、计算面积和填写房产登记表的原始依据。在进行房地产测量时应根据项目的内容用铅笔绘制测量草图。

测量草图包括房屋用地测量草图和房屋测量草图。

二、测量草图的内容

1. 房屋用地测量草图的内容

(1)平面控制网点及点号。
(2)界址点、房角点相应的数据。
(3)墙体的归属。
(4)房屋产别、房屋建筑结构、房屋层数。
(5)房屋用地用途类别。
(6)丘(地)号。
(7)道路及水域。
(8)有关地理名称、门牌号。
(9)观测手簿中所有未记录的测定参数。
(10)测量草图符号的必要说明。
(11)指北方向线。
(12)测量日期、作业员签名。

2. 房屋测量草图的内容及要求

(1)房屋测量草图均按概略比例尺分层绘制。
(2)房屋外墙及分隔墙均绘单实线。
(3)图纸上应注明房产区号、房产分区号、丘(地)号、幢号、层数及房屋坐落，并加绘指北方向线。
(4)住宅楼单元号、室号、注记实际开门处。
(5)逐间实量、注记室内净空边长(以内墙面为准)、墙体厚度，数字取至厘米。
(6)室内墙体凸凹部位在 0.1 m 以上者(如柱垛、烟道、垃圾道、通风道等)均应表示。
(7)凡有固定设备的附属用房(如厨房、卫生间、电梯楼梯等)均必须实量边长，并加必要的注记。
(8)遇有地下室、复式房、夹层、假层等应另绘草图。
(9)房屋外廊的全长与室内分段丈量之和(含墙身厚度)的较差在限差内时，应以房屋外廊数据为准，分段丈量的数量按比例配赋。超差必须进行复量。

三、测量草图的图纸规格及比例尺

草图用纸可用 787 mm×1 092 mm 的 1/8、1/16、1/32 规格的图纸。草图应选择合适的概略比例尺，使其内容清晰易读。在内容较集中的地方可绘制局部图。

测量草图应在实地绘制，测量的原始数据不得涂改擦拭。汉字字头一律向北、数字字头向北或向西。

模块小结

房地产调查结束后，确定了有关的房产信息，为了在实地确定房地产的权属范围，必须进行房地产要素测量。本模块主要介绍了房地产界址点及建筑物房角点测量，房地产要素测量的方法，房地产测量草图。

思考与练习

一、填空题

1. _____是指对界址点和界址线的测量，最主要的是界址点坐标的测定。

2. 在房屋附属设施测量时，柱廊以_____为准；檐廊以_____、架空通廊以_____为准。

3. _____测量指对建筑物角点测量，其点的编号方法除点的类别代码外，其余均与界址点相同。

4. _____是指铁路、道路桥梁测量。铁路以_____为准，道路以_____为准，桥梁以_____为准测量。

5. _____是指河流、湖泊、水库、沟渠、水塘测量。河流、湖泊、水库等水域以_____为准，沟渠、池塘以_____为准测量。

6. 《房产测量规范 第1单元：房产测量规定》(GB/T 17986.1—2000)中规定，界址点的精度分_____级。

7. 界址点的标志分为两种，一种是_____，另一种是_____。

8. _____是在野外对房产要素进行采集，绘制草图，并通过计算机对观测数据处理编辑成图。

9. _____分为角度交会法和距离交会法，这种方法要求交会角大于30°小于150°。

10. 全野外数据采集宜使用精度不低于_____的全站仪，其1 km的测距中误差小于_____，经纬仪精度不低于DJ6，即其测角误差不大于_____。

11. _____是地块、建筑物、位置关系和房产调查的实施记录，是展绘地块界址、房屋、计算面积和填写房产登记表的原始依据。

12. 测量草图用纸可用_____的 1/8、1/16、1/32 规格的图纸。

二、选择题

1. 如需要丘界限的边长时，则可直接用界址点的（　　）求得。
   A. 坐标反算　　　B. 测距仪　　　C. 钢尺进行丈量　　　D. 高程
2. （　　）包括国界线以及国内各级行政区划界的测量。
   A. 行政境界测量　　B. 界址测量　　C. 极坐标测量　　D. 会交测量
3. （　　）是根据测站上的一个方向，测出测站点至界址点方向间的夹角 β，再测出测站点至界址点的距离 i，然后确定界址点的位置。
   A. 线交会法　　　B. 直角坐标法　　C. 正交法　　　D. 极坐标法
4. （　　）具有效率高、成图精度均匀的优点，可将外业的大量工作转化为内业完成。
   A. 全野外数据采集　　　　　　B. 航空摄影测量
   C. 碎点测量　　　　　　　　　D. 数字化测量

三、简答题

1. 界址点的测量方法有哪些？
2. 房地产要素测量的方法有哪些？
3. 实地测定界址点的作业的准备工作有哪些？野外界址点测量的注意事项有哪些？
4. 测量草图的内容包括哪些？

模块实训

一、实训目的及要求

（1）掌握用全站仪测量界址点及房产要素的方法和技术要求。
（2）计算界址点的点位精度。

二、实训安排

实训小组由4~5人组成，1人观测、1人记录、2人立棱镜。实训仪器包括全站仪1台，棱镜及测杆各2个，记录本1本。

三、实训步骤

实测一丘地的界址点，计算其点位坐标，并按要求填写界址点成果表。
（1）在丘地外的适当位置选择测站点和后视方向点，假定点位坐标，并在地面打一木桩，或在地面画十字标记作为测站。
（2）安置全站仪与测站点，对中、整平、定向。
（3）输入测站点坐标和后视点坐标及仪器高。
（4）依次观测测站点到界址点的距离和方位角，并记录。
（5）计算各界址点的坐标，填写界址点成果表。

四、实训观测记录

提交界址点测量数据和界址点成果表。界址点坐标成果表格样式见表5-1。

模块六 房地产图测绘

模块六 房地产图测绘

知识目标

1. 熟悉比例尺、比例精度、地物符号、地貌符号的概念。
2. 了解房地产图的分类、房地产图测绘的范围；熟悉房地产图的比例尺、房地产图的分幅与编号。
3. 掌握房地产分幅图、分丘图、分户图的测绘内容和表示方法。
4. 掌握房地产图测绘前的准备工作、碎部点的测量方法、房地产图的绘制方法。
5. 掌握数字图测图的外业工作、内业工作；房地产分丘图、分户图的测绘。
6. 熟悉房地产图的拼接、检查和整饰。

能力目标

能进行房地产分户图的测绘；能进行房地产分丘图的测绘。

单元一 地形图的基本知识

地球表面地势形态复杂，有高山、平原、河流、湖泊，还有高楼、道路等各种人工建筑物，有的是天然形成的，有的是人工构筑的。通常将它们分为地物和地貌两大类。地物是指地面上有明显轮廓的各种固定物体，如道路、桥梁、房屋、农田、河流和湖泊等；地貌是指地球表面的高低起伏、凹凸不平的各种形态，它没有明确的分界线，如高山、盆地、丘陵、洼地、斜坡、峭壁、平原等。地物和地貌总称为地形。

通过实地测量，将地面上各种地物和地貌的平面位置与高程沿垂直方向投影到水平面上，并按一定的比例尺，用《国家基本比例尺地图图式》(GB/T 20257.1—2017)第1部分：1∶500、1∶1 000、1∶2 000地形图图式统一规定的符号和注记，将其缩绘在图纸上，这种既表示出地物的平面位置，又表示出地貌形态的图，称为地形图。

简单地说，地形图就是地物和地貌的位置、形状在平面图纸上的投影图。只表示地物的平面位置，不表示地貌起伏形态的地形图称为平面图。传统概念上的地形图是按照一定数学法则，用规定的图式符号和颜色，将地球表面的自然和社会现象，有选择地缩绘在平面图纸上的图。如普通地图、专题地图、各种比例尺地形图、影像地图、立体地图等。现代已出现缩微地图、数字地图、电子地图、全息像片等新品种。

一、比例尺、比例精度

1. 比例尺

地形图上的任一线段长度 d 与地面上相应线段的水平距离 D 之比，称为地形图比例尺。

$$\frac{\text{图上线段长度}}{\text{地面水平距离}}=\frac{d}{D}=\frac{1}{D/d}=\frac{1}{M} \tag{6-1}$$

式中　M——比例尺分母。

【例 6-1】 一地形图上 1 cm 的线段长度表示相应地面上水平距离 20 m，则该地形图比例尺为

$$\frac{1\ \text{cm}}{20\ \text{m}}=\frac{1\ \text{cm}}{2\ 000\ \text{cm}}=\frac{1}{2\ 000}$$

知道了比例尺，就可将图上两点间的长度和实地相应两点的水平距离相互换算。

比例尺按表示方法的不同，一般可分为数字比例尺、图示比例尺和文字式比例尺 3 种。

(1) 数字比例尺。如式(6-1)所示，用分数形式 $\frac{1}{M}$（或 $1:M$）表示的比例尺称为数字比例尺。M 越小，分数值越大，比例尺也越大，它在图上表示的地物和地貌也越详细；M 越大，分数值越小，比例尺也越小，它在图上表示的地物和地貌也越粗略。数字比例尺一般注记在地形图图廓外下方的正中间位置。

按地形图的比例尺划分，通常称 1∶500、1∶1 000、1∶2 000、1∶5 000 比例尺的地形图为大比例尺地形图，称 1∶1 万、1∶2.5 万、1∶5 万、1∶10 万比例尺的地形图为中比例尺地形图，称 1∶25 万、1∶50 万、1∶100 万比例尺的地形图为小比例尺地形图。在建筑、水利等工程测量中，通常使用大比例尺地形图。

(2) 图示比例尺。除数字比例尺外，一般的地形图也常用图解法将比例尺绘在图上，作为地形图的组成部分之一，称为图示比例尺。图示比例尺常绘制在地形图的下方，表示方法如图 6-1 所示。图中两条平行直线间距为 2 mm，以 1 cm 为单位分成若干大格，左边第一、二大格十等分，大、小格分界处注以 0，右边其他大格分界处标记实际长度。图示比例尺绘制在数字比例尺正下方，可以减少图纸伸缩对用图的影响。

使用图示比例尺时，先用分规在图上量取某线段的长度，然后用分规的右针尖对准右边的某

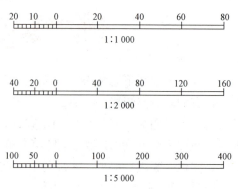

图 6-1　图示比例尺

个整分划,使分规的左针尖落在最左边的基本单位内。读取整分划的读数再加上左边1/10分划对应的读数,即该直线的实地水平距离。如图6-1所示,如果是1∶1 000的比例尺,则图上10 mm表示实地长度10 m。

(3)文字式比例尺。有些地形图、施工图,在图上直接写出1 cm代表实地水平距离的长度,如图6-1中1 cm相当于地面距离10 m,即表示该图的比例尺为1∶1 000,这种比例尺的表示方法就是文字式比例尺。

综上所述,数字比例尺能清晰表现地形图缩小的倍数,图示比例尺可以直接在地形图上量算,受图纸变形的影响小,文字式比例尺能清楚表示比例尺的含义。

阅读材料

地形图比例尺的选用

《工程测量规范》(GB 50026—2020)规定,地形图测图的比例尺,根据工程的设计阶段、规模大小和运营管理需要,可按表6-1所示的规定选用。

表6-1 地形图比例尺的选用

比例尺	用途
1∶5 000	可行性研究、总体规划、厂址选择、初步设计等
1∶2 000	可行性研究、初步设计、矿山总图管理、城镇详细规划等
1∶1 000	初步设计、施工设计,城镇、工矿总图管理,竣工验收等
1∶500	

2. 比例尺精度

一般来说,正常人的眼睛能分辨的最小距离为0.1 mm。如空气中大于0.1 mm的颗粒,人的眼睛才能感觉得到它的存在。在测量上,将地形图上0.1 mm的长度所代表的实地水平距离,称为比例尺精度,一般用ε表示。显然,比例尺精度=0.1 mm×比例尺分母,即

$$\varepsilon = 0.1 \times M \quad (6-2)$$

常用大比例尺地形图的比例尺精度见表6-2。

表6-2 大比例尺地形图的比例尺精度

比例尺	1∶500	1∶1 000	1∶2 000	1∶5 000
比例尺精度/m	0.05	0.1	0.2	0.5

比例尺精度可用来确定测绘地形图量距的最短距离,也可用来确定测图比例尺。

【例6-2】 如果测绘1∶500的地形图,地面丈量距离的精度为多大?

【解】 根据式(6-2),$\varepsilon = 0.1 \times M = 0.1 \times 500 = 50 (\text{mm}) = 0.05 (\text{m})$

所示地面丈量距离的精度为0.05 m。

【例6-3】 欲使图上能量出的实地最短长度为0.2 m,请确定测图比例尺。

【解】 根据式(6-2),$0.2(\text{m}) = 0.1 \times M(\text{mm})$,得:

模块六　房地产图测绘

$$M=2\,000$$

所以应设定比例尺不得小于 1∶2 000。

二、地物符号与地貌符号

1. 地物符号

为了便于测图和用图，用各种简明、准确、易于判断实物的图形或符号，将实地的地物和地貌在图上表示出来，这些符号统称为地形图图式。地形图图式由国家测绘机关统一制定并颁布，它是测绘和使用地形图的重要依据。表 6-3 所列是国家测绘局颁发的《地形图图式》中的部分常用地物符号。

表 6-3　《地形图图式》中的部分常用地物符号

编号	符号名称	图例	编号	符号名称	图例
1	坚固房屋 4—房屋层数		7	经济作物地	
2	普通房屋 2—房屋层数		8	水生作物地 a. 非常年积水的菱——品种名称	
3	窑洞 a. 地面上的 a1. 依比例尺的 a2. 不依比例尺的 a3. 房屋式窑洞 b. 地面下的 b1. 依比例尺的 b2. 不依比例尺的		9	稻田 a. 田埂	
4	台阶		10	旱地	
5	花圃、花坛		11	灌木林 a. 大面积的 b. 独立灌木丛 c. 狭长灌木丛	
6	草地 a. 天然草地 b. 改良草地 c. 人工牧草地 d. 人工绿地		12	菜地	

续表

编号	符号名称	图例	编号	符号名称	图例
13	高压线		22	公路	沥：砾
14	低压线		23	简易公路	
15	电杆		24	大车路	碎石
16	电线架		25	小路	
17	围墙 a. 依比例尺的 b. 不依比例尺的		26	三角点 a. 土堆上的	张湾岭/156.718 黄土岗/203.623
18	栅栏、栏杆		27	图根点 1. 埋石的 2. 不埋石的	12/275.46 16/175.64 19/84.47
19	篱笆		28	水准点	Ⅱ京石5/32.805
20	活树篱笆		29	旗杆	
21	沟渠 a. 低于地面的 b. 高于地面的 c. 渠首		30	水塔 a. 依比例尺的 b. 不依比例尺的	
			31	烟囱及烟道 a. 烟囱 b. 烟道 c. 架空烟道	砖
			32	气象台(站)	
			33	消防栓	

地物在地形图中是用地物符号来表示的。地物符号按其特点又可分为比例符号、半比例符号和非比例符号三种。有些占地面积较大(以比例尺精度衡量)的地物,如地面上的房屋、桥、旱田、湖泊、植被等可以按测图比例尺缩小,用地形图图式中的规定符号绘出,称为比例符号;而有些地物由于占地面积很小,如三角点、导线点、水准点、水井、旗杆等按比例缩小无法在图上绘出,只能用特定的、统一尺寸的符号表示它的中心位置,这样的符号称为非比例符号;对于有些呈线状延伸的地物,如铁路、公路、管线、河流、渠道、围墙、篱笆等,其长度能按测图比例尺缩绘,但其宽度不能,这样的符号称为半比例符号。

在不同比例尺的地形图上表示地面上同一地物,由于测图比例尺的变化,所使用的符号也会变化。某一地物在大比例尺地形图上用比例符号表示,而在中、小比例尺地形图上则可能就变成非比例符号或半比例符号。

2. 地貌符号

地形图上常用等高线表示地貌。

(1)等高线的定义与原理。等高线是指地形图上高程相等的相邻各点所连成的闭合曲线。

设想用许多平行于水平面且间隔相等的平面去横截一山体,则山体的表面便出现一条弯曲的闭合截口线。同一条截口线位于同一水平面(等高面)上,同一截口线上任何一点的高程是相等的,这种曲线就是等高线。将这些山体上的等高线垂直投影到水平面上,则水平面上便呈现出表示山体的一圈套一圈的等高线图形,将水平面上的等高线依地形图的比例尺缩绘到图纸上,则得到一圈套一圈的等高线图形,这是等高线表示地貌的基本原理。如图 6-2 所示,设想有一山体被高程为 45 m、50 m 和 55 m 的水平面所截,相邻水平面间的高差相同,均为 5 m,每个水平面与山体表面的交线就是与该水平面高程相同的等高线。将这些等高线沿铅垂方向投影到水平面上,并用规定的比例尺缩绘,即得以等高线表示这个山体的图形。这些等高线的形状和高程,客观地显示了山体的空间形态。

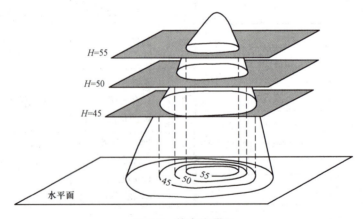

图 6-2　等高线原理

(2)等高距和等高线平距。一般来说,等高线都是由高差相等的水平面截得的,相邻等高线之间的高差称为等高距,也称为基本等高距,用 h 表示。在同一幅地形图上,除一些特殊地形,如太平坦或者太倾斜的地貌外,一般的地貌等高距应该是相同的,地形图的基本等高距 $h=5$ m。测图时选择等高距应依据测图比例尺的大小和测区地貌情况综合考虑而定,比例尺越大,选择的等高距越小,意味着地貌表示得更为详细,外业作业时也要采集更多的地貌特征点,加大了工作量。几种常用比例尺地形图的基本等高距见表 6-4。

表 6-4　常用比例尺地形图的基本等高距　　　　　　　　　　　　　　　m

地形类别	比例尺			
	1∶500	1∶1 000	1∶2 000	1∶5 000
平坦地	0.5	0.5	1.0	2.0
丘陵地	0.5	1.0	2.0	5.0
山地	1.0	1.0	2.0	5.0
高山地	1.0	2.0	2.0	5.0

相邻等高线之间的水平距离称为等高线平距,用 d 表示。等高距 h 与等高线平距 d 对应实地距离的比值就是地面坡度 i,即

$$i = \frac{h}{d \times M} \tag{6-3}$$

由于同一幅地形图中 h 一般是固定不变的,由式(6-3)可知地面坡度 i 与等高线平距 d 成反比。这说明地面坡度较缓的地方,等高线显得稀疏;而地面坡度较陡的区域,等高线显得密集,如图 6-3 所示。因此,根据等高线的疏密可判断地面坡度的缓与陡。

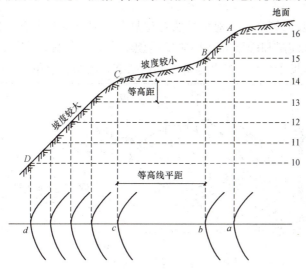

图 6-3　等高线平距与地面坡度的关系

(3)等高线的分类。为了更详尽地表示地貌的特征,地形图常用以下 4 种类型的等高线(图 6-4)。

1)首曲线。在同一幅地形图上,按规定的基本等高距描绘的等高线称为首曲线,也称为基本等高线,用 0.15 mm 宽的细实线绘制。

2)计曲线。为了计算和读图的方便,凡是高程能被 5 倍基本等高距整除的等高线加粗描绘并注记高程,称为计曲线,用 0.3 mm 宽的粗实线绘制。

3)间曲线。为了表示首曲线不能表示的局部地貌，按二分之一基本等高距描绘的等高线称为间曲线，也称半距等高线，用 0.15 mm 宽的长虚线绘制。

4)助曲线。用间曲线还不能表示的局部地貌，可按四分之一基本等高距描绘等高线，称为助曲线，用 0.15 mm 宽的短虚线绘制。

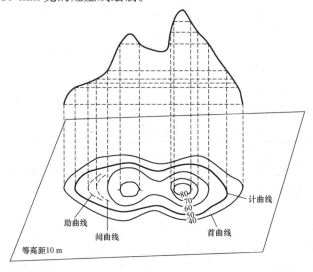

图 6-4　等高线的分类

(4)几种典型地貌的等高线。地貌虽然变化复杂，但分解开来看，都是由山丘、洼地、山脊、山谷、鞍部或陡崖和峭壁等几种典型地貌组成的，如图 6-5 所示。掌握这些典型地貌的等高线特点，有助于分析和判断地势的起伏状态，测绘、应用地形图。

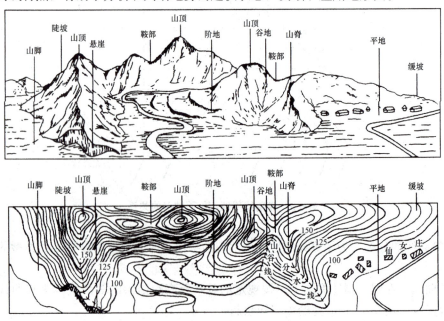

图 6-5　综合地貌及其等高线表示

1)山丘和洼地。四周低下而中部隆起的地貌称为山,矮而小的山称为山丘;四周高而中间低的地貌称为盆地,面积小者称为洼地。山丘和洼地的等高线都是一组闭合曲线。如图 6-6(a)所示,山丘内圈等高线的高程大于外圈等高线的高程;洼地则相反,如图 6-6(b)所示。

2)山脊和山谷。山脊是山体延伸的最高棱线,山脊上最高点的连线称为山脊线,又称为分水线;山谷是山体延伸的最低棱线,山谷内最低点的连线称为山谷线,又称为集水线。如图 6-7(a)所示,山脊的等高线为一组凸向低处的曲线;如图 6-7(b)所示,山谷的等高线为一组凸向高处的曲线。

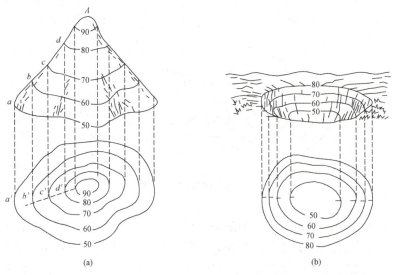

图 6-6 山丘和洼地的等高线
(a)山丘;(b)洼地

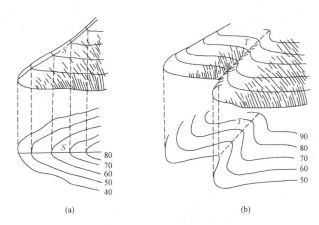

图 6-7 山脊和山谷的等高线
(a)山脊;(b)山谷

山脊线与山谷线统称为地性线,与等高线正交。在工程规划、技术设计中,应考虑地面的水流方向、分水线、集水线等问题,因此,山脊线、山谷线在地形图测绘及应用中具有重要的作用。

3)鞍部。山脊上相邻两山顶之间形如马鞍状的低凹部分称为鞍部。如图6-8所示，鞍部的等高线由两组相对的山脊和山谷的等高线组成，形如两组双曲线簇。

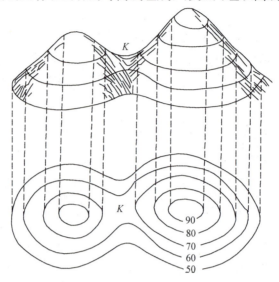

图6-8 鞍部的等高线

4)峭壁和悬崖。峭壁是近于垂直的陡坡，此处不同高程的等高线投影后互相重合，如图6-9(a)所示。如果峭壁的上部向前突出，中间凹进去，就形成了悬崖。悬崖突出部位的等高线与凹进部位的等高线彼此相交，而凹进部位的等高线用虚线勾绘，如图6-9(b)所示。

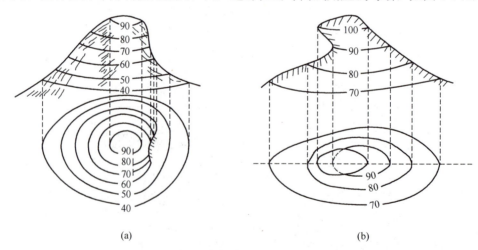

图6-9 峭壁和悬崖的等高线
(a)峭壁的等高线；(b)悬崖的等高线

(5)等高线的特性。
1)在同一等高线上，各点的高程相等。
2)等高线是自行闭合的曲线，如不在本图幅内闭合，则必在相邻图幅内闭合。

3)除在悬崖、峭壁处外，不同高程的等高线不能相交。
4)各等高线间的平距越小则坡度越陡，平距越大则坡度越平缓，各等高线间的平距相同则表示匀坡。
5)等高线通过山脊和山谷时改变方向，且在变向处与山脊线或山谷线垂直相交。

三、地形图应用

1. 地形图阅读

（1）地形图注记的识读。根据地形图图廓外的注记，可全面了解地形的基本情况。例如，由地形图的比例尺可以知道该地形图反映地物、地貌的详略；根据测图的日期注记可以知道地形图的新旧，从而判断地物、地貌的变化程度；从图廓坐标可以掌握图幅的范围；通过接图表可以了解与相邻图幅的关系。了解地形图的坐标系统、高程系统、等高距等，对正确用图有很重要的作用。

（2）地物和地貌的识读。在土木工程中，通过地形图来分析、研究地形，主要是根据地形图图式符号、等高线的性质和测绘地形图时综合取舍的原则来识读地物、地貌。地形图的内容很丰富，主要包括以下内容：测量控制点、居民地、工矿企业建筑、独立地物、道路、管线和垣栅、水系及其附属建筑、境界、地貌及土质、植被等。地形图的识读，可根据以上这10个方面的内容分类研究地物、地貌特征，进行综合分析，从而对地形图表示的地物、地貌有全面、正确的了解。

2. 地形图应用的基本内容

利用地形图，我们可以获取以下主要的信息和相关内容：
(1)确定图上某点的平面坐标。
(2)确定图上直线的长度、坐标方位角和坡度。
(3)确定图上某点的高程。
(4)计算图上图形的面积。具体的方法介绍详见模块七。
(5)按设计线路绘制纵断面图。
(6)按限制坡度在地形图上选线。
(7)确定汇水面积。
地形图其他具体应用的方法可参照相关测绘书籍。

阅读材料

地籍图

地籍图是基本地籍图和宗地图的统称，是房地产管理的专用图。基本地籍图是全面反映房屋及其用地的位置和权属状况的基本图。它是测制宗地图的基础。地籍测量草图是地块和建筑物位置关系的实地记录。在进行地籍要素测量时应根据需要绘制测量草图。宗地草图是描述宗地位置、界址点、界址线和相邻宗地关系的实地记录，是处理土地权属、宗地档案的重要原始资料，应到现场实地绘制，必须长期保存。

1. 基本地籍图的内容

基本地籍图的图面表示应主次分明、清晰易读，在清楚反映地籍要素、必要的建筑物及其占地状况、土地分类界线的原则下，适当反映其他地物要素。具体讲，地籍图的内容分为地籍要素和地物要素。

(1) 地籍要素。

1) 行政界线的内容与要求与房产图一致。

2) 地籍号、地类号、坐落、土地使用单位等应与地籍调查表一致。面积仅在铅笔原图上注出，以 m^2 为单位，注至小数点后两位。每宗地都应注出地籍号和地类号。宗地跨幅时，相邻图幅均应注出。路、街、巷应注名称，宗地内注出门牌号，相连门牌号可跳注，字头向西或西北。宗地内还应注出土地使用单位名称，共用宗地应注出主要使用单位。

3) 宗地界址点与界址线。宗地界址点应正确反映实地情况，界址点应严格位于界址点中心连线上。界址边长小于或等于图上 0.8 mm 时，不绘界址线，在 0.3 mm 与 0.8 mm 之间时，界址点圆圈符号重叠部分不绘出。原图上应注解析界址点，连号可跳注。街坊外围轮廓与最外层宗地的外侧界址线重合时，巷口用虚线连接，以表示出街坊范围。各类线状地物与界址线重合时，只绘界址线。

4) 已完成土地分等定级的区域，应表示土地等级界线。

5) 地籍平面控制点是测定界址点和变更地籍测量的依据，图上应表示其位置、名称、等级、埋石状况。

(2) 地物要素。地籍图的地物要素与房产分幅图的地物要素一致。

2. 地籍测量草图的内容与要求

地籍测量草图的内容与要求应根据测绘方法而定，一般应表示下列内容：

(1) 平面控制点及控制点点号。

(2) 界址点和建筑物角点。

(3) 地籍区、子区与地块的编号及名称。

(4) 土地利用类别。

(5) 通路及水域。

(6) 有关地理名称、门牌号。

(7) 观测手簿中所有未记录的测定参数。

(8) 为检核而量测的线长和界址点间距。

(9) 测量草图符号的必要说明。

(10) 比例尺、精度等级、指北方向线。

(11) 测量日期、作业员签名。

3. 宗地测量草图的内容与要求

宗地测量草图的内容与要求如下：

(1) 本宗地和相邻宗地的宗地号、门牌号，门牌号写在相应的位置上。

(2) 本宗地和相邻宗地的土地使用者全称。

(3) 本宗地界址点、界址点号及界址线，相邻宗地的分隔界址线段及主要临近地物。

(4) 在相应位置注记本宗地的界址边长、界址点与邻近固定地物点的关系距离和条件距离。

(5) 当围墙等线状地物为界址边时，应标明界址点位的"内、中、外"位置。

(6)共用宗地应注出独自使用和共用地段的周围边长,并在相应位置注记。
(7)一宗地内有几种地类的地块,应分别勘丈周围边长,并在相应位置注记。
(8)相应位置上应绘出指北线、比例尺、丈量者签名和标注日期。

单元二　房地产图的基本知识

一、房地产图的分类

　　房地产图是房屋产权、产籍、产业管理的重要资料。房地产图可分为房地产分幅平面图(分幅图)、房地产分丘平面图(分丘图)、房屋分户平面图(分户图)。

　　(1)房地产分幅图。房地产分幅图是以幅为单位绘制,全面反映房屋及其用地的位置、面积和权属等状况的基本图,是测绘分丘图和分户图的基础资料,同时也是房产登记和建立产籍资料的索引和参考资料。

　　(2)房地产分丘图。房地产分丘图是以丘为单位绘制的图。它作为分幅图的局部图,反映本丘内所有房屋及其用地情况、权界位置、界址点、房角点、房屋建筑面积、用地面积、四至关系、权利状态等各项房地产要素,也是绘制房产权证附图的基本图。

　　(3)房地产分户图。房地产分户图是以产权登记户为单位绘制,在房地产分丘图基础上绘制的细部图。它是以一户产权人为单位,表示房屋权属范围的细部图,是根据各户所有房屋的权属情况,分幢或分层对本户所有房屋的坐落、结构、产别、层数、层次、墙体归属、权利状态、产权面积、共有分摊面积及其用地范围等各项房产要素,明确房产毗连房屋的权利界线,作为核发房屋所有权证的附图使用。

阅读材料

测量草图的作用

　　房地产测量草图包括房地产分幅图测量草图和房地产分户图测量草图。房地产分幅图测量草图是地块、建筑物、位置关系和房地产调查的实地记录,是展绘地块界址、房屋、计算面积和填写房产登记表的原始根据。在进行房地产图测绘时,应根据项目的内容绘制房地产分幅图测量草图。房地产分户图测量草图是产权人房屋的几何形状、边长及四至关系的实地记录,是计算房屋权属单元套内建筑面积、阳台建筑面积、共用分摊系数、分摊面积及总建筑面积的原始资料凭证,应存入档案做永久保存。

二、房地产图测绘的范围

　　(1)分幅图的测绘范围。房地产分幅图的测绘范围应与开展城镇房屋所有权登记的范围一致,包括城市、县城、建制镇的建成区和建成区以外的工矿、企事业单位及与其毗连的居民点的房屋测绘。

(2)分丘图的测绘范围。丘是指地表上一块有界空间的地块。一个地块只属于一个产权单元时称独立丘,一个地块属于几个产权单元时称组合丘。有固定界标的按固定界标划分,没有固定界标的按自然界线划分。房产分丘图以房产分区为单元划分,进行实地测绘或利用房产分幅图和房产调查表编绘而成。

(3)分户图的测绘范围。房地产分户图的测绘范围,是以各户的房屋权利范围大小等为一产权单元户,即以一幢房屋、几幢房屋或一幢房屋的某一层中的某一权属单元户为单位绘制而成的分户图。

(4)房产测量草图的测绘范围。房地产测量草图的测绘范围,一般包括房屋用地草图测量、全野外数据采集测量草图和房屋分户草图测绘。

三、房地产图的比例尺

(1)房地产分幅图的比例尺。房地产图的比例根据房产图的不同分类,主要有以下几种:

房地产分幅图视建筑物的疏密程度,一般采用1∶500和1∶1 000两种比例尺。城镇建成区的分幅图一般采用1∶500的比例尺,远离城镇建成区的工矿企事业等单位及与其毗连的居民点采用1∶1 000的比例尺。

(2)房地产分丘图的比例尺。房地产分丘图根据丘的大小一般选择1∶1 000到1∶100之间的比例尺。若分丘图按照分幅图绘制,则可与房地产分幅图比例尺相同。

(3)房地产分户图的比例尺。分户图比例尺一般为1∶200左右,当房屋图形过大或过小时,比例尺可适当放大或缩小。

四、房地产图的精度指标

房地产图的精度主要涉及两方面内容:首先是房地产图上的界址点和房角点相对于邻近控制点的点位中误差;其次是房地产要素点与地物点相对于邻近控制点的点位中误差。

1. 界址点和房角点的精度要求

房地产界址点的精度要求,根据界址点等级的不同,其相对于邻近控制点的点位中误差分别为±0.02 m(一级)、±0.05 m(二级)、±0.10 m(三级)。房角点坐标的精度等级和限差执行界址点的标准。

2. 要素点和地物点的精度要求

全野外采集数据或野外解析测量等方法所测的房地产要素点与地物点,相对于邻近控制点的点位中误差应不超过±0.05 m;模拟方法测绘的房产分幅平面图上的地物点,相对于邻近控制点的点位中误差应不超过图上±0.5 mm;利用已有地籍图、地形图编绘房地产图时,地物点相对于邻近控制点的点位中误差应不超过图上±0.6 mm;采用已有坐标或由图件展绘成房地产分幅图时,展绘误差应不超过图上±0.1 mm。

阅读材料

房产图的特点

房产图与大比例尺地形图类似，但由于两者的作用和所表达内容的侧重不同，其有自己的特点，主要有以下几个方面：

(1)房产图是平面图，只要求平面位置准确，一般不表示高程，不绘等高线。

(2)房产图对房屋及与房屋、房产有关的要素，要求比其他图种要详细得多。例如房屋，不但要表示结构性质，还要表示出层次、用途及建成年份等。

(3)房产图的房屋及房屋的权属界线和用地界线等的表示，精度要求比较高。

(4)为了能清楚地表示处所需的内容，房产图的比例尺均比较大。一般为1∶1 000、1∶500，甚至更大比例尺。比例尺的大小主要根据测区内房屋的稠密程度而定。

(5)房产图的变更较快，除了城镇新建筑在不断发展和扩大外，其建成区的房屋及土地使用情况也在不断变化，例如房屋发生买卖、交换、继承、新建、拆除等。这些变更对房产图来说都是变化，都要及时补测和修改，以确保其应有的现势性。

五、房地产图的分幅与编号

1. 房地产图分幅图的分幅与编号

为了适应数据管理的要求和与国家标准规定的协调一致性，房地产图的分幅统一采用50 cm×50 cm的分幅图分幅规格。房地产分丘图和分层分户图没有分幅的问题。

国家标准《房产测量规范 第1单元：房产测量规定》(GB/T 17986.1—2000)采用和点的编号一样的数码形式的编号方法，这种编号代码由编号区代码加图幅代码组成。编号区代码和点的编号区代码相同，以高斯投影坐标的整千米格网为一个编号区；编号区的代码以千米格网西南角格网点的横、纵坐标的整千米值表示。1∶2 000、1∶1 000、1∶500比例尺的房产分幅图、地籍图、地形图的编码用两位数的数字代码表示，类似于二级代码形式。现以带晕线的图幅为例，举例说明如下(图6-10)。

当分幅图的比例尺为1∶2 000时，一个分幅图的范围正好是一个千米格网，长宽均为1 km，此时分幅图的代码以"00"表示，如图6-10(a)所示。将千米格网等分为4个格网，其格网边长均为500 m，此时正好是4幅1∶1 000比例尺的分幅图，将"00"一分为4，分为"10""20""30""40"四个1∶1 000比例尺分幅图的代码，如图6-10(b)所示。再将1∶1 000比例尺分幅图(0.5 km格网)各等分为4个格网，其格网边长均为250 m，此时这些格网(0.25 km格网)为1∶500比例尺的分幅图，分别将它们一分为4，将"10"分割成"11""12""13""14"；将"20"分割成"21""22""23""24"；将"30"分割成"31""32""33""34"；将"40"分割成"41""42""43""44"，共16幅1∶500比例尺的分幅图，如图6-10(c)所示。这样在1个千米格网范围内，这三种比例尺分幅图的代码都是固定不变的，第1位数表示1∶1 000的分幅图的比例尺及其在千米格网中的位置；第2位数表示1∶500的分幅图的比例尺及其在1∶1 000分幅图中的位置。这些代码的数值代表着不同分幅图的比例尺和其所在的相对位置，它们都是固定不变的，而变化的是编号区，即千米格网的代码。

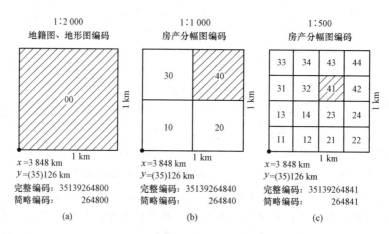

图 6-10　分幅图编码方法
(a)比例尺 1∶2 000；(b)比例尺 1∶1 000；(c)比例尺 1∶500

千米格网的代码即分幅图编号区的代码，以千米格网的西南角格网角点的横纵坐标表示，共 9 位数。第 1、2 位数代表高斯－克吕格投影带的带号(任意带投影时为代号)；第 3 位数为横坐标的百千米数；第 4、5 位数为纵坐标的千千米和百千米数；第 6、7 位数为横坐标的十千米数与千米数；第 8、9 位数为纵坐标的十千米数与千米数。现举例说明，如图 6-11 所示。省略前 5 位数，取最后 4 位数，即为编号区的简略编码，它主要用于一个城市(镇)的实际工作中，在数据库中则使用完整编码。

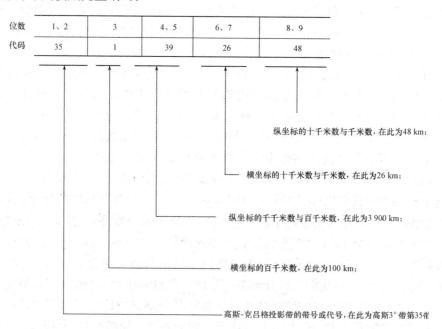

图 6-11　分幅图编号区的代码

2. 房地产分丘图的编号

丘的编号按市、市辖区(县)、房产区、房产分区、丘五级编号。房产区是以市行政建制区的街道办事处、镇(乡)的行政辖区,或房地产管理划分的区域为基础划定的,根据实际情况和需要,可以将房产区再划分为若干个房产分区。

丘的编号格式如下:

市代码＋市辖区(县)代码＋房产区代码＋房产分区代码＋丘号
(2位)　　　(2位)　　　　(2位)　　　　(2位)　　　(4位)

市、市辖区(县)的代码采用《中华人民共和国行政区划代码》(GB/T 2260—2007)规定的代码。

房产区和房产分区均以两位自然数字从01至99依序编列；当未划分房产分区时,相应的房产分区编号用"01"表示。

丘的编号以房产分区为编号区,采用4位自然数字从0001至9999编列,以后新增丘接原编号顺序连续编立。

丘的编号从南至北、从西至东以反S形顺序排列。

另外,在一丘内有多幢房屋和多种产权性质时,应编立幢号和房产权号。其中,幢号以丘为单位,自进大门起,从左到右,从前到后,用数字1、2、…顺序按S形编号,幢号注在房屋轮廓线内的左下角,并加括号表示。房产权号根据产权性质的不同,分别用不同标志符号表示,并加编在幢号后。在他人用地范围内所建房屋,加编标志符号"A"；多户共有的房屋,加编共有权号"B"；房屋所有权上为典权人设的权利,应加编典权号"C"；在房屋所有权上为抵押权人所设的权利,则应加编抵押权号"D"。

3. 房地产分户图的编号

房地产分户图是在分丘图基础上绘制的细部图,是以一户产权人为单位表示房屋权属范围的详图,因此分户图上房屋的丘号、幢号应与分丘图上的编号一致。

单元三　房地产图测绘内容

一、房地产分幅图的测绘内容和表示方法

分幅图应表示的内容包括控制点、行政境界、丘界、房屋及附属设施和房屋围护物、丘号、幢号、房产权号、门牌号、房屋产别、结构、层数、房屋用途和用地分类,以及与房产有关的地形要素和注记等。

分幅图采用50 cm×50 cm正方形分幅,其图纸采用厚度为0.07～0.10 mm经定型处理、变形率小于0.02%的聚酯薄膜。

1. 控制点

平面控制点包括Ⅰ、Ⅱ、Ⅲ等基本控制点和房产平面一、二、三级控制点。这些点都是测图的测站点,应精确地将其展绘在图上。

2. 行政境界

行政境界一般只表示区、县和镇的境界线,街道办事处或乡的境界根据需要表示。境

界线重合时，用高一级境界线表示。境界线与丘界线重合时，用丘界线表示。境界线跨越图幅时，应在内外图廓间的界端注出行政区划名称，其符号如图6-12所示。

3. 丘界

丘界包括界址点、丘界线和丘号，以及丘的用地用途分类代码。对于明确无争议的丘界线用丘界线表示，有争议或无明显界线又提不出凭证的丘界线用未定丘界线表示。丘界线与房屋轮廓线或单线地物线重合时用丘界线加粗表示，如图6-12所示。

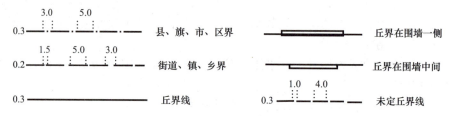

图6-12 行政境界和丘界

4. 房屋权界线

房屋权界线的核心是墙体的归属，即把共有墙、自有墙和借墙分别进行表示。它的产权归属以"权属指示线"表示。权属指示线为线粗0.15 mm、线长1.00 mm的一短直线。直线起于房屋权界线，垂直于房屋权界线，并指向产权所有人一方。在房屋权界线上，每隔1~2 cm画一"权属指示线"，有的也用一条边居中平均画3条短线表示。权属以栅栏、栏杆、篱笆、铁丝网为界时，其产权归属也在相应界线上用"权属指示线"表述，如图6-13所示。

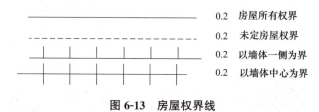

图6-13 房屋权界线

5. 房屋

房屋是指有承重支柱、顶盖和四周有围护墙体的建筑，包括一般房屋、架空房屋和窑洞等。房屋应分幢测绘，以外墙勒脚以上外围轮廓为准。

墙体凹凸小于图上0.2 mm，以及装饰性的柱、垛和加固墙等均不表示；临时性的过渡房屋和活动房屋不表示；同幢房屋层数不同的，应测绘出分层线，分层线用虚线表示，如图6-14所示。

（1）一般房屋。一般房屋不分种类和特性，均用实线绘出，轮廓线内需注明产别、建筑结构、层数和幢别，如图6-14所示。

（2）架空房屋。架空房屋是指底层架空，以支撑物做承重的房屋。其架空部分一般为廊房、骑楼、过街楼、水榭等。架空房屋以房屋外围轮廓投影为准，用虚线表示，虚线内四角加绘小圆表示支柱。轮廓线内也应和一般房屋一样注记相同的内容，如图6-15所示。

模块六 房地产图测绘

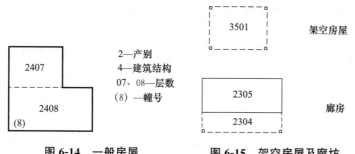

图 6-14 一般房屋　　图 6-15 架空房屋及廊坊

(3) 窑洞。窑洞是指在坡壁上挖成洞供人使用的场所。窑洞只测绘住人的，符号绘在洞口处，如图 6-16 所示。

6. 房屋附属设施

房屋附属设施包括柱廊、檐廊、架空通廊、底层阳台、门廊、门楼、门、门墩和室外楼梯，以及和房屋相连的台阶等。

(1) 柱廊以柱的外围为准，图上只表示四角或转折处的支柱。

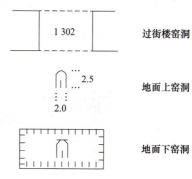

图 6-16 窑洞

(2) 底层阳台以底板投影为准。

(3) 门廊以柱或围护物外围为准，独立柱的门廊以顶盖投影为准。

(4) 门顶以盖投影为准。

(5) 门墩以墩的外围为准。

(6) 室外楼梯以水平投影为准，宽度小于图上 1 mm 的不表示。

(7) 与房屋相连的台阶按水平投影表示，不足五阶的不表示。

7. 房屋围护物

房屋围护物包括围墙、栅栏、栏杆、篱笆和铁丝网等，均应表示，其符号的中心线是实施物体的中心位置。其他围护物根据需要表示。临时性或残缺不全的和单位内部的围护物不表示。

8. 房产要素和编号

房产要素和房产编号包括丘号、房产区号、房产分区号、丘支号、幢号、房产权号、门牌号、房屋产别、结构、层数、房屋用途和用地分类等，根据调查资料以相应的数字、文字和符号表示。当注记过密容纳不下时，除丘号、丘支号、幢号和房产权号必须注记、门牌号可首末两端注记、中间跳号注记外，其他注记按上述顺序从后往前省略。

9. 地形要素

与房产管理有关的地形要素包括铁路、道路、桥梁、水系和城墙等，均应表示。亭、塔、烟囱、水井、停车场、球场、花圃、草地等可根据需要表示。

(1) 铁路以两轨边缘为准；道路以路缘为准；桥梁以外围投影为准；城墙以基部为准；沟、渠、水塘、游泳池等以坡顶为准；其中水塘、游泳池等应加简注。

(2) 亭以柱的外围为准；塔、烟囱和罐以底部外围轮廓为准；水井以井的中心为准；停车场、球场、花圃、草地等以地类界线表示，并加注相应符号或简注。

10. 地理名称注记

地名的总名与分名应用不同的字级分别注记。同一地名被线状地物和图廊分割或者不能概括大面积和延伸较长的地域、地物时，应分别调注。单位名称只注记区、县级以上和使用面积大于图上 100 cm² 的单位。

11. 图廊整饰

分幅图、分丘图上每隔 10 cm 展绘坐标网点，图廊线上坐标网线向内侧绘 5 mm 短线，图内绘 10 mm 的十字坐标线。分幅图上一般不注图名，如注图名时图廊左上角应加绘图名结合表。采用航测法成图时，图廊左下角应加注航摄时间和调绘时间。

【案例 6-1】房屋分幅图（图 6-17）

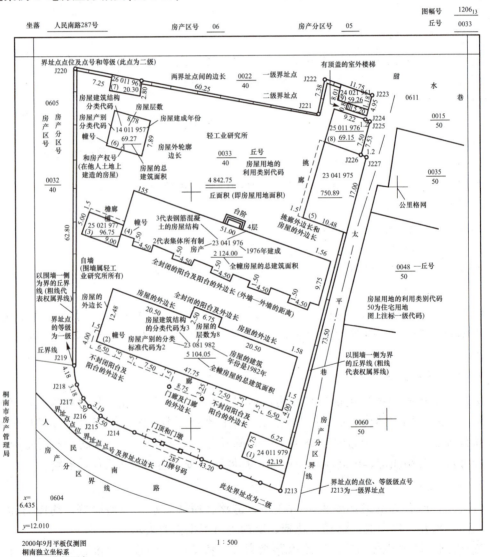

图 6-17　房屋分幅图

二、房地产分丘图的测绘内容和表示方法

分丘图是分幅图的局部图,是绘制房屋产权证附图的基本图,它的坐标系统应与分幅图的一致。分丘图上除表示分幅图的内容外,还应表示房屋权界线、界址点点号、窑洞使用范围、挑廊、阳台、建成年份、用地面积、建筑面积、墙体归属和四至关系等各项房地产要素。

1. 分丘图的技术要求

(1)展绘图廓线、方格网和控制点的各项误差不超过表 6-5 的规定。

表 6-5　图廓线、方格网、控制点的展绘限差　　　　　　　　　　　　　mm

仪器	方格网长度与理论长度之差	图廓对角线长度与理论长度之差	控制点间图上长度与坐标反算长度之差
仪器展点	0.15	0.2	0.2
格网尺展点	0.2	0.3	0.3

(2)分丘图的幅面可在 787 mm×1 092 mm 的 1/32～1/4 范围选用,其图纸一般采用聚酯薄膜,也可选用其他材料。

2. 权属要素

(1)界址点。界址点的编号以图幅为单位,按丘号的顺序,顺时针统一编制。界址点按精度可分为 3 个等级,在图上分别用不同的符号表示,并注记点号,点号前冠以英文字母"J"。

(2)房屋权界线及墙体归属。房屋权界线是组合丘内,毗连一起的不同产权人房屋之间的权属界线。

如图 6-18 所示,毗连房屋的墙体属于一户所有时,在房屋权界线的一侧,绘制短线,短线朝向哪一侧,就表示墙体归属哪一方;毗连房屋的墙体属于双方共有时,短线分别朝向毗连的双方,表示共有墙;当房屋权界线有争议或权属界线不明时,用未定房屋权界线表示。

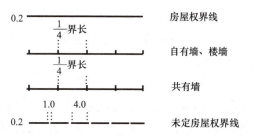

图 6-18　房屋权界线及墙体归属

3. 房屋位置和形状

(1)阳台。在分幅图中只表示不封闭的底阳台,在分丘图中除这种阳台要表示外,还应表示二层以上封闭的或不封闭的凸阳台。如图 6-19 所示。

(2)挑廊。挑廊是指挑出房屋墙体外,有围护物,无支柱的架空通道。按外围投影测绘,用虚线表示,内加简注"挑"。如图 6-20 所示。

(3)窑洞使用范围。窑洞除表示洞口及平底坑的位置和形状外,还应表示窑洞的使用范围,窑洞的使用范围量至洞壁内侧,如图 6-21 所示。

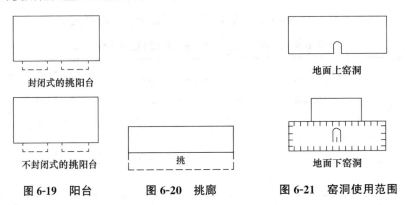

图 6-19 阳台　　图 6-20 挑廊　　图 6-21 窑洞使用范围

4. 建成年份

房屋建成年份是指房屋实际竣工年份。拆除翻建者,应以翻建竣工年份为准。房屋建成年份取其后两位数表示,例如 2021 年用"21"表示。在图上将这两位数字注记在房屋层数的右侧。

5. 四至关系

为了更清楚地表示本丘的相对位置及与周围权属单元的关系,在测绘本丘的房屋和用地时,应适当测绘出四周一定范围内的主要地物,并将其主要房产要素如单位名称、丘号等标注出来。

三、房地产分户图的测绘内容和表示方法

分户图是在分丘图基础上绘制的细部图,以一户产权人为单位,表示房屋权属范围的细部图,以明确异产毗连房屋的权利界线供核发房屋所有权证的附图使用。分户图表示的主要内容包括房屋权界线、四面墙体的归属和楼梯、走道等部位,以及门牌号、所在层数、户号、室号、房屋建筑面积和房屋边长等。

1. 技术要求

(1)分户图的幅面可选用 787 mm×1 092 mm 的 1/32 或 1/16 等尺寸。

(2)分户图的方位应使房屋的主要边线与图框边线平行,按房屋的方向横放或竖放,并在适当位置加绘指北方向符号。

(3)分户图上房屋的丘号、幢号应与分丘图上的编号一致。房屋边长应实际丈量,注记取至 0.01 m,注在图上相应位置。

2. 分户图上的文字注记

(1)房屋产权面积包括套内建筑面积和共有分摊面积,标注在分户图框内。
(2)本户所在的丘号、户号、幢号、结构、层数标注在分户图框内。
(3)楼梯、走道等共有部位须在范围内加简注。

单元四　房地产图的测绘

一、测绘前的准备工作

在进行房产图正式测绘之前应认真做好各项准备工作,包括资料的搜集、仪器和图纸工具的准备、方格网的绘制和控制点的展绘等工作。

1. 资料的搜集

测图前应搜集有关测区的自然地理和交通情况资料,了解委托方对所测房地产图的专业要求,搜集和抄录各级平面和高程控制点的成果资料,并对其进行仔细核对。测图前还应取得并组织测绘人员学习有关测量规范、图式和技术指标书等。

2. 仪器和图纸工具的准备

测绘前首先应对用于房地产图测绘的平板仪、水准仪和经纬仪等仪器工具进行检定并取得计量鉴定证书,每次测图前必须进行细致的检查和必要的校正,并做好记录。

房地产图测绘一般选用打毛的聚酯薄膜半透明图纸,厚度为 0.07～0.10 mm,经热定型处理后,伸缩率应小于 0.02%。采用聚酯薄膜测图时,可用透明胶带纸粘贴或铁夹固定。为了能够看清薄膜上的线条,最好在薄膜下垫一张浅色薄纸。聚酯薄膜图纸在使用保管时,应注意其易燃、易变形且怕折的特性。测图用的标准图幅一般为正方形图幅,其大小为 50 cm×50 cm。有时也用矩形图幅,其尺寸大小为 40 cm×50 cm。成张的聚酯薄膜图纸一般都已绘制成 10 cm×10 cm 见方的方格网,可直接用于测图。若用白纸测图则应绘制方格网。

3. 方格网的绘制

(1)如图 6-22 所示,在正方形或矩形图纸上,首先用直尺绘出两条对角线 AC 和 BD,两对角线的交点为 O 点。

(2)以 O 点为圆心、适当长度为半径,分别在直线的两端画短弧,得 A、B、C、D 点,用直尺将 4 点连接成矩形 $ABCD$。

(3)分别以 A、B 为起点,沿 AD、BC 边每 10 cm 截取分点,得 $1'$、$2'$、$3'$、$4'$、$5'$;再以 A、D 为起点,在 AB、DC 上每隔 10 cm 截取分点,得 $1'$、$2'$、$3'$、$4'$、$5'$。

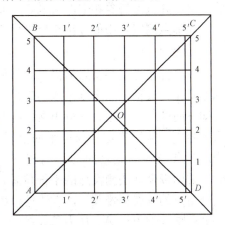

图 6-22　对角线法绘制坐标格网

(4)将矩形对边上相应的点连接起来,就得到 50 cm×50 cm 的方格网。应用此法还可以绘制 40 cm×40 cm、40 cm×50 cm 的方格网。

为确保方格网的交点要求,方格网绘制完毕后,应对边长和对角线进行检查。具体要求包括方格网边长与理论长度(10 cm)之差不能超过 0.2 mm;图廓边长及对角线长度误差不得超过 0.3 mm;纵横坐标线应严格正交,对角线上各点应在同一直线上,其误差应小于 0.3 mm;方格网线粗不得超过 0.1 mm。

4. 控制点的展绘

展绘图廓点和控制点就是把控制点依照坐标及测图比例尺展绘到具有坐标方格网的图纸上。首先,在已绘好的坐标方格网纵横线两端注记出相应的坐标值,如图 6-23 所示,然后根据控制点的坐标展绘点的位置。

展点时首要确定该点所在的方格。如图 6-23 所示,设控制点 A 的坐标 $x_A = 661.37$ m,$y_A = 1\ 213.17$ m,起点 A 的位置在 $efnm$ 方格内,用比例尺自 e 和 f 点向上量 61.37 m,得 a、b 两点;自 e 和 m 点向右量 13.17 m,得 c、d 两点,连接 a 点和 b 点、c 点和 d 点,线 ab 和 cd 的交点即为 A 点。

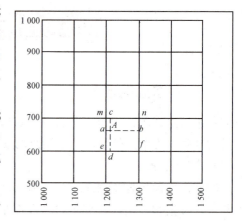

图 6-23 展绘控制点

图幅内的所有控制点展绘完成后,必须进行认真的检查,检查的方法是用比例尺量取各相邻控制点间的距离,然后与相应的实际距离比较,最大误差不得超过图上的 0.3 mm,否则应重新展绘。

展绘检查合格后,应用小针刺点位,针孔大小不得大于图上的 0.1 mm。控制点点位确定后,按相关规定绘制和注记点号,并根据需要注记控制点的等级和高程。

二、碎部点的测量方法

碎部点测量就是在图幅内的控制点上安置仪器,并测定其周围的房屋及其用地的碎部点的平面位置,把碎部点在图纸上标定出来,这样展绘在图纸上的地物,就是依据实际地物所绘,并且保持着相似的关系,从而测绘出房地产图。

碎部点测定常用的方法有极坐标法、直角坐标法、方向交会法、距离交会法。

1. 极坐标法

极坐标法是以测站点为极点,过测站点的某已知方向作为极轴,测定测站点与碎部点连接方向与已知方向的水平夹角,并量出测站点与碎部点间的水平距离,从而确定碎部点平面位置的一种方法。当已知点与碎部点之间的距离较近,且便于量距时,常用极坐标法测设点的平面位置。近年来,由于全站仪的发展和普及,该方法的应用十分普遍。

在图 6-24 中,A、B 为已知控制点,碎部点 P

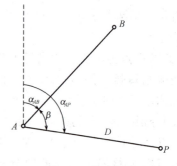

图 6-24 极坐标法

的位置可由控制点 A 到 P 点的距离 D 和 AB 与 AP 之间的夹角 β 来确定。测定方法如下：

以 A 点为极点，在此点安置经纬仪，对中、整平后照准 B 点，测定角度 β 得 AP 方向，并沿 AP 方向测出测站点 A 至碎部点 P 的水平距离 D，即可按照测图比例尺在图上绘出该点的平面位置。

测定数据计算：

$$\begin{cases} \alpha_{AB} = \tan^{-1} \dfrac{y_B - y_A}{x_B - x_A} \\ \alpha_{AP} = \tan^{-1} \dfrac{y_P - y_A}{x_P - x_A} \\ \beta = \alpha_{AP} - \alpha_{AB} \\ D = \sqrt{(x_P - x_A)^2 + (y_P - y_A)^2} \end{cases} \quad (6\text{-}4)$$

阅读材料

测站点的补充

在极坐标法作业时，应充分利用等级和图根控制点作为测站点。为了测量方便，经常需要补充测站点。但在任何情况下，都不得用补充的测站点做大面积控制。为了保证补充测站的精度和可靠性，较常用的是支导线法和自由设站法。这里重点叙述自由设站法。

自由设站法也是一种非常方便的补充测站点的方法。特别是利用全站型速测仪作业时，选择一个方便的地方设站，测量测站点到附近控制点的距离和水平角，用边角后方交会的方法，在现场直接解算测站点的坐标和定向角后，便可接着用极坐标法测定界址点和细部点。如果使用计算器或便携式计算机，在现场可进行平差计算，评定观测结果的精度，随时增加观测值。这种方法速度快，方便灵活，被测绘工作者越来越多采用。

2. 直角坐标法

直角坐标法是以两已知测站点的连线为基边，测出碎部点至基边的垂直距离和垂足至一测站点的距离，从而确定出碎部点的图上位置。

如图 6-25 所示，A、B 为两已知控制点，仪器测得碎部点 P 到 AB 连线的水平距离为 d，垂足为 N，再量出 N 至 A 的水平距离为 q。作图时即可按测图比例尺在图上绘出碎部点 E。直角坐标法适用距离较易丈量的平坦地区。

3. 方向交会法

方向交会法是由两个已知角度交会出碎部点的位置。在通视条件良好、测绘目标明显但不便立尺的地物点，如烟囱、水塔等处时常采用这一方法。

如图 6-26 所示，A、B 为两已知控制点，要测定该两点附近的碎部点 P，具体方法如下：

在 A 点安置经纬仪，以 AB 为起始方向，测出 AP 的角度值 α；B 点安置经纬仪，以 BA 为起始方向，照准同一点 P，测出 BP 的角度值 β，然后在图纸上分别以 α 和 β 做出两条方向线 AP 和 BP，两方向线的交点即为 P 点在图上的位置。

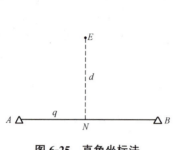

图 6-25 直角坐标法 　　　图 6-26 角度交会法

测定数据计算公式如下：

$$\begin{cases} \alpha_{AB} = \tan^{-1}\dfrac{y_B - y_A}{x_B - x_A}, & \alpha_{BA} = \tan^{-1}\dfrac{y_A - y_B}{x_A - x_B} \\ \alpha_{AP} = \tan^{-1}\dfrac{y_P - y_A}{x_P - x_A}, & \alpha_{BP} = \tan^{-1}\dfrac{y_P - y_B}{x_P - x_B} \\ \alpha = \alpha_{AB} - \alpha_{AP}, & \beta = \alpha_{BP} - \alpha_{BA} \end{cases} \quad (6\text{-}5)$$

4. 距离交会法

距离交会法是根据两段已知距离交会出碎部点的平面位置。

如图 6-27 所示，设 A、B 为已知控制点，用距离交会法测设出屋角 1、2、3 点的平面位置。

首先分别量出 A1、A2、A3 与 B1、B2、B3 的水平距离，再按测图比例尺在图上用圆规交会出所测房屋的位置。距离交会法适用于测绘隐蔽地区或建筑物群中的一些通视困难的地物点，但碎部点与控制点间的距离一般不应超过一尺段长度。

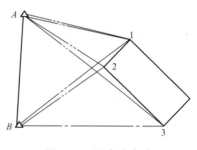

图 6-27 距离交会法

三、房地产图的绘制方法

1. 平板仪测量成图

平板仪测量是指大平板仪（或小平板仪）配合皮尺量距测量。平板仪测量成图通常包括大平板仪测绘法、经纬仪配合小平板仪测绘法、经纬仪配合小平板与半圆仪法、光电测距仪配合小平板仪法。

用平板仪测图时，测站点点位精度相对于邻近控制点的点位中误差不超过图上±0.3 mm。当现有控制不能满足平板测图控制时，可布设图根控制。

图根控制点相对于起算点的点位中误差不超过图上±0.1 mm，其在测站上的对中偏差不超过图上 0.5 mm，测图板的定向线长度不小于图上 6 cm，并用另一点进行检校，检校偏差不超过图上 0.3 mm。采用图解交会法测定测站点时，前、侧方交会不得少于 3 个方向，交会角不得小于 30°或大于 150°，前、侧方交会的示误三角形内切圆直径应小于图上 0.4 mm。采用交会法测定地物点时，前、侧方交会的方向不应少于 3 个，其长度不超过测板定向距离。

在平板仪测量中，测站点至界址点和地物点的最大视距或尺量距离应符合如下规定：1∶500 测图，最大长度不超过 50 m；1∶1 000 测图，最大长度不超过 75 m；当采用测距仪测距时，距离可适当放长。

在平板仪测量成图中，原图的清绘整饰根据需要和条件可采用着色法、刻绘法。各项房产要素必须按实测位置或底图位置准确着色（刻绘），其偏移误差不超过图上 0.1 mm。各种注记应正确无误，位置恰当，不压盖重要地物。着色线条应均匀光滑、色泽饱满，刻绘线划应边缘平滑、光洁透亮，线画粗细、符号应符合图式规格和复制的要求。

平板仪测量成图的作业流程如图 6-28 所示。

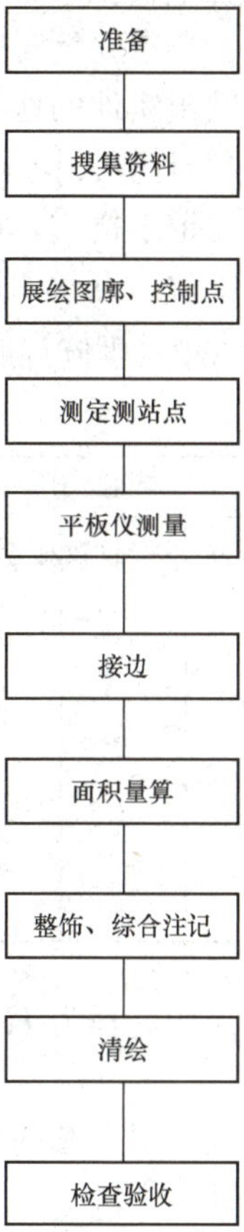

2. 经纬仪测绘房产图

经纬仪测绘房产图是根据极坐标法确定碎部点点位的一种测图方法。如图 6-29 所示，A、B 为实地上的两控制点，其展绘在图纸上为 a、b，碎部点 1 为实地上的房角点。首先在 A 点安置经纬仪，测定连线 AB 与 $A1$ 所夹的水平角 α、$A1$ 的水平距离 D_{A1}。然后根据水平角 α、水平距离 D_{A1}，按照极坐标法确定碎部点平面位置的方法，在图上确定点 1 的平面位置。

该方法测图的野外工作的分工主要有观测、记录与计算展绘碎部点。

（1）观测。观测员首先在测站上安置仪器，量取仪器高 i 并对仪器置零。松开经纬仪照准部，使望远镜照准立尺员竖立在碎部点上的标尺，读取尺间隔和中丝读数，然后读出水平度盘读数和竖直度盘读数。读数时，除尺间隔需要读至毫米外，仪器高、中丝读数读至厘米，水平角读至分。一般观测 20～30 个碎部点后应检查起始方向有无变动。对碎部点的观测只需要一个镜位。

图 6-28　平板仪测量成图的作业流程

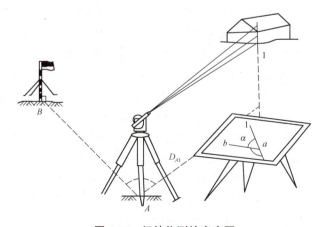

图 6-29　经纬仪测绘房产图

观测过程中，立尺员应根据地形情况，参照测图的综合取舍要求，选择地物、地貌的特征点立尺。选点立尺时要考虑到测图比例尺和地形的具体情况，既要使立尺点最少，又要逼真地反映出实地的地物和地形，必要时，还要绘制草图供绘图时参考。

(2)记录与计算。记录员认真听取并回报观测员所读数据，然后记入碎部测量手簿。碎部测量无固定记录格式，可根据自己的习惯，编制方便使用的记录表格，表格内容均应包含水平角、上丝、下丝、视距、平距、竖盘读数、竖直角、中丝、初算表格高差、高程等栏目。表 6-6 是一种碎部测量记录手簿。

表 6-6 碎部测量记录手簿

测站：A		后视：B		仪器高：$i=$			测站高程：$H_B=$			
点号	尺间隔 l/m	中丝读数 v/m	竖盘读数 L	竖直角 α	初算高差 h'/m	$i-v$ m	高差 h/m	水平角 β	水平距离 /m	高程/m	备注
1											
2											
3											
4											
5											

设测站点的高程为 H_0，初算高差为 h'，仪器为 i，中丝读数为 v，则碎部点的高程为
$$H=H_0+h'+i-v$$

一般情况下房产图的测绘不要求测绘高程，根据实际需要，如果不需要测设高程，可免去上述计算。

(3)展绘碎部点。展绘碎部点一般采用半圆仪展点法，半圆仪就是专用的大型量角器，如图 6-30 所示，直径长度约为 25 cm，其圆心处有一小孔，半圆仪在直径上有毫米刻划，每 1 cm 处有注记，圆心为零，由圆心向两边增加，其圆心两边的注记分别为红、黑两色。半圆仪圆周上的最小分划值一般为 20′或者 30′，其刻划线有两圈都为逆时针增加的注记，外圈为 0°～180°，内圈 180°～360°，每 10°有注记，且内外两圈注记也分别为红、黑两种颜色。每次测站时应在旁边安置绘图板，绘图员在每个测站上应面向北方，这样可以使图纸的南北、东西方向与实地相对应，便于绘图时对照。然后画上后视方向线就可以用半圆仪展点。

如图 6-30 所示，设点 m、n 为两图根点 M、N 的平面位置，连接 m 点和 n 点为起始方向线。展绘碎部点时，绘图员将量角器的圆心小孔，用细针穿过半插入图板上的图根点 a，再垂直插在图纸的测站点上，根据观测员所报的水平盘读数，转动量角器，将量角器上相应的该读数值对准零方向线，此时量角器的直线边所指的方向就是图上测站点与碎部点的连线方向。

若测得 M 至碎部点 P 的水平距离为 43.7 m，水平角值为 44°30′（测图比例尺为 1∶1 000），转动量角器使起始方向线 mn 对准 44°30′（小于 180°的外圈黑色数字注记），此时，量角器圆心至 0°一端的连线，即为测站至碎部点的方向线，在此方向线上沿分划边缘注记的 43.7 的分划处，用细铅笔尖标出一点，则该点即为碎部点 P 在图上的平面位置 m，如图 6-30 所示。若该碎部点还需要标出高程，则在该点右侧，按地形图式要求注上高程。

若在图根点 M 上又测得另一点 Q 的水平距离为 37 m，水平角值为 330°30′，转动量角器，使其起始方向线 mn 对准 330°30′（大于 180°的红色内圈数字），在量角器直径 180°一端分划边缘

注记 37 的分划处用细铅笔尖标出一点 δ，即为碎部点 Q 的图上位置，如图 6-30 所示。

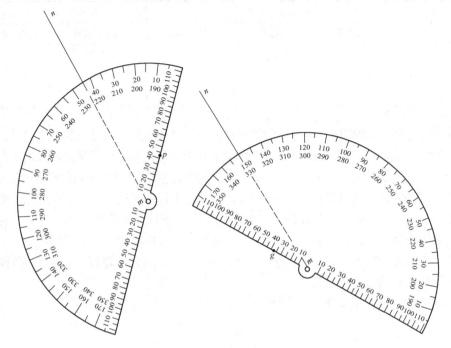

图 6-30　半圆仪展绘碎部点

当碎部点的方向确定之后，绘图员应按测图比例自圆心沿碎部点方向截取测站点至碎部点的水平距离，展绘出碎部点，并在靠近点位的右侧标注高程。

检查无误后，及时把应该相连的线，如房屋的外轮廓线、山脊线、山谷线、通路边线、河岸线等，徒手轻轻连接，形成草图。碎部测量时，在每一个测站观测完毕后，绘图员还应及时将本站所测绘的图形与实际对照一下，如有漏测、测错、绘错的地方要加以补测和纠正后再迁站。

3. 航摄像片采集数据成图

航摄像片采集数据成图简称航测成图，是利用各种航空测量仪器量测或采集的成图数据，通过计算机处理，生成绘图数据文件，再将此文件转换成图形，显示在屏幕上对照调绘片进行检查修改。对影像模糊的地物、被阴影或树林遮盖的地物及摄影后新增的地物等，应到实地检查补测，待准确无误后，才可通过绘图仪按所需的比例尺绘出符合规定的房地产分幅图。

航测成图一般可采用精密立体测图仪测图、解析测图仪测图，也可采用纠正仪或正射投影仪制作影像图。目前，航测成图的常用方法有综合法、微分法和全能法，后两种统称立体测图法，也称立体成图。

像片上的控制点可采用全野外布点法施测，也可以通过解析法进行空中三角测量加密，即电算加密法进行加密。在进行全野外布点测量时，除了按航测的具体要求外，还要按房产控制测量的要求进行工作。当采用电算法加密时，加密点对于邻近野外控制点的点位中误差和高程中误差不得大于表 6-7 的规定。

表 6-7　电算法加密的限差要求

地籍图比例尺	加密点高程中误差/m			加密点平面中误差/m	
	平地、丘陵地	山地	高山地	平地、丘陵地	山地、高山地
1∶2 000	±0.5	±1.2	±1.8	±0.7	±1.00
1∶1 000	±0.5	±0.7	±1.5	±0.35	±0.5
1∶500	—	±0.5	±0.7	±0.18	±0.25

在使用解析测图仪测图时，装片后应输入仪器类型及相关作业参数。相对定向后，各点的残余上下视差不得大于 0.008 mm，绝对定向的平面误差和绘图桌定向的平面误差均不得大于图上的 0.3 mm，山地、高山地放宽至 0.4 mm。高程定向误差不得大于加密点的高程中误差。

当使用精密立体测图仪测图时，测绘范围不得大于控制点连线外 1 cm，且离像片边缘不得小于 1 cm 或 1.5 cm。相对定向后，各点的残余上下视差不得大于 0.2 mm，主点附近不应有残余上下视差。绝对定向后，平面对点误差平地、丘陵地不得大于图上 0.4 mm，最大不超过 0.5 mm，山地、高山地不得大于图上 0.5 mm，最大不超过 0.6 mm。高程定向误差不得大于加密点的高程中误差。

航测成图的工作流程如图 6-31 所示。

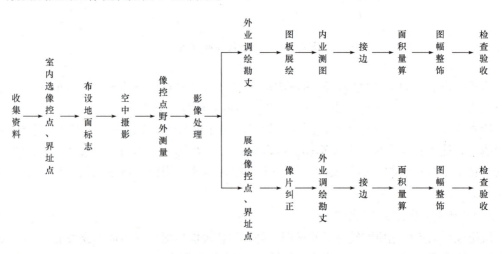

图 6-31　航测成图的工作流程

单元五　数字化测图

平板仪测图和经纬仪测图通称白纸测图。其是过去相当长一段时期城市测量和工程测量大比例尺地形图测绘的主要方法。其实质上是将测得的观测值用图解的方法转化为图形，这一转化过程基本是在野外实现的，劳动强度较大，质量管理难；再者，这个转化过程将使测得的数据所达到的精度大幅度降低，变更、修改也极不方便，难以适应当前经济建设的需要。

随着电子技术和计算机技术日新月异的发展及其在测绘领域的广泛应用，20 世纪 80 年代产生了电子速测仪、电子数据终端，并逐步地构成野外数据采集系统，将其与内业机助制图系统结合，形成了一套从野外数据采集到内业制图全过程的、实现数字化和自动化的测量制图系统，通常称作数字化测图。广义的数字化测图主要包括全野外数字测图（或称地面数字测图、内外一体化测图）、地图数字化成图、摄影测量和遥感数字测图；狭义的数字测图是指全野外数字测图。本部分主要介绍全野外数字测图技术。

一、数字化测图的准备工作

在进行数字化测图之前，要做好详细周密的准备工作。数字化测图前期的准备工作主要包括收集资料、测区踏勘、制定技术方案、仪器准备等。

1. 收集资料

在数字化测图的前期，收集资料是很关键的工作。应广泛收集测区各项有关资料，并对资料进行综合分析和研究，作为设计时的依据和参考。资料完整、准确与否，直接关系到能否正确制定技术设计方案及其他后续工作的进展。

除收集测绘活动相关专业的政策性文件外，应重点收集测区有关的各种比例尺地形图和其他有关图纸（如交通图），以及已有控制网的成果资料（如技术总结、控制点网图、点之记、成果表和平差资料等），另外，应收集测区内的社会情况、交通运输、物资供应、风俗习惯、行政区划、气象、植被、水系、土质、建筑物、居民地及特殊地貌等资料。

2. 测区踏勘

测区踏勘的目的是了解测区的位置范围、行政区划；了解测区的自然地理条件、交通运输条件和气象条件等情况；了解测区已有测量控制点的实际位置和保存情况，核对旧有的标石和点之记是否与实地一致；根据地物、地貌与隐蔽情况，以及旧有控制点的密度和分布情况，初步考虑地形控制网（图根控制网）的布设方案和采取的必要措施；了解测区一些特殊地物及其表示方法，同时，还要了解地形图绘制困难类别。

3. 制定技术方案

技术设计是一项技术性和政策性很强的工作，设计时应遵循的原则：技术设计方案应先考虑整体而后局部，且顾及发展；要满足用户的要求，重视社会效益；要从测区的实际情况出发，考虑作业单位的人员素质和装备情况，选择最佳作业方案；广泛收集、认真分析及充分利用已有的测绘成果和资料；尽量采用新技术、新方法和新工艺；当测图面积相当大且需要的时间较长时，可根据用图单位的规划将测区划分为几个小区，分别进行技术设计；当测图任务较小时，技术设计的详略可视具体情况而定。技术设计主要包括任务概述、控制测量设计、数字测图设计、质量保证及安全措施、工作计划安排和上交资料清单等。

4. 仪器准备

数字化测图实施前应准备好测绘仪器，仪器设备必须经过测绘计量鉴定合格后方可投入使用。除准备仪器外，还应准备图板、皮尺、记录手簿、木桩、钢钉、油漆、斧子等。

模块六 房地产图测绘

阅读材料

数字房地产测绘的基本特点

数字房产测绘是一种全解析的、机助测图的方法，与模拟白纸测图相比，具有明显的优势和广阔的发展前景。它具有如下特点：

(1)数字房产测绘技术，很好地适应了现代化管理的需要，使房屋产权发证配图、信息查询更为直接、方便，极大地提高了工作效率。

(2)数字房产测绘技术，较好地满足了房产测绘频繁的变更特性（随着拆迁改造的频繁进行，房屋状况不断发生变化，要求测绘单位根据房产管理的需要，及时进行房产图变更修测），保证了房产图纸的现势性。

(3)数字房产测绘技术，使测绘内外业形成一体化工作模式。在外业采集数据时，测量的精度有保证，消除了人为的各种误差来源，而且省略了读数、计算、展点绘图等工序，减轻了测站人员的劳动强度，外业工作效率大大提高。

(4)数字房产测绘技术，成图成果可以存在光盘上，也可以通过绘图仪绘在所需的图纸上，线条、线画粗细均匀，注记、字体工整，图面质量整齐划一。

(5)数字房产测绘技术，能大大提高商品房与房改房测量的精度，使房屋面积的准确性、法定性更强，维护了房屋买卖双方的合法权益，促进了房屋一级市场及二级市场的健康发展。

(6)数字房产测绘技术，在一定的软件、硬件条件下，在技术上很容易满足《房产测量规范 第1单元：房产测量规定》(GB/T 17986.1—2000)要求，并且可以能动性地提高测绘人员的综合技术水平，提高单位的资质等级，在以后的市场竞争中立于不败之地。

二、数字化测图的外业工作

在进行数字化测图时，外业工作是尤为重要的一个组成部分。外业工作质量的好坏直接决定最终成果的优劣。与传统的白纸测图一样，数字化测图的外业工作包括控制测量和碎部测量。

1. 图根控制测量

图根控制测量主要是在测区高级控制点密度满足不了大比例尺数字测图需求时，适当加密布设而成。当前，数字化测图工作主要是进行大比例尺数字地形图和各种专题图的测绘，因此控制测量部分主要是进行图根控制测量。图根控制测量主要包括平面控制测量和高程控制测量。平面控制测量确定图根点的平面坐标，高程控制测量确定图根点的高程。

图根平面控制和高程控制测量可同时进行，也可分别进行。图根点相对于邻近等级控制点的点位中误差不应大于图上 0.1 mm，高程中误差不应大于基本等高距的 1/10。对于较小测区，图根控制可作为首级控制。表 6-8 所示是一般地区解析图根点的数量要求。

表 6-8　一般地区解析图根点的数量要求

测图比例尺	图幅尺寸/cm	解析图根点数量/个		
		全站仪测图	GPS-RTK 测图	平板测图
1∶500	50×50	2	1	8
1∶1 000	50×50	3	1～2	12
1∶2 000	50×50	4	2	15
1∶5 000	40×40	6	3	30
注：表中所列数量，是指施测该图幅可利用的全部解析控制点数量。				

图根控制目前主要是利用全站仪、GPS 和水准仪等仪器进行施测，其布设形式和具体施测过程随工程需要的精度及使用的仪器而定。

(1)全站仪图根控制测量。利用全站仪进行图根控制测量，对于图根点的布设，可采用图根导线、图根三角和交会定点等方法。由于导线的形式灵活，受地形等环境条件的影响较小，一般采用导线测量法，也可以采用一步测量法。

如图 6-32 所示，一步测量法就是在图根导线选点、埋桩以后，将图根导线测量与碎部测量同时作业。在测定导线后，提取各条导线测量数据进行导线平差，然后可按新坐标对碎部点进行坐标重算。目前，许多测图软件都支持这种作业方法。

(2)GPS 控制测量。在相对大面积的测图工程中，选择运用 GPS 进行控制测量更为合适。与常规方法相比，应用 GPS 进行控制测量有许多优点：可以得到高精度的测量结果；点位选择要求灵活，不需要各点之间互相通视；作业效率高，几乎不受天气影响，可以全天候作业；观测数据自动记录等。

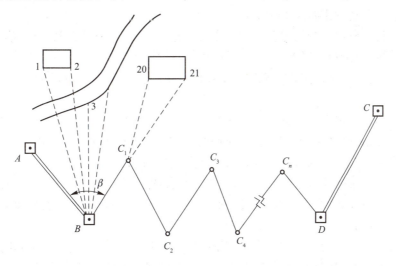

图 6-32　一步测量法

2. 碎部点数据采集

在测定的控制点基础上，可以根据实际选择不同的测量方法进行碎部点数据采集。目前，常用的是全站仪测量法和 GPS－RTK 测量法。

无论是用全站仪还是用 GPS—RTK 进行碎部点采集，除采集点位信息（测点坐标）外，还应采集该测点的属性信息及连接信息，以便计算机生成图形文件，进行图形处理。需要注意的是，不同的数字测图软件在数据采集方法、数据记录格式、图形文件格式和图形编辑功能等方面会有所不同。测站点属性和连接信息可以通过草图记录。

（1）工作草图。工作草图是内业绘图的依据，尤其是采用测记法进行野外数据采集时，工作草图是绘图的必需品，也是成果图质量的保证。

工作草图的主要内容有地物的相对位置、地貌的地性线、点名、丈量距离记录、地理名称和说明注记等。测量开始之前，绘草图人员首先对测站周围的地形、地物分布情况大概看一遍，及时按近似比例勾绘一份含主要地物、地貌的工作草图，便于开始观测后及时在草图上标明所测碎部点的位置及编号。在随采集数据一块进行时，最好在每到一测站时，整体观察一下周围地物，尽量保证一张草图将一测站所测地物表示完全，对地物密集处标上标记另起一页放大表示。在有电子记录手簿时，一定要和手簿记录的点号一致。

（2）数据采集。

1）全站仪数据采集。全站仪数据采集根据极坐标测量的方法，通过测定出已知点与地面上任意一待定点之间相对关系（角度、距离、高差），利用全站仪内部自带的计算程序计算出待定点的三维坐标 (x，y，h）。

在使用全站仪采集碎部点点位信息时，因外界条件影响，不可能全部直接采集到碎部点点位信息，且对所有碎部点直接采集的工作量大、效率低，因此必须采用"测、算结合"的方法（在野外数据采集时，利用全站仪通过极坐标的方法采集部分"基本碎部点"，结合勘丈的方法测定出一部分碎部点，再运用共线、对称、平行、垂直等几何关系最终测定出所需要的所有碎部点）测定碎部点的点位信息，以便提高作业效率。

全站仪数据采集的主要步骤如下：

①全站仪初始设置。测量时，将测量模式的选择（免棱镜、放射片、棱镜，当使用棱镜时所用棱镜的棱镜常数），以及量取的仪器高、目标高等参数输入全站仪。

②建立项目。全站仪存储数据时，一般将测量的数据存储在自己的项目（文件夹）中，以便后续数据处理。

③建站。建站又称设站，就是让所采集的碎部点坐标归于所采用的坐标系，即全站仪所测点是由以测站点为依据的相对关系所得的。在进行坐标测量时，必须建站。

④坐标测量。在建站的基础上开始对待测点坐标测量。

⑤存储。将采集的碎部点信息（点号、坐标、代码、原始数据）存储在全站仪内存中。

2）GPS—RTK 数据采集。因 GPS—RTK 测量具有快捷、方便、精度高等优点，已被广泛用于碎部点数据采集工作。在大比例尺数字测图工作中，采用 GPS—RTK 技术进行碎部点数据采集，可不布设各级控制点，仅依据一定数量的基准控制点，不要求点间通视（但在影响 GPS 卫星信号接收的遮蔽地带，还应采用常规的测绘方法进行细部测量），在要测的碎部点上停留几秒钟，能实时测定点的位置并能达到厘米级精度。

GPS—RTK 数据采集的主要步骤如下：

①架设基准站。将基准站 GPS 接收机安置在视野开阔、地势较高的地方，第一次启动基准站时，需要通过手簿对启动参数进行设置，如差分格式等，并设置数据链，以后作业如不改变配置可直接打开基准站主机。

②架设移动站。确认基准站发射成果后,即可开始移动站的架设。移动站架设完成后,需要通过手簿对移动站进行设置才能达到固定解的状态。

③配置手簿。新建工程对工程参数进行设置,如坐标系、中央子午线等。

④求转换参数。由于 GPS 接收机直接输出来的数据是 WGS-84 的经、纬度坐标,因此为了满足不同用户的测量需求,需要将 WGS-84 的经、纬度坐标转化为施工测量坐标,这就需要进行参数转换。

⑤坐标测量。开始对待测点进行坐标测量。

(3)碎部点的确定。在地形图测绘中,能否准确确定和取舍典型地物、地貌点是正确绘制出符合要求地形图的关键。具体规定如下:

1)点状要素(独立地物)能按比例表示时应按实际形状采集,不能按比例表示时应精确测定其定位点或定线点。有方向的点状要素应先采集其定位点,再采集其方向点(线)。

2)线状要素采集时应视其变化情况进行测量,较复杂时可适当增加地物点密度,以保证曲线的准确拟合。具有多种属性的线状要素(线状地物、面状地物公共边,线状地物与面状地物边界线的重合部分)应只采集一次,但应处理好要素之间的关系。

3)水系及其附属物应按实际形状采集。河流应测记水流方向;水渠测记渠顶边和渠底高程;堤、坝应测记顶部及坡脚高程;泉、井应测记泉的出水口及井台高程,并标记井台至水面深度。

4)各类建筑物、构筑物及其主要附属设施均应采集。房屋以墙基为准采集。居民区可视测图比例尺大小或需要适当综合。建筑物、构筑物轮廓凹凸在图上小于 0.5 mm 时,可予以综合。

5)公路与其他双线道路应按实际宽度依比例尺采集。采集时,应同时采集范围内的绿地或隔离带,并正确表示各级道路之间的通过关系。

6)地上管线的转角点应实测,管线直线部分的支架线杆和附属设施密集时,可适当取舍。

7)地貌一般以等高线表示,特征明显的地貌不能用等高线表示时,应以符号表示。高程点一般选择明显地物点或地形特征点,山顶、鞍部、凹地、山脊、谷底及倾斜变换处应测记高程点,所采集高程点密度应符合表 6-9 的规定。

表 6-9 地形点间距

比例尺	1:500	1:1 000	1:2 000
地形点平均间距/m	15	30	60

8)斜坡、陡坎比高小于 1/2 基本等高距或在图上长度小于 5 mm 时可舍去。当斜坡、陡坎较密时,可适当取舍。

三、数字化测图的内业工作

数字化测图内业是相对于数字化测图外业而言的,简单地说,就是将野外采集的碎部点数据信息在室内传输到计算机上并进行处理和编辑的过程。数字化测图内业工作与传统白纸测图的模拟法成图相比具有显著的特点,如成图周期短、成图规范化、成图精度高、分幅接边方便、易于修改和更新等。

由于数字化测图的内业处理是根据外业测量的地形信息进行图形编辑、地物属性注记,如果外业采集的地形信息不全面，内业处理就比较困难，因此数字化测图内业工作对外业记录依赖性比较强，并且数字化测图内业工作完成后一般要输出到图纸上，到野外检查、核对。数字化测图内业包括数据传输、数据格式转换、图形编辑与整饰等。本部分内容结合南方 CASS 软件介绍数字化测图内业处理流程。

1. 数据传输

数据传输主要是指将采集到的数据按一定的格式传输到内业处理计算机上。全站仪的数据通信主要是利用全站仪的输出接口或内存卡，将全站仪内存中的数据文件传送到计算机；GPS－RTK 数据通信是电子手簿与计算机之间进行的数据交换。

2. 数据格式转换

数据格式转换是将数据按一定的格式形成一个文件供内业处理时使用。该文件用来存放从仪器传输过来的坐标数据，也称为坐标数据文件。用户可以按需要自行命名坐标数据文件名，坐标数据文件是 CASS 最基础的数据文件，扩展名是". dat"。该文件数据格式为

1 点点名，1 点编码，1 点 y(东)坐标，1 点 x(北)坐标，1 点高程

……

N 点点名，N 点编码，N 点 y(东)坐标，N 点 x(北)坐标，N 点高程

该数据文件可以通过记事本的格式打开查看，如图 6-33 所示。其中文件中每一行表示一个点，点名、编码和坐标之间用逗号隔开，当编码为空时其后的逗号也不能省略。逗号不能在全角方式下输入，否则在读取数据文件时系统会提示数据文件格式不对。

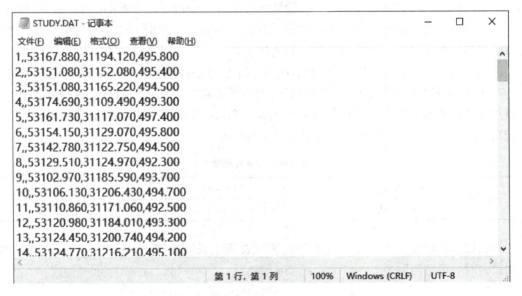

图 6-33　CASS 数据文件

3. 图形编辑

（1）定显示区。定显示区的作用是根据输入坐标数据文件的数据大小定义屏幕显示区域的大小，以保证所有碎部点都能显示在屏幕上。在"绘图处理"菜单下拉列表中单击"定显示区"按钮，弹出"输入坐标数据文件名"对话框，如图 6-34 所示。指定打开文件的路径，并

单击"打开"按钮，完成定显示区操作。命令区显示坐标范围信息。

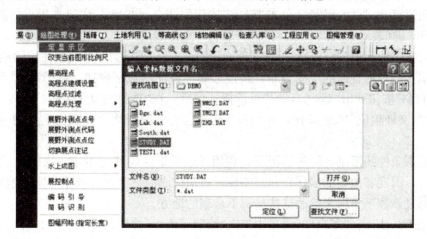

图 6-34　输入坐标数据文件名

(2)展野外测点点号。展点是将坐标数据文件中的各个碎部点点位及点号显示在计算机的屏幕上。在"绘图处理"菜单下单击"展野外测点点号"按钮，命令提示行显示"绘图比例尺＜1∶500＞"，如果需要绘制其他比例尺的地形图，则输入比例尺分母数值后按 Enter 键。默认绘图比例尺为 1∶500，直接按 Enter 键默认当前绘图比例尺为 1∶500，弹出"输入坐标数据文件名"对话框，如图 6-34 所示，指定打开文件的路径，并单击"打开"按钮，完成展野外测点点号的操作，此时在绘图区域展出野外测点的点号，如图 6-35 所示。

图 6-35　绘图区域展出野外测点的点号

(3)选择"点号定位"模式。点号定位法成图时，点位的获取是通过点号，而不是利用"捕捉"功能直接在屏幕上捕捉所展的点。选择点号定位模式，是为了后期绘图更加方便、快捷，也可以变换为坐标定位模式。单击绘图区域右侧地物绘制工具栏列表中的"坐标定位"按钮，在弹出的下拉菜单中选择"点号定位"后，弹出"选择点号对应的坐标点数据文件名"对话框，指定打开文件的路径，并单击"打开"按钮，完成"点号定位"模式的选择。

(4)地物绘制。CASS 软件可将所有地物要素分为控制点、水系设施、居民地、交通设施等。所有的地形图图式符号都是按照图层来管理的，每一个菜单都对应一个图层。绘图时，根据野外作业时绘制的工作草图，首先选择右侧菜单中对应的选项，然后从弹出的界面中选择相应的地形图图式符号，单击后根据提示进行绘制。

(5)等高线绘制。在地形图中，等高线是表示地貌起伏的一种重要手段。在数字化自动成图系统中，等高线由计算机自动勾绘。首先，由离散点和一套对地表提供连续描述的算法构建数字地面模型(DTM)，即规则的矩形格网和不规则的三角形格网(TIN)；其次，在矩形格网或不规则的三角形格网上跟踪等高线通过点；最后，利用适当的光滑函数对等高线通过点进行光滑处理，从而形成光滑的等高线。

1)展高程点。在"绘图处理"菜单中单击"展高程点"按钮,弹出"输入坐标数据文件名"对话框,指定打开文件的路径,单击"确定"按钮。命令区提示:注记高程点的距离(米),直接按 Enter 键(表示不对高程点注记进行取舍,全部展出来)。

2)建立数字地面模型(DTM)。数字地面模型(DTM)是以数字形式按一定的结构组织在一起,表示实际地形特征的空间分布,是地形属性特征的数字描述。在"等高线"菜单中单击"建立 DTM"按钮弹出"建立 DTM"对话框;然后,在"选择建立 DTM 的方式"选项组中勾选"由数据文件生成"单选按钮,并勾选"建模过程考虑陡坎""建模过程考虑地性线"复选框。

由于地形条件的限制,一般情况下,利用外业采集的碎部点很难一次性生成理想的等高线;另外,因现实地貌的多样性和复杂性,自动构成的数字地面模型与实际地貌不一致,这时可以通过修改三角网来修改这些局部不合理的地方。

3)绘制等高线。在"等高线"菜单中单击"绘制等值线"按钮,弹出"绘制等值线"对话框,设置等高距和拟合方式,单击"确定"按钮,由 DTM 模型自动勾绘出对应的等高线。

4)等高线的编辑。完成等高线绘制后,将建立 DTM 时生成的三角网删除,进行等高线注记、示坡线注记等,还需要处理好等高线与地物之间的关系。这时,就要对等高线进行修剪,如对道路、居民地等进行局部修改,如图 6-36 所示。

图 6-36 "等高线修剪"对话框

(6)地形图整饰。地形图整饰包括文字注记、绘制图框等内容。数字图测绘时,地物、地貌除用一定的符号表示外,还需要加以文字注记,如用文字注明地名、河流、道路的材料等。在绘制图框时,应先设置图框参数,如坐标系、高程系等,图框的大小不仅有标准的,还有任意尺寸的,而且还有斜图框,只要输入所需的参数,指定插入点,即可完成绘制。

单元六 房地产分丘图、分户图的绘制

一、房地产分丘图的测绘

分丘图是以一个丘的房屋及其用地为单位所测绘的图件,也是绘制房屋产权证附图的基本图。它根据核发房屋所有权证和土地使用权证的需要,以门牌、户院、产别及其占用土地的范围,分丘绘制而成。分丘图的测绘是测绘部门一项长期的工作。

1. 分丘图的绘制要求

分丘图比例尺可根据每丘面积的大小在 1∶1 000 至 1∶100 之间选择。图幅的大小可在 787 mm×1 092 mm 的 1/32~1/4 之间选用(4 开、8 开、16 开、32 开四种尺寸)。一般情况

下，比例尺应尽量采用与分幅图同样的比例尺，以便简化分丘图的编制工作量。当丘面积较小或丘内建筑物密集时，应采用较大的比例尺；当丘面积很大时，可采用较小的比例尺。

分丘图作为房产分幅图的局部明细图，它的坐标系统与分幅图的坐标系统应一致。分丘图上的图廓线、方格网和控制点展绘的限差要求与分幅图相同，地物点的精度要求与分幅图上主要地物点的精度要求相同。分丘图的图纸一般采用聚酯薄膜，也可选用其他材料。

房产分丘图的测绘方法是利用已有的房产分幅图，结合房地产调查资料，按本丘范围展绘界址点，描绘房屋等地物，实地丈量界址边、房屋边等长度，修测、补测成图。

丈量界址边长和房屋边长时，用卷尺量取至 0.01 m。不能直接丈量的界址边，也可由界址点坐标反算边长。对圆弧形的边，可按折线分段丈量。边长应丈量两次取中数，两次丈量较差不能超过下式规定：

$$\Delta D = 0.004D \tag{6-6}$$

式中　ΔD——两次丈量边长的较差(m)；

　　　D——边长(m)。

丈量本丘与邻丘毗连墙体时，共有墙以墙体中间为界，量至墙体厚度的 1/2 处；借墙量至墙体的内侧；自有墙量至墙体外侧。挑廊、挑阳台、架空通道丈量时，以外围投影为准。在描绘本丘的用地和房屋时，应适当绘出与邻丘相连处邻丘的地物。

2. 编绘法成图的方法

(1)测图前准备。根据丘面积的大小确定分丘图的比例尺和图幅大小，一般情况下，可选用分幅图一致的测图比例尺。

(2)绘制底图。

1)在绘制好的图纸上绘出分幅图上已有的房地产及相关要素，作为编绘分丘图的底图。

2)当分丘图与分幅图的比例尺一致时，可把一张聚酯薄膜覆盖在它上面进行描绘。如果分丘图的比例尺与分幅图的比例尺不一致，应将分幅图进行缩小或放大，但应保证缩小或放大后图纸的精度。

图上除描绘该丘的全部内容外，还应适当表示其周围一定范围内的主要房地产要素，如道路、河流、相邻丘与本丘相接的建筑物。

(3)编绘成图。

1)按照房地产调查资料和界址点的观测资料，在用上述方法绘制得到的底图上，补绘有关房地产要素，并按规定的格式表示，从而获得铅笔编绘原图。

2)经检查无误后，上墨清绘整饰。在图廓整饰时，内外图廓之间的距离为 10 mm，只在西南角注记坐标值。

二、房地产分户图的测绘

分户图是以分丘图为基础进一步绘制的明细图。它是以某房屋的具体权属为单元(如为多层房屋，则为分层分户图)表示房屋权属范围的细部，明确异产毗连房屋的权利界线，且是房屋产权证的附图。

1. 分户图的绘制

分户图的比例尺一般为 1∶200，当一户房屋面积过大或过小时，比例尺可适当放大或缩小，幅面可选 787 mm×1 092 mm 的 1/32 或 1/16。

丈量房屋边长时，用卷尺取至 0.01 m，房屋边长的描绘误差不应超过图上 0.2 mm。房屋产权界线在图上表示为 0.2 mm 粗的实线。分户图的方位应使房屋的主要边线与图框边线平行，按房屋的方向横放或竖放，并在适当位置加绘指北方向符号。分户图上房屋的丘号、幢号应与分丘图上的编号一致。

2. 分户图的测绘

(1)房屋的平面位置。分户图上房屋的平面位置应根据分幅图、分丘图的位置关系，用钢尺或手持式测距仪实地丈量房屋的边长，往返丈量边长，取两次读数的平均值，两次长度互差应不大于 1/500。绘制房屋的边长时，要考虑抹灰层厚度，用细实线表示，描绘着色偏移误差应不超过图上 0.1 mm。

(2)房屋权属要素及文字注记。分户图的房屋权属要素包括房屋权界线、四面墙体归属和楼梯、走廊等共用部分。

分户图上的文字注记内容包括分户图图框表内标注的内容及分户图内注记的内容。在分户图图框表内标注的内容包括本户房屋坐落位置所在的丘号、幢号、户号(或门牌号)、房屋的结构、层数、层次，房屋的套内建筑面积、共有分摊面积及产权面积。

面积注记取至 0.01 m^2。在分户图内注记的内容有文字注记和数字注记，包括楼梯、走廊的简注、阳台的注记、房屋边长的注记(房屋边长注记取至 0.01 m)等。

(3)图面整饰。该户的范围用加粗的实线表示，与该户相连的建筑物墙体用细实线表示。文字注记应相对集中，文字的大小规格按《房产测量规范 第 2 单元：房产图图式》(GB/T 17986.2—2000)执行。

分户图示例如图 6-37 所示。

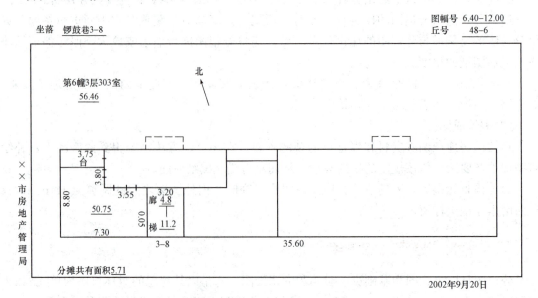

图 6-37　房地产分层分户图

单元七　房地产图的拼接、检查和整饰

一、房地产图的拼接

当测区面积较大时，整个测区必须划分为若干图幅施测。由于测量误差的存在，相邻图幅连接处的地物轮廓与等高线常常不完全吻合，如图 6-38 所示。因此，在相邻图幅测绘完成后，应对所有分幅图进行接边检查与接边处理。

房产分幅图的接边误差主要分为两类：一类是以模拟方法测绘的房产分幅图和利用已有地籍图和地形图等模拟图编绘的房产分幅图图上地物点的点位中误差，要求不超过图上 $±0.5 \sim ±0.6$ mm；另一类是由全野外采集数据或野外解析法测量所得的房地产要素点或地物点的点位中误差，要求不超过 $±0.05$ m。

接边检查与接边处理可以在计算机屏幕上检查编辑处理，也可以编制专用的接边检查与接边处理程序，自动进行接边检查与接边处理。

对同精度的图幅在接边时，相邻图幅中间一地物点的接边误差超过地物点点位中误差的 $2\sqrt{2}$ 倍，则进行检查和复测，如在允许限度之内，取其平均位置。修正时

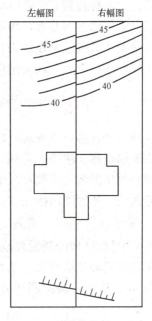

图 6-38　图幅连接处不吻合

首先在一图幅上加以改正，改正时应注意保持地物地貌的合理走向及其相对位置的正确性，另一图幅根据改正后的图边进行修改。

对不同精度的图幅，当精度相差较大时，图幅间的接边误差不大于地物点点位中误差的 2 倍，其中的点位误差以精度差的点位误差计算。修正时应以高精度的图幅为准，尽量修改精度差的图幅，保证图面上各要素的相对准确和图面的合理性，必要时可以进行适当的调整。

二、房地产图的检查验收

为了确保成图质量，在房地产图测完后，必须对完成的成果图样进行严格的自检和互检，确认无误后方可上交。图的检查工作分为室内检查和室外检查两部分。

1. 室内检查

首先查看应上交的各项资料是否齐全，图根控制点的密度是否符合要求，位置是否恰当，各项较差、闭合差是否在规定范围内，原始记录和计算秤钩是否正确等。

其次应检查坐标方格网绘制、控制的展绘精度是否符合标准。

最后检查地物描绘的各种符号、注记是否正确，图幅拼接是否吻合，是否保持地物、地貌的原状。

如发现错误和疑点,不可随意修改,应加以注记,到野外进行实地检查、修改。

2. 室外检查

室外检查是在室内检查的基础上进行检查,包括巡视检查和仪器检查两种。

巡视检查时应携带测图板,根据室内检查发现的问题将图纸与实地进行对照,主要查看房屋及用地各要素测绘是否正确、齐全,取舍是否恰当,图式符号运用是否正确等。

仪器检查是根据室内检查及巡视检查发现的问题,在室外选择测站安置仪器检查,并加以修正。其检查的方法有方向法和散点法两种。方向法是将平板安置在测站上,用照准仪直尺边紧靠图上测站点,用照准仪照准被检查的地物点,检查已测绘的相应地物点方向是否有偏差。散点法是在地物特征点上重新立尺,以测定其平面位置,并检查其是否满足精度要求。在检查中发现的错误和遗漏,应当场纠正。

三、房地产图的图廓整饰

原图经过拼接和检查后,应按规定的房地产图图式符号对地物、地貌进行清绘和整饰,使图面更加合理、清晰、美观。整饰采取先图内后图外,先注记后符号,再地物地貌的顺序,最后写出图名、比例尺、平面坐标系统、施测单位、测绘者及施测日期等。如果是独立坐标系统,还须画出指北方向。

1. 关于房产图图式符号的规定

按国家标准《房产测量规范 第2单元:房产图图式》(GB/T 17986.2—2000)的规定,对房产图进行整饰包括对图中的地物、地形和地貌等要素进行表达。表6-10所示为《房产测量规范 第2单元:房产图图式》(GB/T 17986.2—2000)中规定的对一些地物的表示方法示例。

表 6-10 房产图式示例

编号	符号名称	符号	
		分幅图	分丘图
1	界地点、控制点及房角点		
1.1	房产界址点		
	a. 一级界址点	a	1.5 ⊙ J9
	b. 二级界址点	b	1.0 ⊙ J7
	c. 三级界址点	c	0.5 • J6
1.2	平面控制点		
1.2.1	基本控制点 1——等级,横山——点名		△ 3.0 $\frac{1}{横山}$
1.2.2	房产控制点 H21——点号	H21	3.0 ▽

续表

编号	符号名称	符号	
		分幅图	分丘图
1.2.3	不埋石的辅助房产控制点 F08——点号	F08 ⊙ 2.0	
1.2.4	埋石的辅助房产控制点 F06——点号	F06 ⊙ 1.0 / 2.0	
1.3	高程点		
1.3.1	高程控制点 Ⅱ京石5——等级、点名、点号 32.804——高程	2.0 ⊗ Ⅱ京石5 / 32.804	
1.3.2	高程特征点	05·21.04	
1.4	房角点	0.5 ∟	
2	境界		
2.1	国界		
	a. 国界、界桩、界碑及编号	a 2号界桩 4.0 1.0 6.0 0.8	
	b. 未定国界	b 4.0 6.0 1.6	
2.2	省、自治区、直辖市界		
	a. 已定界和界标	a 0.5 0.8 4.0 6.0	
	b. 未定界	b 1.6 4.0 6.0 0.6	
4.3	窑洞		
	a. 地面上窑洞	a ∩ 2.6 / 2.0	
	b. 地面下窑洞	b ∩	
4.4	蒙古包	⌒ 1.8 / 3.6	

续表

编号	符号名称	符号	
		分幅图	分丘图
5 5.1	房屋附属设施 廊 a. 柱廊 b. 檐廊 c. 架空通廊 d. 门廊 e. 挑廊	a b c d e	1.0 2.0 1.0 檐 1.0 斗 2.0 1.0 挑
5.2	阳台 a. 一层封闭的阳台 b. 一层不封闭的阳台		a b

针对房地产图上符号的尺寸、定位点和定位线，符号方向的表示和配置，以及权界符号和房屋符号的表示有如下规定：

(1)符号的尺寸。符号旁数字标注的尺寸，均以毫米为单位。符号的规格和线粗可随不同的比例尺做适当调整。在一般情况下，符号的线粗为0.15 mm，点大为0.3 mm，符号非主要部分的线段长度为0.6 mm。以虚线表示的线段，凡未注明尺寸的实部为2.0 mm，虚部为1.0 mm。除此之外，由点和线组成的符号凡未注明尺寸的，点的直径与线粗相同，点线之间的间隔一般为1.0 mm。

(2)符号的定位点和定位线。符号的定位点和定位线的标注位置包括以下几种情况：圆形、正方形、矩形、三角形等几何图形符号，在其图形的中心；宽底符号在底线中心；底部为直角形的符号，在直角的顶点；两种以上集合图形组成的符号，在其下方图形的中心点或交叉点；下方没有底线的符号，定位点在其下方两端间的中心点；不依比例尺表示的其他符号，在符号的中心点；线状符号，在符号的中心线。

(3)符号方向的表示和配置。独立地物符号的方向垂直于南图廓线。绿化用地和农用地面积较大时,可将符号间隔放大,或直接采用注记的方法表示。

(4)权界符号。权界符号中,行政境界线用点画线表示县级(含县级)以上行政区域范围,房产分区界线用细点画线表示,丘界线用 0.3 mm 实线表示权属单元房屋用地范围。

(5)房屋符号。房屋符号是一种特殊的面积符号,以 0.1 mm 的粗实线表示房屋外墙墙体勒脚以上的水平投影范围。房屋的附属设施根据其性质不同用不同的线画符号区别表示,并加简注说明。房屋特别功能部位(如梯间)可配上功能符号,辅以说明。

2. 关于房地产图注记的规定

房地产图注记有文字注记和数字注记两种,见表 6-11。文字注记主要用于说明建筑物、构筑物的性质、功能材料及各类名称。数字注记包括数字说明注记和数量注记,数字说明注记是对房地产要素用的代码进行注记说明,数量注记则是对房地产数量、范围边长等进行标注。

表 6-11 房地产图注记方式

序号	注记方式		注记内容
1	文字注记	名称注记	①地理名称,指在一定历史时期中,对一定地域范围所共同约定而形成的称号,包括道路、街、巷、居民地、水系、园林、文物古迹等。 ②行政名称,包括市、区、街(镇、乡)等各级行政区域名称,由一级政府或民政部统一划区和定名。 ③单位名称,指学校、机关、企事业单位等法定的名称。 ④对于历史沿革影响较大的名称也应附注
		说明注记	①房屋附属设施说明,如挑(阳台)、檐(廊)中庭等。 ②道路路面材料说明,如水泥、沥青、碎石等。 ③经济作物或植被说明,如藕、松、果等。 ④控制点说明,结合数字注记一起说明
2	数字注记	数字说明注记	①房地产平面控制点点名多为数字编号。注记时按控制点的等级、测设年限及编号对控制点进行说明。当控制点有高程时,用分数表示,分子为点号,分母为高程。高程为等级水准时,注记至 0.001 m;高程为图根水准时,注记至 0.01 m。 ②房地产编号包括丘号、房屋栋号及分户号,指在房地产调查中所编立的号。 ③在分丘图测量时各级界址点都进行了编号。在房地产图中,对各界址点的编号注记于界址点后,点号前冠"J"说明。 ④房产要素包含房屋的产别、建筑结构、层数和建成年份,按房地产图式中一级分式代码进行说明注记。 ⑤必要时,对地物地貌的具体情况(如水深、树高等)按测绘时的情况注记
		数量注记	①边长包含用地界线边长、房屋边长。用地界线边长的主要作用是反映房地产权利人使用或拥有房地产的范围,注记时以经平差配赋的实测边长注记,取值至 0.01 m。 ②整栋房屋的用地面积、占地面积、建筑面积以及房屋中分户的套内建筑面积、户摊用地面积、户摊公共建筑面积、户房产面积等都是房地产平面图中要反映的面积。面积一般为各阶段测绘时计算所得的面积

3. 关于房地产图图廓整饰的说明

房地产图图廓整饰时应分别按房地产分幅图、分丘图、分户图的不同要求进行。

(1)房地产分幅图图廓整饰。房地产分幅图上每隔 10 cm 在图廓线上坐标网线向内侧绘 5.0 mm 短线,图内绘 10.0 mm 的十字坐标线。分幅图可以不注图名,注图名时,图廓左上角应加绘图名接合表。采用航测法成图时,图廓左下角应加注航摄时间和调绘时间。

(2)房地产分丘图图廓整饰。分丘图的图廓位置,根据该丘所在位置确定,图上须注出西南角的坐标值,该坐标值可以不是图上方格网的整倍数,应以千米为单位注至小数点后 3 位。

(3)房地产分户图图廓整饰。分户图上不注记图廓坐标数据,但图上房屋的图形边线应与图廓边线平行,在图内左上角绘指北方向符号。在分层分户图上,必须在各层房屋图形上方注记该户所在的幢号、层次。在分幢分户图上,应注记该户所有房屋的坐落以及所在的图幅号与丘号。

模块小结

房地产图的测绘是在房地产平面控制测量和房地产调查完成后所进行的对房屋和土地使用状况的细部测量。房地产图的测绘是一项政策性、专业性、技术性、现实性很强的测量工作。本模块主要介绍地形图、房地产图的基本知识,房地产图测绘内容、数字化成测图,房地产分丘图、分户图的绘制。

思考与练习

一、填空题

1. 比例尺按表示方法的不同,一般可分为_____、_____和_____ 3 种。

2. 除数字比例尺外,一般的地形图也常用图解法将比例尺绘在图上,作为地形图的组成部分之一,称为_____。

3. 在测量上,将地形图上 0.1 mm 的长度所代表的实地水平距离,称为_____。

4. 为了便于测图和用图,用各种简明、准确、易于判断实物的图形或符号,将实地的_____和_____在图上表示出来,这些符号统称为地形图图式。

5. 地物符号按其特点又可分为_____、_____和_____ 3 种。

6. 地形图上常用_____等高线表示。

7. _____是指地形图上高程相等的相邻各点所连成的闭合曲线。

8. 房地产分幅图视建筑物的疏密程度,一般采用_____和_____两种比例尺。

9. _____是分幅图的局部图,是绘制房屋产权证附图的基本图,它的坐标系统应与分幅图一致。

二、选择题

1. （　　）是绘制房屋产权证附图的基本图。
   A. 房产分幅平面图　　　　　　B. 房产分丘平面图
   C. 房产分层分户平面图　　　　D. 房屋测量草图
2. 采用全野外采集数据绘制房产分幅平面图，所测量的房地产要素点和地物点，相对于邻近控制点的点位中误差不超过（　　）。
   A. 0.025　　　B. 0.03　　　C. 0.04　　　D. 0.05
3. 建筑物密集区的房产分幅平面图一般采用的比例尺是（　　）。
   A. 1∶500　　　B. 1∶1 000　　　C. 1∶100　　　D. 1∶200
4. 房产分幅平面图编号为 36 138 534 844，则其比例尺为（　　）。
   A. 1∶500　　　B. 1∶1 000　　　C. 1∶200　　　D. 1∶2 000
5. 房产分户平面图一般采用的比例尺是（　　）。
   A. 1∶500　　　B. 1∶1 000　　　C. 1∶100　　　D. 1∶200
6. 在房产分丘图绘制中，房屋轮廓线与房屋权界线重合时的处理方式是（　　）。
   A. 错开表示　　　　　　　　　B. 用房屋轮廓线表示
   C. 用房屋权界线表示　　　　　D. 交替表示
7. 房产分户平面图上不表示的内容是（　　）。
   A. 指北方向　　　　　　　　　B. 控制点
   C. 房屋边长　　　　　　　　　D. 房屋建筑面积

三、简答题

1. 地形图常用的等高线有哪几种？典型的地貌等高线有哪些？
2. 等高线的特性有哪些？
3. 地形图应用的基本内容有哪些？
4. 房地产图分为哪几类？
5. 房地产分幅图的测绘内容包括哪些？
6. 什么是分户图？分户图的主要内容包括哪些？
7. 碎部点测定常用的方法有哪些？
8. 房地产图的绘制方法有哪些？
9. 房地产图的检查验收包括哪些？

模块实训

一、实训目的及要求

（1）掌握房地产图测量的基本方法和技术要求。
（2）按要求独立完成规定范围内的房地产图测量。

二、实训安排

以小组为单位，每组 8～10 人，实训课时为 2 学时。实训仪器包括全站仪 1 台，棱镜及测杆各 2 个，记录本 1 本。

三、实训步骤

(1)在测站点上安置全站仪，对中、整平、定向。

(2)打开全站仪，输入测站点坐标和后视点坐标。

(3)用极坐标法测量本丘内的地物点和地形点。

(4)存储数据或记录观测数据。

(5)绘制房地产分丘图。

四、实训成果

需提交的实训成果包括房地产分丘图 1 份和实训原始数据。

模块七　房地产面积测算

模块七　房地产面积测算

知识目标

1. 熟悉房地产面积测算的内容，掌握房地产面积测算的有关规定。
2. 掌握房地产面积的测算方法，即坐标解析法、实地量矩法、几何图形计算法。熟悉房屋面积测算的精度要求。
3. 熟悉房屋共有建筑面积，共用建筑面积的分摊原则；熟悉共有建筑面积的分类及分摊方法，套内建筑面积的计算。

能力目标

能进行房地产面积的测算；能进行房屋共有建筑面积的计算；能进行套内建筑面积的计算。

单元一　房地产面积测算概述

一、房地产面积测算的内容

　　房地产面积测算均指水平面积的测算，分房屋面积测算和房屋用地面积测算两类。其中房屋面积测算还包括房屋建筑面积、使用面积、产权面积、共有建筑面积等测算。房屋用地面积测算包括房屋占地面积测算与用地面积测算。

　　房屋建筑面积是指房屋外墙（柱）勒脚以上各层的外围水平投影面积，包括阳台、挑廊、地下室、室外楼梯等，且具备上盖、结构牢固、层高 2.20 m 以上（含 2.20 m）的永久性建筑。

　　房屋使用面积是指房屋户内全部可供使用的空间面积，按房屋的内墙面水平投影计算。它是房屋各层平面中直接为生活和生产使用的净空面积，不包括房屋内的墙、柱等结构构造面积和保温层的面积。

　　房屋产权面积是指产权主依法拥有房屋所有权的房屋建筑面积。房屋产权面积由直辖市、市、县房地产行政主管部门登记确认。

房屋共有建筑面积是指各产权主共同占有或共同使用的建筑面积。

房屋占地面积是指房屋底层外墙（包括柱、廊、门、阳台）外围的水平面积。

房屋用地面积是指房屋占有和使用的全部土地面积，包括房屋及其附属设施所占用的土地面积、院落用地面积和共用土地的分摊面积等全部使用面积，但不包括以下土地面积：无明确使用权属的冷巷、巷道或间隙地；市政管辖的道路、街道、巷道等公共用地；公共使用的河滩、水沟、排污沟；已征用、划拨或者属于原房地产证记载范围，经规划部门核定需要做市政建设的用地。

为了保证全国房地产面积测算标准的统一，同时顾及全国各地对房地产面积测算方法的连续性，1987 年国家测绘局颁布了《地籍测量规范》(GH 3—202—1987)，1991 年颁布了《房产测量规范》(CH 5001—1991)（行业标准），2000 年国家颁布了《房产测量规范 第 1 单元：房产测量规定》(GB/T 17986.1—2000)（国家标准），对面积测算提出了一些基本要求，作出了具体规定。这些要求和规定保证了全国房地产面积测算标准的统一。

二、房地产面积测算的有关规定

1. 计算全部建筑面积的范围

(1)永久性结构的单层房屋，按一层计算建筑面积，多层房屋按各层建筑面积的总和计算。

(2)房屋内的夹层、插层、技术层及其楼梯间、电梯间等其高度在 2.20 m 以上部位计算建筑面积。

(3)穿过房屋的通道，房屋内的门厅、大厅，均按一层计算面积。门厅、大厅内的回廊部分，层高在 2.20 m 以上的，按其水平投影面积计算。

(4)楼梯间、电梯（观光梯）井、提物井、垃圾道、管道井等均按房屋自然层计算面积。

(5)房屋天面上，属永久性建筑，层高在 2.20 m 以上的楼梯间、水箱间、电梯机房及斜面结构屋顶高度在 2.20 m 以上的部位，按其外围水平投影面积计算。

(6)挑楼、全封闭的阳台按其外围水平投影面积计算。

(7)属永久性结构有上盖的室外楼梯，按各层水平投影面积计算。

(8)与房屋相连的有柱走廊，两房屋间有上盖和柱的走廊，均按其柱的外围水平投影面积计算。

(9)房屋间永久性的封闭的架空通廊，按外围水平投影面积计算。

(10)地下室、半地下室及其相应出入口，层高在 2.20 m 以上的，按其外墙（不包括采光井、防潮层及保护墙）外围水平投影面积计算。

(11)有柱或有围护结构的门廊、门斗，按其柱或围护结构的外围水平投影面积计算。

(12)玻璃幕墙等作为房屋外墙的，按其外围水平投影面积计算。

(13)属永久性建筑有柱的车棚、货棚等，按柱的外围水平投影面积计算。

(14)依坡地建筑的房屋，利用吊脚做架空层，有围护结构的，按其高度在 2.20 m 以上部位的外围水平面积计算。

(15)有伸缩缝的房屋，若其与室内相通，伸缩缝应计入建筑面积。

2. 计算一半建筑面积的范围

（1）与房屋相连有上盖无柱的走廊、檐廊，按其围护结构外围水平投影面积的一半计算。

（2）独立柱、单排柱的门廊、车棚、货棚等属永久性建筑的，按其上盖水平投影面积的一半计算。

（3）未封闭的阳台、挑廊，按其围护结构外围水平投影面积的一半计算。

（4）无顶盖的室外楼梯按各层水平投影面积的一半计算。

（5）有顶盖不封闭的永久性的架空通廊，按外围水平投影面积的一半计算。

3. 不计算建筑面积的范围

（1）层高小于 2.20 m 的夹层、插层、技术层和层高小于 2.20 m 的地下室和半地下室。

（2）突出房屋墙面的构件、配件、装饰柱、装饰性的玻璃幕墙、垛、勒脚、台阶、无柱雨篷等。

（3）房屋之间无上盖的架空通廊。

（4）房屋的天面、挑台及天面上的花园、游泳池。

（5）建筑物内的操作平台、上料平台及利用建筑物的空间安置箱、罐的平台。

（6）骑楼、过街楼的底层用作道路街巷通行的部分。

（7）利用引桥、高架路、高架桥、路面作为顶盖建造的房屋。

（8）活动房屋、临时房屋、简易房屋。

（9）独立烟囱、亭、塔、罐、池、地下人防干、支线。

（10）与房屋室内不相通的房屋间的伸缩缝。

单元二　房地产面积的测算方法

根据面积测算数据资料的来源，房地产面积测算的方法可分为坐标解析法、实地量距法和图解法三大类。房屋面积一般采用钢尺量距法，房屋用地面积大多采用界址点坐标解析法测算。图解法是在图上量取图形的长度或坐标计算面积，但由于其精度太低，房地产面积测算中很少使用。

一、坐标解析法

坐标解析法是根据实地测量的房屋用地界址点或房屋墙角点的坐标数据，通过公式计算面积。其面积计算公式为

$$S = \frac{1}{2}\sum_{i=1}^{n} x_i(y_{i+1} - y_{i-1})$$

或

$$S = \frac{1}{2}\sum_{i=1}^{n} y_i(x_{i-1} - x_{i+1}) \tag{7-1}$$

模块七 房地产面积测算

也可采用

$$S = \frac{1}{2}\sum_{i=1}^{n}(x_i - x_0)(y_{i+1} - y_{i-1})$$

或

$$S = \frac{1}{2}\sum_{i=1}^{n}(y_i - y_0)(x_{i-1} - x_{i+1}) \tag{7-2}$$

式中　S——房屋面积、房屋用地面积或丘面积(m^2)；

　　　x_i——界址点、房角点或边界点的纵坐标(m)；

　　　y_i——界址点、房角点或边界点的横坐标(m)；

　　　x_0, y_0——测区范围内纵坐标、横坐标的任意一个整数，加入 x_0 和 y_0 的目的是减少面积计算的位数；

　　　n——界址点、房角点或边界点的个数；

　　　i——界址点、房角点或边界点的序号，按顺时针方向顺编，或逆时针方向顺编，序号从 1 开始连续顺编。

面积中误差按下式计算：

$$m_S = \pm m_j \tag{7-3}$$

式中　m_S——面积中误差(m^2)；

　　　m_j——界址点、房角点或边界点的点位中误差(m)；

　　　$D_{i-1, i+1}$——界址点、房角点或边界点连线所组成的多边形中，相间点连线的间距(m)。

二、实地量距法

实地量距法是用实地用仪器(如全站仪、测距仪或卷尺)量取有关图形的边长计算图形面积的方法。实地量距法是目前房地产测量中最普遍的面积测算方法。

对于规则图形，可根据实地丈量的边长直接计算面积；对不规则图形，可将其分割成简单的几何图形，然后分别计算出这些图形的面积。

阅读材料

常用的简单几何图形面积计算公式

常用的简单几何图形面积计算公式见表 7-1。

表 7-1　实地量距法计算面积的基本公式

几何图形	图示	面积计算公式
三角形	(三角形 ABC，边 a、b，角 B)	$P = \frac{1}{2}a \cdot b \sin B$

续表

几何图形	图示	面积计算公式
三角形	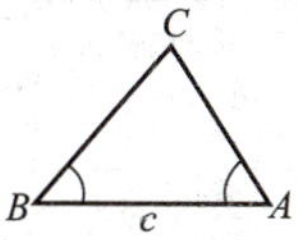	$P=\dfrac{1}{2}\dfrac{c^2}{\cot B+\cot A}$
三角形	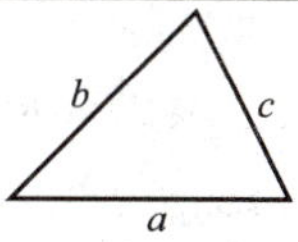	$P=\sqrt{s(s-a)(s-b)(s-c)}$ 其中 $s=\dfrac{1}{2}(a+b+c)$
任意梯形	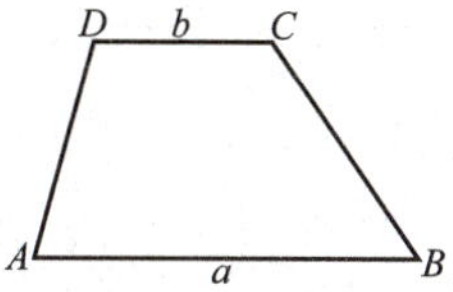	$P=\dfrac{1}{2}\dfrac{a^2-b^2}{\cot A+\cot B}$
直角梯形	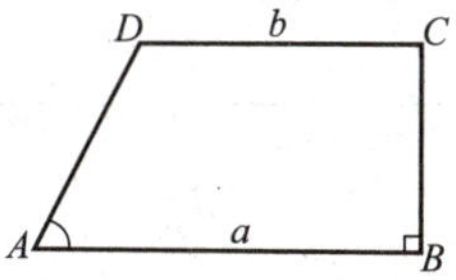	$P=\dfrac{1}{2}\dfrac{a^2-b^2}{\cot A}$
四边形	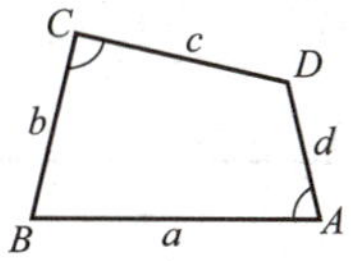	$P=\dfrac{1}{2}(b\cdot c\cdot\sin C+a\cdot d\cdot\sin A)$
四边形	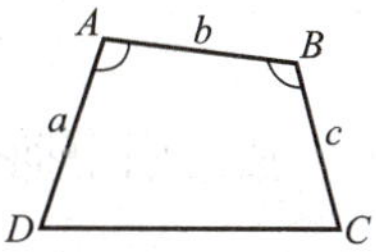	$P=\dfrac{1}{2}[a\cdot b\cdot\sin A+b\cdot c\cdot\sin B+a\cdot c\cdot\sin(A+B-180°)]$
矩形	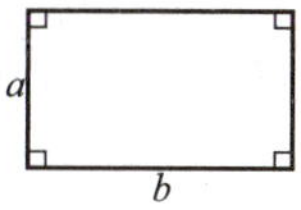	$P=a\cdot b$
平行四边形	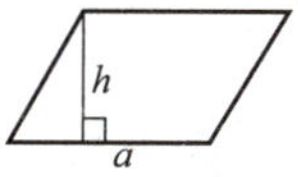	$P=a\cdot h$
菱形	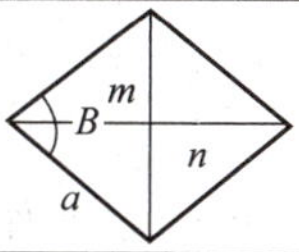	$P=\dfrac{mn}{2}=a^2\cdot\sin B$
圆	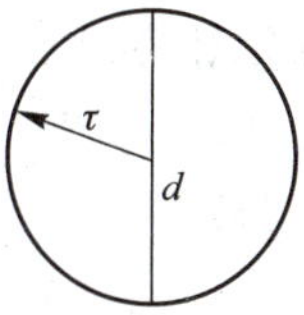	$P=\pi r^2=\dfrac{\pi}{4}d^2$
扇形	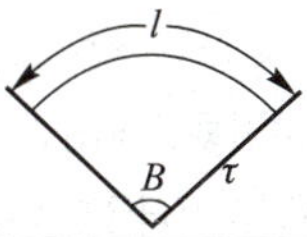	$P=\dfrac{1}{2}lr=\dfrac{B}{360}\pi r^2$

续表

几何图形	图示	面积计算公式
弓形		$P \approx \dfrac{2}{3} b \cdot h$
圆环		$P = \pi(R^2 - r^2) = \dfrac{\pi(D^2 - d^2)}{4}$
圆环扇形		$P = \dfrac{1}{2} l(R - r) = \dfrac{\beta\pi}{360}(R^2 - r^2)$
椭圆		$P = \dfrac{\pi m n}{4}$

三、几何图形计算法

图上量算面积，可选用求积仪法、几何图形法等方法。图上面积测算均应独立进行两次，两次量算面积较差不得超过下式规定：

$$\Delta S = \pm 0.0003 M \sqrt{S} \tag{7-4}$$

式中　ΔS——两次量算面积较差(m^2)；

　　　S——所量算面积(m^2)；

　　　M——图的比例尺分母。

使用图解法量算面积时，图形面积不应小于 5 cm^2，图上量距应量至 0.2 mm。

四、房屋面积测算的精度要求

房地产测量中以中误差作为评定精度的标准，以两倍中误差作为限差。

房地产界址点的精度分三级，间距未超过 50 m 的相邻界址点的间距误差限差不应超过下式的计算结果：

$$\Delta D = \pm (m_j + 0.02 m_j D) \tag{7-5}$$

式中　m_j——相应等级界址点的点位中误差(m)；

　　　D——相邻界址点间的距离(m)；

　　　ΔD——界址点坐标计算的边长与实量边长较差的限差(m)。

房地产面积的精度分为三级，各级面积的限差和中误差的计算及精度要求见表 7-2、表 7-3。

表 7-2　房屋面积中误差的系数

房屋面积精度等级	边长误差中的固定中误差 m_0/m	精度等级系数	边长误差中比例中误差系数 $\dfrac{m_d}{D}$	精度等级系数
一级	0.01	2	1/3 000	3
二级	0.02	2	1/1 000	3
三级	0.04		1/300	

表 7-3　房屋面积测算的中误差与限差　　　　　　　　　　　　　　　m²

房屋面积的精度等级	房屋面积中误差	房屋面积误差的限差
一级	$\pm(0.01\sqrt{S}+0.000\ 3S)$	$\pm(0.02\sqrt{S}+0.000\ 6S)$
二级	$\pm(0.02\sqrt{S}+0.001S)$	$\pm(0.04\sqrt{S}+0.002S)$
三级	$\pm(0.04\sqrt{S}+0.003S)$	$\pm(0.08\sqrt{S}+0.006S)$

1. 边长测量精度要求的分析

房屋边长的测量误差主要为固定误差和比例误差。固定误差与边的长度无关,是一固定值;比例误差的大小则与边的长度成正比。固定误差的中误差以 m_0 表示,比例误差的中误差以 $\dfrac{m_d}{D}D$ 表示,其中 $\dfrac{m_d}{D}$ 为比例误差的比例系数,则边长中误差为

$$m_D = m_0 + \frac{m_d}{D}D \tag{7-6}$$

式中　m_D——房屋边长的中误差(m);

　　　m_0——房屋边长误差的固定中误差(m);

　　　D——房屋边长的长度(m)。

在房屋边长测量中,规定应测量对称边取中数或独立测量两次取中数,故取中数后的边长测量中误差为

$$m_D = \frac{m_0 + \dfrac{m_d}{D}D}{\sqrt{2}} \tag{7-7}$$

如果房屋面积测量无显著的系统误差,随机误差占主导地位。在理论上对应于房屋面积误差的边长测量误差限差,见表 7-4。为保证绝大部分的房屋面积精度在规定的限差之内(置信度 95%),即对应于表 7-2 的要求,应根据表 7-4 的要求进行房屋的边长测量。

表 7-4　对应于房屋面积误差的边长测量误差限差　　　　　　　　　　　m

房屋面积的精度等级	边长测量的中误差	边长测量误差的限差	限差计算举例			
			$D=10.00$	$D=22.36$	$D=31.623$	$D=50.00$
一级	$\pm(0.007+0.000\ 2D)$	$\pm(0.014+0.000\ 4D)$	0.02	0.02	0.03	0.03
二级	$\pm(0.014+0.000\ 7D)$	$\pm(0.028+0.001\ 4D)$	0.04	0.06	0.07	0.10
三级	$\pm(0.028+0.002D)$	$\pm(0.056+0.004D)$	0.10	0.15	0.18	0.26

注:表中各式根据式 $m_D = \dfrac{m_0 + \dfrac{m_d}{D}D}{\sqrt{2}}$ 计算;D 为测量边的长度,单位为 m。

模块七 房地产面积测算

如果房屋边长误差接近限差,且符号相同,面积误差便会超差,在这种情况下,按照表7-4的要求测出的房屋边长就不一定都能保证满足房屋面积的精度要求,这种误差被称为"不利情况下的边长测量误差"。如果我们采用以下公式计算,将会降低由于边长误差而导致房屋面积误差超差的概率:

边长测量中误差 $\qquad m_D = \pm \dfrac{\left(m_0 + \dfrac{m_d}{D} D\right)}{2}$

边长测量限差 $\qquad \Delta D = \pm \left(m_0 + \dfrac{m_d}{D} D\right)$

根据以上公式及表7-4对边长中误差和限差进行计算,见表7-5。

表7-5 不利情况房屋面积测量中的边长测量误差 m

房屋面积的精度等级	边长测量的中误差	边长测量误差的限差	限差计算举例			
			$D=10.00$	$D=22.361$	$D=31.623$	$D=50.00$
一级	$\pm(0.005+0.000\,15D)$	$\pm(0.01+0.000\,3D)$	0.01	0.02	0.02	0.03
二级	$\pm(0.01+0.000\,5D)$	$\pm(0.02+0.001D)$	0.03	0.04	0.05	0.07
三级	$\pm(0.02+0.001\,5D)$	$\pm(0.04+0.003D)$	0.07	0.11	0.14	0.19

房屋面积限差与边长测量误差限差的比较见表7-6。

表7-6 房屋面积限差与边长测量误差限差的比较

房屋面积/m²	相应边长/m	房屋面积误差的限差 /m²			随机误差下边长测量误差的限差 /m			不利情况下边长测量误差的限差 /m		
		一级	二级	三级	一级	二级	三级	一级	二级	三级
S	$\sqrt{S}$	$0.02\sqrt{S}+0.000\,6S$	$0.04\sqrt{S}+0.002S$	$0.08\sqrt{S}+0.006S$	$0.014+0.000\,4D$	$0.028+0.001\,4D$	$0.056+0.004D$	$0.01+0.000\,3D$	$0.02+0.001D$	$0.04+0.003D$
60	7.746	0.191	0.430	0.980	0.017	0.039	0.087	0.012	0.028	0.063
100	10	0.260	0.600	1.400	0.018	0.042	0.096	0.013	0.030	0.070
200	14.142	0.403	0.966	2.331	0.020	0.048	0.113	0.014	0.034	0.082
500	22.361	0.747	1.894	4.789	0.023	0.059	0.145	0.017	0.042	0.107
1 000	31.623	1.232	3.265	8.530	0.027	0.072	0.182	0.019	0.052	0.135
2 500	50	2.500	7.000	19.000	0.034	0.098	0.256	0.025	0.070	0.190

2. 坐标解析法测算面积的精度估算

坐标解析法是房地产测量中量算面积的主要方法，是面积测定方法中精度最高的一种，是与全解析法地籍测量、数字化房地产管理相适应的一种方法。

由式 $S = \dfrac{1}{2} \sum\limits_{i=1}^{n}(x_i y_{i+1} - x_{i+1} y_i)$，得

$$2S = \sum_{i=1}^{n}(x_i y_{i+1} - x_{i+1} y_i) = x_1 y_2 - x_2 y_1 + x_2 y_3 - x_3 y_2 + \cdots + x_n y_1 - x_1 y_n$$

对上式中的面积 S 和坐标值 x_i、y_i 取全微分：

$2\mathrm{d}S = y_2 \mathrm{d}x_1 + x_1 \mathrm{d}y_2 - y_1 \mathrm{d}x_2 - x_2 \mathrm{d}y_1 + y_3 \mathrm{d}x_2 + x_2 \mathrm{d}y_3 - y_2 \mathrm{d}x_3 - x_3 \mathrm{d}y_2 + \cdots + y_1 \mathrm{d}x_n + x_n \mathrm{d}y_1 - y_n \mathrm{d}x_1 - x_1 \mathrm{d}y_n = [(y_2 - y_n)\mathrm{d}x_1 + (y_3 - y_1)\mathrm{d}x_2 + \cdots + (y_1 - y_{n-1})\mathrm{d}x_n] - [(x_2 - x_n)\mathrm{d}y_1 + (x_3 - x_1)\mathrm{d}y_2 + \cdots + (x_1 - x_{n-1})\mathrm{d}y_n]$

设 x_i、y_i 为独立变量，整理得

$$4 m_S^2 = \sum_{i=1}^{n}(y_{i+1} - y_{i-1})^2 m_{x_i}^2 + \sum_{i=1}^{n}(x_{i+1} - x_{i-1}) m_{y_i}^2$$

界址点或房角点间的边长，可由两界址点或房角点的坐标反算求得，具体函数关系如下：

$$D_{i+1,i-1}^2 = (x_{i+1} - x_{i-1})^2 + (y_{i+1} - y_{i-1})^2$$

式中 $D_{i+1,i-1}$ ——第 i 点左右相邻两点连线(间隔点连线)的长度；

x_{i+1}、x_{i-1}、y_{i+1}、y_{i-1} ——第 i 点左右相邻两点的横坐标和纵坐标。

设各点的坐标中误差都相符，即

$$m_{x_{i+1}} = m_{y_{i+1}} = m_{x_{i-1}} = m_{y_{i-1}} = m_j$$

当利用房角点的坐标计算房屋面积时，其面积按上述公式计算，误差的限差按式 $m_S = m_j$ 的 2 倍计算，即

$$\Delta S = 2 m_S = \pm 2 m_j \tag{7-8}$$

由此可见，坐标解析法面积量算的精度，不但与房角点的坐标精度有关，而且与图形的大小和形状有关。

阅读材料

房地产面积测算的要求

(1)房地产面积的测算，均指水平投影面积的测算。

(2)各类面积的测算必须独立测算两次，其较差应在规定的限差以内，取中数作为最后结果。

(3)量距应使用经检定合格的卷尺或其他能达到相应精度的仪器或工具。

(4)边长以 m 为单位，取至 0.01 m；面积以 m^2 为单位，取至 0.01 m^2；共有建筑面积分摊系数至少保留五位小数。

模块七　房地产面积测算

单元三　房屋共有建筑面积的分摊测算

一、房屋共有建筑面积

房屋共有建筑面积包括可以分摊的共有建筑面积和不可以分摊的共有建筑面积。

可以分摊的共有建筑面积如下：

(1)共有的电梯井、管道井、楼梯间、电梯间、垃圾道、变电室、设备间、公共门厅、过道、值班警卫室等。

(2)为整幢房屋服务的公共用房和管理用房。

(3)套与公共建筑之间的分隔墙，以及外墙(包括山墙)水平投影面积一半的建筑面积。

(4)多层房屋中突出屋面的梯间、有维护结构的水箱等。

不可以分摊的共有面积如下：

(1)独立使用的机动车库、地下室、半地下室、车棚。

(2)人防工程的建筑面积。

(3)梁底标高不高于 2 m 的架空结构转换层和架空作为社会公众休息或交通的场所等。

由于房地产市场交易、办理房屋抵押贷款等适应社会经济发展的需要，共有面积的分摊必须符合有关法律法规的要求，并严格按照技术规程的要求进行分摊计算。

二、共有建筑面积的分摊原则

(1)产权各方有合法权属分割文件或协议的，按文件或协议规定执行。

(2)无产权分割文件或协议的，可根据相关房屋的建筑面积按比例进行分摊，计算公式如下：

$$各单元应分摊的共有面积 = 单元套内建筑面积 \times 分摊系数 k$$

式中，$k = $ 应分摊的共有面积 $\div$ 各单元套内建筑面积之和。

(3)对有多种功能的房屋，其共有面积应参照其服务功能进行分摊。

对服务于整个建筑物的共有面积应共同分摊，否则按其服务的建筑功能分别进行分摊；仅服务于住宅的共有面积，计入住宅部分进行分摊；服务于住宅部分的电梯间、楼梯间，通过其他建筑功能的楼层，则按住宅部分面积和其他建筑面积的各自比例分配相应的分摊面积；建筑物报建时计入容积率的其他共有面积均应分摊；建筑物天顶部分的共有面积，如无特殊要求，则无条件由整幢建筑物分摊；共有面积的分摊除有特殊规定外，一般按服务功能进行分摊，分摊时凡属本层的共有面积只在本层分摊，服务于整幢的共有面积整栋分摊，只为某部分建筑物服务的共有面积，只在该部分分摊。

三、共有建筑面积的分类及分摊方法

根据共有建筑面积的使用功能，可以将其分成三类：住宅楼共有建筑面积、多功能综合楼共有建筑面积以及商住楼共有建筑面积。

1. 共有建筑面积分摊计算的基本公式

应按相关建筑面积比例对共有建筑面积进行分摊,用以下公式计算各单元应分摊的面积:

$$\delta_{S_i} = k \cdot S_i$$

$$k = \frac{\sum_{i=1}^{n} \delta_{S_i}}{\sum_{i=1}^{n} S_i} \tag{7-9}$$

式中 δ_{S_i} ——各户应分摊的共有公用面积;

k ——分摊比例系数;

$\sum_{i=1}^{n} \delta_{S_i}$ ——需分摊的面积;

$\sum_{i=1}^{n} S_i$ ——参加分摊的各户面积之和。

2. 住宅楼共有建筑面积的分摊方法

整幢房屋的建筑面积扣除各套建筑面积之和,并扣除作为独立使用的地下室、车棚、车库等,扣除为多幢房屋服务的警卫室、管理用房、设备用房和人防工程等,即为该幢房屋的共有建筑面积。

住宅楼的共有建筑面积以幢为单位进行分摊,整幢房屋共有建筑面积的分摊系数为

$$K_Z = \frac{\Delta S_Z}{\sum S_{Ti}} \tag{7-10}$$

各套房屋的分摊面积为

$$\Delta S_{Ti} = K_Z S_{Ti} \tag{7-11}$$

式中 ΔS_Z ——整幢房屋的共有建筑面积(m^2);

K_Z ——整幢房屋共有建筑面积的分摊系数;

S_{Ti} ——第 i 套房屋的套内建筑面积(m^2);

$\sum S_{Ti}$ ——整幢房屋各套房屋套内建筑面积的总和(m^2)。

3. 多功能综合楼共有建筑面积的分摊方法

多功能综合楼按照谁使用谁分摊的原则,对各级共有建筑面积按照各自的功能和服务对象分别进行分摊,即进行二级或三级,甚至更多级的分摊。首先分摊整幢的共有建筑面积,把它分摊至各功能区;功能区再把分到的分摊面积和功能区原有的共有建筑面积加在一起,分摊到功能区各个层,然后把分到的分摊面积和层的共有建筑面积加在一起,最后分摊至各套或各户。具体可按以下计算次序进行分摊。

(1)幢共有建筑面积的分摊计算公式如下:

$$\delta S_{Gi} = K_Z S_{Gi} \tag{7-12}$$

其中

$$K_Z = \frac{\Delta S_Z}{\sum S_{Gi}}$$

式中 δS_{Gi} ——幢内 i 功能区的分摊面积(m^2);

K_Z——整幢房屋共有建筑面积的分摊系数；

S_{Gi}——幢内 i 功能区的建筑面积(m^2)；

ΔS_Z——整幢房屋的共有建筑面积，即应由全幢分摊的共有建筑面积(m^2)；

$\sum S_{Gi}$——本幢各功能区建筑面积之和(m^2)。

(2)功能区共有建筑面积的分摊计算公式如下：

$$\delta S_{Ci} = K_{Gi} S_{Ci} \tag{7-13}$$

其中

$$K_{Gi} = \frac{\Delta S_{Gi} + \delta S_{Gi}}{\sum S_{Ci}}$$

式中　δS_{Ci}——i 功能区内各层的分摊面积(m^2)；

　　K_{Gi}——i 功能区共有建筑面积的分摊系数；

　　S_{Ci}——i 层功能区内各层的建筑面积(m^2)；

　　ΔS_{Gi}——本功能区自身原有的共有建筑面积(m^2)；

　　δS_{Gi}——幢内分摊给 i 功能区的分摊面积(m^2)；

　　$\sum S_{Ci}$——功能区内各层的建筑面积之和(m^2)。

(3)层共有建筑面积的分摊计算公式如下：

$$\delta S_{Ti} = K_{Ci} S_{Ti} \tag{7-14}$$

其中

$$K_{Ci} = \frac{\Delta S_{Ci} + \delta S_{Ci}}{\sum S_{Ti}}$$

式中　δS_{Ti}——i 套房屋的分摊面积(m^2)；

　　K_{Ci}——各功能区内，i 层的共有建筑面积的分摊系数；

　　S_{Ti}——各套房屋(或户)的套内建筑面积(m^2)；

　　ΔS_{Ci}——各层本身原有的层共有建筑面积(m^2)；

　　δS_{Ci}——功能区分摊给各层的分摊面积(m^2)；

　　$\sum S_{Ti}$——本层内各套(户)房屋套内建筑面积之和(m^2)。

(4)套(户)内产权面积的计算公式如下：

$$S_{Ei} = S_{Ti} + \delta S_{Ti} \tag{7-15}$$

式中　S_{Ei}——各套(户)房屋的产权面积(m^2)；

　　S_{Ti}——各套(户)房屋的套内建筑面积(m^2)；

　　δS_{Ti}——各套(户)房屋分摊所得的分摊面积(m^2)。

(5)共有分摊面积计算公式如下：

$$\sum S_{Ei} = \sum S_{Ti} + \Delta S_Z + \Delta S_G + \Delta S_C \tag{7-16}$$

式中　$\sum S_{Ei}$——本幢房屋中各套(户)房屋产权面积之和(m^2)；

　　$\sum S_{Ti}$——本幢房屋中各套(户)房屋的建筑面积之和(m^2)；

　　ΔS_Z——本幢房屋中全幢共有建筑面积(m^2)；

　　ΔS_G——各功能区房屋的共有建筑面积(m^2)；

　　ΔS_C——各层房屋的共有建筑面积(m^2)。

$$\sum \delta S_{Ti} = \Delta S_Z + \Delta S_G + \Delta S_C \tag{7-17}$$

式中 $\sum \delta S_{Ti}$——本幢各套(户)分摊面积总和(m^2)。

4. 商住楼共有建筑面积的分摊方法

商住楼共有建筑面积的分摊可参照多功能综合楼的分摊方法，将全幢的共有建筑面积分摊成住宅和商业两部分，即住宅部分分摊得到的全幢共有建筑面积和商业部分分摊得到的全幢共有建筑面积，然后各自进行分摊。

住宅部分是将分摊得到的幢共有建筑面积，加上住宅部分本身的共有建筑面积，按各套房屋的套内建筑面积计算各套房屋分摊的共有建筑面积；商业部分是将分摊得到的幢共有建筑面积，加上商业部分本身的共有建筑面积，按各层套内建筑面积依比例分摊至各层，作为各层共有建筑面积的一部分，加至各层的共有建筑面积中，得到各层总的共有建筑面积，然后根据层内各套房屋的套内建筑面积按比例分摊至各套，最后求出各套房屋分摊的共有建筑面积。

对共有建筑面积分摊的认定要填写认定表，认定表见表 7-7。

表 7-7 共有建筑面积分摊认定表

幢号			丘号		房产分区号		房产区号	
坐落								
房屋类别			房屋产别		房屋结构		层数	
建成年代			总建筑面积		总分摊面积		总分摊系数	
序号	层号	共有建筑面积名称		共有面积	分摊办法		备注	
申报单位		年 月 日	代表		认定单位	年 月 日	认定人	

四、套内建筑面积的计算

1. 套内建筑面积的内容

套内建筑面积为套内房屋的使用面积、套内墙体面积以及套内阳台建筑面积三部分之和。

(1)套内房屋使用面积。套内房屋使用面积为套内房屋使用空间的净面积，按水平投影面积计算。一般根据内墙面之间的水平距离计算，内墙面的装饰厚度应计入使用面积。

(2)套内墙体面积。套内自有墙体面积应全部计入套内墙体面积。套与套之间的共有墙体、套与公共部位的共有墙体、套与外墙(包括山墙的墙体)，均按墙体的中线计算套内墙体面积与套内建筑面积。

(3)套内阳台建筑面积。套内阳台建筑面积均按阳台外围与房屋外墙之间的水平投影面积计算，其中封闭阳台按水平投影面积计算建筑面积，不封闭的阳台按水平投影面积的一半计算建筑面积，没有顶盖的阳台不计算建筑面积。

在实际工作中，也可按照套型的中线尺寸，直接计算套内建筑面积，但阳台面积应按外尺寸计算，即使用外墙至外墙的尺寸计算阳台面积。当两相邻阳台共用一公共墙体时，应使用中线尺寸。

2. 层、功能区、幢面积的计算

(1)层面积的计算公式如下：

$$S_{Ci} = \sum S_{Ti} + \Delta S_{Ci} \tag{7-18}$$

式中　S_{Ci}——各层(i层)的建筑面积(m^2)，i为层号；

　　　S_{Ti}——本层(i层)内各套的建筑面积(m^2)，i为套号；

　　　ΔS_{Ci}——本层内共有共用的建筑面积(m^2)，i为层号。

(2)功能区面积的计算公式如下：

$$S_{Gi} = \sum S_{Ci} + \Delta S_{Gi} \tag{7-19}$$

式中　S_{Gi}——i功能区的建筑面积(m^2)；

　　　S_{Ci}——i功能区内各层的建筑面积(m^2)；

　　　ΔS_{Gi}——本功能区内共有共用的建筑面积(m^2)。

(3)幢面积的计算公式如下：

$$S_Z = \sum S_{Gi} + \Delta S_Z \tag{7-20}$$

式中　S_Z——本幢全幢的建筑面积(m^2)；

　　　S_{Gi}——本幢内各功能区的建筑面积(m^2)；

　　　ΔS_Z——本幢由全幢分摊的幢共有建筑面积(m^2)。

(4)面积计算的检核公式如下：

$$S_Z = \sum S_{Ti} + \sum \Delta S \tag{7-21}$$

式中　S_Z——全幢总建筑面积(m^2)；

　　　$\sum S_{Ti}$——全幢内各套建筑面积总和(m^2)；

　　　$\sum \Delta S$——本幢内全部共有面积之和(m^2)，$\sum \Delta S = \sum \Delta S_{Ci} + \sum \Delta S_{Gi} + \Delta S_Z$，即 $\sum \Delta S$ 为各层、功能区和幢的共有建筑面积之和。

3. 墙体一半面积的计算

共有建筑面积中包括套与公共建筑之间的分隔墙，以及外墙(包括山墙)水平投影面积一半的建筑面积。由于在实际计算中一般使用中线尺寸，即墙体中线至另一墙体中线尺寸，所以套与公共建筑之间的分隔墙都已分别包括在套面积与公共建筑面积之内，其墙体面积的一半已归入公共建筑面积而被分摊，所在不存在另外再分摊的问题，需要分摊的只有外墙(包括山墙)水平投影面积一半的建筑面积。图7-1所示为一幢房屋山墙放大的示意。

在图7-1中，$D_{外}$为房屋的外边长，为外墙至外墙的尺寸，称外尺寸；$D_{中}$为房屋的中线边长，为墙体中线至中线的尺寸，称中线尺寸；$D_{内}$为房屋的内边长，为内墙体面至内墙体面的尺寸，称内尺寸；ω为墙厚，$\omega/2$为半墙厚。

二分之一外墙墙体面积$= \sum \left(\dfrac{1}{2}\omega_{外}\right) =$ 外墙面包围的面积($S_{外}$)-墙体中线所包围的面积($S_{中}$)，即

$$\sum \left(\dfrac{1}{2}\omega_{外}\right) = S_{外} - S_{中} \tag{7-22}$$

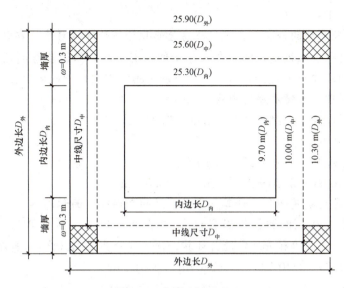

图 7-1 房屋山墙示意

在图 7-1 中，$\sum\left(\dfrac{1}{2}\omega_{外}\right)=25.90\times10.30-25.60\times10.00=10.77(\text{m}^2)$

当房屋为矩形时，可根据矩形的两个边长 a 和 b 以及墙的厚度 ω 计算二分之一外墙墙体面积 $\sum\left(\dfrac{1}{2}\omega_{外}\right)$。

根据外边长计算：$\sum\left(\dfrac{1}{2}\omega_{外}\right)=(a_{外}+b_{外})\omega-\omega^2$；

根据中线边长计算：$\sum\left(\dfrac{1}{2}\omega_{外}\right)=(a_{中}+b_{中})\omega+\omega^2$；

根据内边长计算：$\sum\left(\dfrac{1}{2}\omega_{外}\right)=(a_{内}+b_{内})\omega+3\omega^2$。

综合案例

某建筑物为一商住楼，共 6 层，分两个功能区，1~2 层为商业区，每层 8 户，两层共计 16 户，户号由一层西北角起从 1~16 顺编；商业区两层的户型相同。3~6 层是住宅区，共 4 层，每层两个单元，共 4 户，合计 16 户，户号从 3 层由 17~32 顺编，住宅区为成套住宅，套型相同。

根据建房协议，门口警卫收发室作为商业区和住宅区的管理用房，属两区共有。住宅区和商业区各自备楼梯，分别使用，各自所有。住宅区和商业区在结构上完全分离，互不相通。警卫收发室面积属全幢共有面积，由全幢分摊；住宅区楼梯面积由住宅区分摊，商业区楼梯面积由商业区分摊。

各层的户型组成，共有面积分布，边长尺寸等信息标注于表 7-8 和图 7-2、图 7-3 上。墙体的厚度为 0.3 m。套与套之间、套与共有面积之间的墙均为共墙。阳台均为不封闭的阳台。计算步骤如下：

(1)房屋各边尺寸的检核。为了保证房屋面积计算的准确可靠，在计算面积之前应对房屋的所有边长进行一次校核，保证各尺寸之间没有矛盾，保证各房间边长与总边长完全一致，对不一致的尺寸应进行检查。如果是多余观测的测量误差的闭合差，在限差之内时，应进行平差配赋处理。本幢房屋的中线边长如下：

2.40＋2.80＋2.40＋5.20＋5.20＋2.40＋5.20＝25.60(m)

6.40×4＝25.60(m)

4.00＋1.50＋2.10＋2.40＝10.00(m)

5.20＋2.40＋5.20＋5.20＋2.40＋5.20＝25.60(m)

(2)成套房屋套内建筑面积的计算。成套房屋的套内建筑面积以 S_{Ti} 表示，i 为套号或户号。本幢房屋的套内建筑面积根据国家标准《房产测量规范 第1单元：房产测量规定》(GB/T 17986.1—2000)的有关规定进行计算。商场部分共16套(户)，套内面积分别为：

$S_{T1}=S_{T9}=(2.80×2.40+2.10×5.20)m^2=17.64\ m^2$

$S_{T2}=S_{T10}=S_{T13}=S_{T11}=S_{T4}=S_{T12}=(4.50×5.20)m^2=23.40\ m^2$

$S_{T13}=S_{T5}=S_{T6}=S_{T14}=S_{T7}=S_{T15}=S_{T8}=S_{T16}=6.4×4.00=25.60(m^2)$

共计套面积 $\sum S_{Ti}=380.48\ m^2$

表 7-8　商住楼面积计算与共有面积分摊示例

丘号	0048-6	房号	1-32	结构	钢混
幢号	2B	层次		层数	06
坐落					

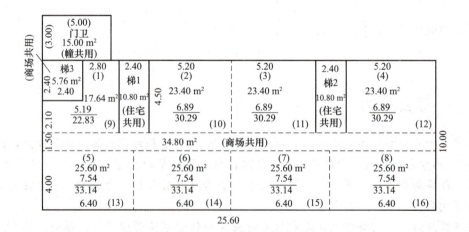

图 7-2　一层与二层各户平面图(户号：1～16)

住宅部分共16套(户)，套内面积分别为：

$S_{T17}=S_{T21}=S_{T25}=S_{T29}=10.00×5.20+1.20×5.50+(1.35×3.70)/2=61.10(m^2)$

$S_{T18}=S_{T22}=S_{T26}=S_{T30}=10.00×5.20+1.20×5.50+(1.35×3.55)/2=61.00(m^2)$

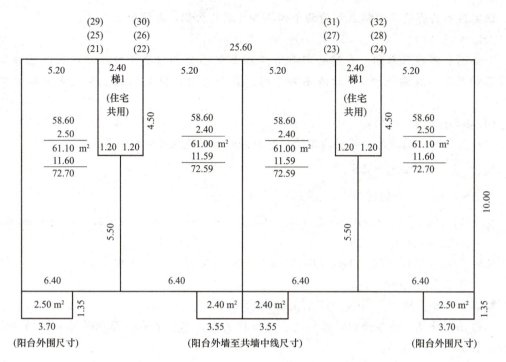

图 7-3 三层至六层各户平面图(户号：17~32)

$S_{T19}=S_{T23}=S_{T27}=S_{T31}=10.00×5.20+1.20×5.50+(1.35×3.55)/2=61.00(m^2)$

$S_{T20}=S_{T24}=S_{T28}=S_{T32}=10.00×5.20+1.20×5.50+(1.35×3.70)/2=61.10(m^2)$

共计套面积 $\sum S_{Ti}=976.80\ m^2$

(3)共有建筑面积的确定与计算。根据房屋的设计结构和有关协议文件确定共有建筑面积的归属，并计算如下：

1)幢的共有建筑面积。全幢各层外墙墙体面积的一半为

$\Delta S_{Z1}=[(25.60+10.00)×0.30+0.30×0.30]×6=10.77×6=64.62(m^2)$

全幢共有的幢外门卫收发室面积为

$\Delta S_{Z2}=5.00×3.00=15.00(m^2)$

幢的共有建筑面积：

$\Delta S_Z=\Delta S_{Z1}+\Delta S_{Z2}=64.62+15=79.62(m^2)$

2)功能区的共有建筑面积。本幢房屋共有两种用途，商场和住宅区各有自己独立的楼梯，根据协议文件各自分摊。商业区的共有建筑面积以 ΔS_{g1} 表示，住宅区的共有建筑面积以 ΔS_{g2} 以表示，分别计算如下：

商场区的共有建筑面积包括1~2层的自用梯间面积 ΔS_{s1} 和1~2层商场内的两个过道 ΔS_{s2}。

$\Delta S_{s1}=2.40×2.40×2=11.52(m^2)$

$\Delta S_{s2}=1.50×25.60×2=76.80(m^2)$

商场共有建筑面积为

$\Delta S_s=\Delta S_{g1}=\Delta S_{s1}+\Delta S_{s2}=11.52+76.80=88.32(m^2)$

住宅区的共有建筑面积 ΔS_{zh} 为两个梯间共6层的面积,其值为

$\Delta S_{zh}=(2.40\times4.50+2.40\times4.50)\times6=129.60(m^2)$

3)层的共有建筑面积。本幢全部共有建筑面积已全部归属于幢和功能区,已分配完毕。层的共有建筑面积为0,此级不再分摊。在分摊时,将从功能区越过层直接分摊至套(户)。

(4)各部分面积的计算。

1)功能区面积的计算。将层面积的计算公式代入功能区面积的计算公式,可得

$S_{gi}=\sum S_{Ti}+\Delta S_{gi}+\Delta S_{Ci}$

令 $\Delta S_{Ci}=0$,得功能区面积:$\Delta S_{gi}=\sum S_{Ti}+\Delta S_{gi}$

$S_{g1}=(2.80\times2.40+2.10\times5.20)\times2+(5.20\times4.50)\times6+(6.40\times4.00)\times8+88.32$
$\quad\quad=468.80(m^2)$

$S_{g2}=[(61.10\times4+61.00\times4+61.00\times4+61.10\times4)\times2+129.60]$
$\quad\quad=1\,106.40(m^2)$

功能区面积:$S_g=S_{g1}+S_{g2}=1\,575.20\,m^2$

2)幢面积计算。将层面积计算公式、功能区面积计算公式和幢面积计算公式的左右两端分别相加,化简后得:

$S_Z=\sum S_{Ti}+\Delta S_{gi}+\Delta S_{Ci}+\Delta S_Z$

本例中,$\Delta S_{Ci}=0$,故 $S_Z=\sum S_{Ti}+\Delta S_{gi}+\Delta S_{Ci}+\Delta S_Z=1\,575.20+79.62$
$\quad\quad\quad\quad\quad\quad\quad\quad\quad\quad\quad\quad\quad\quad\quad =1\,654.82(m^2)$

3)面积计算的检核。全幢面积应为

$S_Z=90.15+25.60+0.15)\times(0.15+10.00+0.15)\times6+4\times\sum KS_Y+15.00$
$\quad =266.77\times6+9.80\times4+15=1\,654.82(m^2)$

式中,S_Y 为阳台面积,封闭阳台 $K=1$,不封闭阳台 $K=1/2$。

计算结果与(2)相同,说明计算无误,可继续计算。如果最后一位数字有差,是凑整误差所致,属正常现象。

(5)共有建筑面积的分摊。

1)幢共有建筑面积的分摊。利用幢共有建筑面积的分摊公式可得幢的分摊系数:

$K_Z=\Delta S_Z/\sum S_{gi}=79.62/1\,575.20=0.050\,546$

商场部分的分摊面积:

$\Delta S_{g1}=K_Z S_{g1}=0.050\,546\times468.80=23.70(m^2)$

住宅部分的分摊面积为

$\Delta S_{g2}=K_Z S_{g2}=0.050\,546\times1\,106.40=55.92(m^2)$

商场部分总的共有建筑面积为

$\Delta S_{g1}+\Delta S_{g1}=88.32+23.70=112.02(m^2)$

住宅部分总的共有建筑面积:

$\Delta S_{g2}+\Delta S_{g2}=129.60+55.92=185.52(m^2)$

2)功能区共有建筑面积的分摊。因为各功能区内各层户型尺寸相同,可直接分摊至套,

因此可把功能区共有建筑面积的分摊公式中的 C 全部改为 T。

商场部分分摊系数：

$K_{g1}=(\Delta S_{g1}+\Delta S_{g1})/\sum S_{T1}=112.02/380.48=0.294\ 418$

住宅部分分摊系数：

$K_{g2}=(\Delta S_{g2}+\Delta S_{g2})/\sum S_{T2}=185.52/976.80=0.189\ 926$

商场部分各套（户）的分摊面积：

$\Delta S_{Ti}=K_{g1}S_{Ti}=0.294\ 418\ S_{Ti}$

住宅部分各套（户）的分摊面积：

$\Delta S_{Ti}=K_{g1}S_{Ti}=0.189\ 926\ S_{Ti}$

3）套（户）分摊面积与套（户）产权面积的计算。表 7-9 所示为两功能区分摊面积与套（户）产权面积计算的结果。

表 7-9　两功能区套户数及面积

	商场部分			住宅部分	
套（户）面积/m²	17.64	23.40	25.60	61.00	61.10
分摊面积/m²	5.19	6.89	7.54	11.59	11.60
产权面积/m²	22.83	30.29	33.14	72.59	72.70
套（户）数	2	6	8	8	8

4）分摊计算的检核。全幢各套（户）产权面积之和 $\sum S_E=1\ 654.84\ m^2$，幢面积 $S_Z=1\ 654.82\ m^2$，两者相差 $0.02\ m^2$，属于凑整误差，成果检核无误，分摊计算与产权面积计算正确。

模块小结

房地产面积测算是房地产测绘中一项重要的工作。它为房地产产权产籍管理、核发权证、房地产开发等提供必不可少的资料；同时也为房地产税费的征收、城镇规划建设和房地产估价提供重要的依据。本模块主要介绍房地产面积测算概述、房地产面积的测算方法、房屋共有建筑面积的分摊测算。

模块七 房地产面积测算

思考与练习

一、填空题

1. 房地产面积测算均指水平面积的测算，分_____和_____两类。
2. _____是指房屋外墙（柱）勒脚以上各层的外围水平投影面积，包括阳台、挑廊、地下室、室外楼梯等，且具备上盖、结构牢固、层高 2.20 m 以上（含 2.20 m）的永久性建筑。
3. _____是指房屋户内全部可供使用的空间面积，按房屋的内墙面水平投影计算。
4. _____是指产权主依法拥有房屋所有权的房屋建筑面积。
5. _____是指房屋底层外墙（包括柱、廊、门、阳台）外围的水平面积。
6. 房地产测量中以_____作为评定精度的标准，以_____作为限差。
7. 房屋边长的测量误差主要为_____和_____。
8. 房屋共有建筑面积包括可以分摊的_____和_____。
9. 套内建筑面积为_____、_____以及_____三部分之和。

二、选择题

1. 按现行《房产测量规范 第 1 单元：房产测量规定》(GB/T 17986.1—2000)，房屋建筑面积由(　　)组成。
   A. 套内（建筑面积和墙体面积）
   B. 套内（使用面积、墙体面积、阳台面积）
   C. 套内建筑面积和分摊所得的共有建筑面积
   D. 套内（建筑面积、阳台面积、墙体面积）
2. 成套房屋的套内建筑面积组成部分不包括(　　)。
   A. 套内房屋的使用面积　　　　B. 套内阳台建筑面积
   C. 分摊得到共有建筑面积　　　D. 套内墙体面积
3. 以下套内房屋建筑部位的面积不计入套内房屋使用面积的是(　　)。
   A. 厨房　　　B. 楼梯　　　C. 内墙面装饰厚度　　D. 阳台
4. 根据经规划部门审核的设计图纸计算的房屋面积数据可用于(　　)。
   A. 房屋交易　　B. 房屋预售　　C. 产权登记　　D. 征地拆迁
5. 按现行房产测量规范二级房产面积精度要求，面积为 100 m² 的房产面积限差为(　　) m²。
   A. ±0.3　　B. ±0.6　　C. ±0.7　　D. ±10.4
6. 下列建筑结构中，房屋建筑面积测算时，应按其维护结构外围水平投影面积一半计算的是(　　)。
   A. 房屋间的伸缩缝　　　　　B. 未封闭的挑廊
   C. 房屋间无上盖的架空通廊　D. 独立烟囱
7. 计算房产面积时，下列部位中，不可被各专有部位分摊的是(　　)。
   A. 为幢内服务的警卫室　　　B. 建筑物内市政配电间
   C. 承重垛柱　　　　　　　　D. 门厅

8. 商住楼中住宅与商业共同使用的共有建筑面积，按住宅与商业的（　　）比例分摊给住宅和商业。

   A. 房屋价值   B. 建筑面积   C. 土地面积   D. 土地价值

三、简答题

1. 计算一半建筑面积的范围有哪些？
2. 不计算建筑面积的范围有哪些？
3. 根据面积测算数据资料的来源，房地产面积测算的方法有哪些？
4. 可以分摊的共有建筑面积包括哪些？不可以分摊的共有面积包括哪些？
5. 根据共有建筑面积的使用功能，可以将其分成哪几类？

模块八 房地产变更测量

模块八 房地产变更测量

知识目标

1. 了解房地产变更测量的定义；熟悉房地产变更测量的内容。
2. 掌握房地产变更的方法、程序及要求。
3. 掌握房地产编号的变更与处理，变更后的房地产产权产籍资料的处理。

能力目标

通过及时、准确的房地产变更测量，确保房地产图的现势性和房产档案的真实性，为房产日常的转移和变更登记提供准确的定位。

单元一 房地产变更概述

一、房地产变更测量的定义

房地产变更是房地产产权管理工作中经常发生的一种动态变更。为了保证房地产图及资料的完整、准确，使其满足产权登记与变更登记的需要，必须进行房地产变更测量，从而提供准确的房地产变更测量成果。

房地产变更测量是指因房屋发生买卖、交换、继承、新建、拆除等涉及房地产产权权界调整和面积增减变化而进行的更新测量。

变更测量包括房屋现状变更测量和房屋产权变更测量两类，现状变更为权属变更服务，权属变更又直接影响现状变更。现状变更和权属变更都是动态变更测量。权属变更测量具体反映在产权证附图与登记档案上，属于产权登记证明测量，其所提供的产权证附图具有法律效力，必须做到变更有据；现状变更测量具体反映在分幅图和分丘图上，属于修补测量。通过房地产登记前的基础测量绘制分幅平面图,经过房地产登记后建立了房地产档案,为了保持图的现势性和房地产档案的真实性,房地产变更测量必须做到及时、准确,为房地产日常的转移和变更登记提供可靠的图籍资料和面积等数据。

二、房地产变更测量的内容

1. 现状变更测量的内容

(1)新建、改建或扩建的未经房产初始登记的房屋,房屋实地位置、房屋结构、层数、平面图形发生变化的。

(2)房屋的损坏与灭失,包括全部拆除或部分拆除、自然倒塌或烧毁。

(3)房屋围护物(如围墙、栅栏、篱笆、铁丝网等)以及房屋附属设施的变化。

(4)市政道路、广场、河流等边界的变化。

(5)房屋坐落(地名、门牌号)的更改或增设。

(6)房屋及其用地分类的变化。

(7)行政境界(如市辖区界)的调整,涉及房地产编号的更正。

2. 权属变更测量的内容

(1)产权初始登记后发生房屋买卖、变换、继承、分析(割)、兼并、入股、赠予等房地产交易活动引起的产权转移或变更。

(2)房屋用地界线、界址的变化,包括房屋因合并、分析(割)、自然坍塌引发房屋占地范围的调整。

(3)征(拨)用地、出让或转让土地使用权而引起权利范围的变化。

(4)法院等司法部门裁决的房地产转移和变更(包括没收、分析),以及房地产管理部门按政策处理的接、代管和发还的房屋。

(5)房屋他项权利(抵押、典当等)设定权利范围变更或注销。

(6)房地产权利人自行申请更正,发证单位因申请人隐瞒事实、伪造有关证件等引发错证的补充和更正。

单元二 房地产变更测量的方法和程序

一、房地产测量变更的方法

房地产变更测量应根据城建、城市规划等部门的现状变更资料和房地产权属变更资料,确定变更范围,并按原图上平面控制点的分布情况,采用不同的测量方法。

1. 现状变更测量方法

(1)现状变更范围较小的房地产,可根据图上原有房屋或设置的测线,采用钢尺定点测量法(限于模拟图)修测。

（2）现状变更范围较大时，应先进行平面控制测量，补测图根控制点，然后进行房产图的测绘，可采用测线图定点测量或平板仪测量（限于模拟图）。

（3）采用解析法测量或全野外数字采集系统时，应在实地布设好足够的平面控制点，设站逐点进行现场的数据采集。

2. 权属变更测量方法

房产的合并或分割是权属变更的主要内容，也是确定新权属界（丘界）和面积的复测工作（或称复丈）。复测时不论采用图解法还是解析法，都必须根据变更登记申请书、标示的房产及其位置草图、权利证明文件、约定日期，由当事人或关系人到现场指界，经复核丈量后确定。复测时，根据需要和实际条件，可采用图解法或解析法。

（1）图解法。

1) 勘丈资料准备。调用有关的已登记在册的房地产资料，包括房屋及用地调查表、登记申请书、房地产平面图等。

2) 根据变更登记申请书、位置图、权利证明文件、约定日期，通知房地产变更登记申请人或代理人到现场指界，设立界标，实施分户测绘。

3) 勘丈时可以现有的图根点、界址点、房角点等平面控制点作为变更测量基准点。利用现有平面控制点之前，应设站检测点位的准确程度，同站检测之差（较差）不超过图上±0.2 mm，异站或自由测站检测之差不超过图上±0.4 mm。

4) 同幢房屋分割时，应将分界的实量数据注记在测量草图上，并按实量数据计算面积后再定出分割点在复丈图上的位置，以便绘制分户平面图。

5) 修正房地产分幅图、分丘图。

（2）解析法。

1) 调用有关的原房产登记资料，包括房屋及用地调查表、登记申请书、房地产平面图、界址点、房角点坐标成果表等。

2) 根据变更登记申请书、房地产位置草图、权利证明文件、约定日期，通知申请人或代理人到现场指界，设立界标。

3) 复测应以控制点或界址点作为依据，以测得点间的距离与由坐标反算的距离进行检核，其距离误差不应超过2倍相应等级控制点、界址点或房角点的点位中误差。

4) 复测可采用极坐标法、导线法、支距法、交会法、三线法、截线法等，它们的技术要求按《房产测量规范 第1单元：房产测量规定》（GB/T 17986.1—2000）执行。

5) 按等级界址点的精度要求测定出新增界址点的坐标，并计算出分割后各自的面积。

6) 用地合并面积，以合并后外围界址点坐标计算的面积为准。

采用图解法进行权属变更测量，常用于房屋分析，应将分界实量数据注记于草图上，并按实量数据计算面积后，再定出分界点在图上的位置。

采用解析法进行权属变更测量，常用于房屋用地分割或合并。用地分割应将新增界址点的坐标数据、点号注记于草图上，按坐标展出分割点的图上位置；用地合并，取消毗连界址点，用界址坐标计算分丘用地面积。

模块八 房地产变更测量

阅读材料

房地产变更要素调查

根据房地产变更登记申请书，结合已登记资料、变更类别，按图索骥，进行房地产现状调查、权属调查和界址调查。

(1)现状调查。现状调查，即房屋及其用地的自然状况变化的调查。房屋及其用地的自然状况包括房地坐落(地名、门牌号)、建筑类别、建筑结构、层数、建成年份、用途、用地分类等情况变化的调查。利用调查表、对照房地产图，进行调查核实。

(2)权属调查。权属调查，即房屋及其用地的权利的调查，包括登记的权类、权利人或他项权人、权利范围、四至界标、墙体归属等情况的调查与核实。

房屋及其用地的权利状况调查可利用变更申请表、权属变更证明材料等，对变更房地产进行调查与核实，调查的结果应为产权审核提供调查材料，包括变更后新的权利界址范围、面积等。

(3)界址调查。界址调查，即房地产变更后新的权利界线的认定、确定和标定。可分成认界、确界、标界3个阶段。

认定界址，不论采用何种方式指界，必须得到相邻产权人认可并签章或具结，有时还要设立四至界标，或对"四面墙界表"进行签认。

确定界址，应坚持房屋所有权和房屋占有范围内的土地使用权权利主体一致的原则。

标界时，应严格执行国家标准《房产测量规范 第1单元：房产测量规定》(GB/T 17986.1—2000)相关规定。

二、房地产变更测量的程序

变更测量应根据房地产变更资料，先进行房地产要素调查(包括现状、权属和界址调查)，再进行分户权界和面积的测定，调整有关的房地产编码，最后进行房地产资料的修正。

房地产变更测量一般按以下程序实施：

变更信息采集→信息分类→变更要素调查→变更要素测定→房地产编号调整→房地产资料处理。

上述实施步骤中，变更信息采集、信息分类是变更测量前的准备工作，变更要素调查、变更要素测定是变更测量的外业工作，房地产编号调整、房地产资料处理是变更测量的内业工作。

三、房地产变更测量的要求

1. 房地产变更测量的精度要求

房地产变更测量精度包括房地产图图上精度和解析精度。图上精度指的是分幅图图上精度；解析精度指的是新增界址点的点位精度以及面积计算精度。

(1)图上精度。国家标准《房产测量规范 第1单元：房产测量规定》(GB/T 17986.1—2000)规定：模拟方法测绘的房产分幅平面图上的地物点，相对于邻近控制点的点位中误差不超过图上±0.5 mm。现状变更测量后，经修、补测的分幅图与变更前的分幅图图上精度要求达到一致。

(2)解析精度。国家标准《房产测量规范 第1单元：房产测量规定》(GB/T 17986.1—2000)规定，对全野外采集数据或野外解析测量等方法所测的房地产要素点和地物点，相对于邻近控制点的点位中误差不超过±0.05 m。

权属变更测量后，新测定的变更要素点的点位中误差为－0.05～0.05 m。新测定的界址点精度应保证相应等级界址点的同等精度。房地产变更测量后，房地产面积的计算精度应完全符合相应等级房地产面积精度要求。

用地变更测量后，用地面积如按界址点坐标计算面积，其面积限差应不超过下式的计算结果：

$$S = 2m_j \times \sqrt{\frac{1}{8} \times \sum_{i=1}^{n} D_{i-1,i+1}^1} \tag{8-1}$$

式中　S——面积限差(m^2)；

m_j——相应等级界址点规定的中位误差(m)；

$D_{i-1,i+1}$——界址点连线所组成的多边形中对角线的长度(m)。

2. 房地产变更测量的业务要求

(1)变更测量时，应做到变更有合法依据，对原已登记发证而确认的权界位置和面积等合法数据和附图不得随意更改。

(2)房地产合并或分割，分割应先进行房地产登记，且无禁止分割文件，分割处必须有固定界标；位置毗连且权属相同的房屋及其用地进行合并应先进行房地产登记。

(3)房屋所有权发生变更或转移，其房屋用地也应随之变更或转移。

(4)在所有权上设立的他项权利，必须是先进行过房产登记的房屋。他项权利范围变更应根据抵押、典当合同，注销原权利范围，划定新权利范围。

单元三　变更测量后房地产资料的处理

一、房地产编号的变更与处理

房地产资料主要由房地产平面图、房地产产权登记档案和房地产卡片3部分组成。变更后房地产资料的处理，是房地产产权产籍管理的一项连续性的工作。它包括房地产已有资料的处理和未登记、未结案房地产资料的处理。在处理之前，应先对变动的相关房地产编号进行调整。

丘号、丘支号、幢号、界址点号、房角点号、房产权号、房屋共有权号都是房地产产权产籍管理常用的管理号，不能重号。变更测量后，相关的房地产编号必须及时调整。其中，房产权号、房屋共有权号除了整幢房屋拆除必须注销其权号外，一般不予调整。

1. 丘号、丘支号

无论是独立丘还是组合丘，用地合并或重划，必须重新编丘号。新编的丘号要按编号区内最大丘号续编；新编的丘支号要按丘内最大丘支号续编。

2. 界址点点号、房角点点号

相邻丘的合并，外围界址点点号维持原编的点号；同丘分割，新增的界址点点号按编号区内最大界址点点号续编。按需要测定的房角点，其新增的房角点点号按编号区内最大房角点点号续编。

3. 幢号

毗连房屋合并或同幢房屋的分析（设立房屋共有权的商品房除外），重新编幢号，新增的幢号按丘内最大的幢号续编；房屋部分拆除，原幢号保留，整幢房屋灭失，幢号注销；丘内新建房屋，按丘内最大幢号续编。

二、变更后的房地产产权产籍资料的处理

房地产产权产籍资料主要包括房产图、房产档案和房产卡片3个部分，还有各种账簿和表册，简称图、档、卡、册。

为保持房产现状与产籍资料的一致性，必须对房产动态变更内容进行及时收集、整理、修正图、卡、册，并补充档案资料。

房地产变更测量和变更后的房产资料的处理，是房产管理中的一项经常性的工作。变更后房产资料的处理包括两个方面：一是对变更后的登记资料处理；二是对未登记、未结案的资料处理。

1. 变更后已有的登记资料处理

（1）房地产变更图的处理。

1）房屋和用地的合并或分割是权属变更，通过变更测量后的数据和权界认定，经审查确权后标注在分丘图上，重新调整房产编号，做出权属变更测量记录和丘号异动单，再相应修正分幅图，重新绘制分户图。

2）房产图形位置等现状变更时，首先修补测分幅图原图或二底图，然后由外业人员做出现状变更测量记录，并通知内业人员修正分丘图。

3）与房产有关的地形要素的变化，只需要修正分幅图，做出变更测量记录。

4）对已建立数字房产图的单位，可根据现在的硬件与软件配置，根据变更后的房产数据进行图形编辑、注记，修改分幅图；分丘图则可根据需要由分幅图派生。

（2）房地产卡的处理。

1）权属变更和现状变更时，对现有房地产卡片要根据变更测量记录修正卡片或重新制卡和销卡。

2）图形位置和与房产有关的地形要素的变化，不必修正卡片。

3）修正卡片时，因涉及房产资料统计分类面积的变动，必做出改卡记录，作为面积增减变化的原始凭证。

4）房屋产权人和使用户的改变，除更改房产卡片外，还必须更改已建的人名索引卡。

5）地名、门牌号的变动，除更改房产卡片外，还必须更改已建的地名索引卡。

（3）档案的处理。

1）要根据权属变更档案和现状变更测量记录，对已建立的房地产产权登记档案进行异

动变更和补充。

2) 房地产产权登记档案的分类方法分别有按丘分类、按地名门牌号分类、按产权户名分类、按权证号分类等，变更后的图件（测量草图、分户图）和产权证明文件应分户归档，对按丘号建档的单位，丘内再分户立卷。

3) 丘界线的调整，房产编号调整记录与原丘图形和面积增减变化等资料应一并归入相应档卷。

4) 已建立微机管理系统的单位，对存储于磁盘或光盘内的档案资料应进行异动处理。

(4) 房地产簿册的处理。根据房产登记、发证成果和分类管理（如经营管理、租赁管理、产权产籍管理等）的需要编制的簿册，如登记收件簿、发证记录簿、房屋总册、房产登记簿册、档案清册、房产交易清册等，要依房产变更做出相应的变更。此外，产业管理上需要的经营公房手册、异动名账、异动单和统计报表等，也要依照房产变更做出相应的动态变更。变更依据是权属变更档案和有关凭证；现状变更要根据变更单或异动单进行。

2. 未登记、未结案的资料处理

(1) 未登记的房地产包括房地产权利人不能如期申请登记；房屋权属有争议或土地权属争议尚未解决不予产权登记；产权证件、证明不全不能登记；房屋即将拆迁不愿登记；无主房屋无人登记。

(2) 未结案的房地产包括发证前有他人对已登记房产提出异议暂缓确认的，过去未办过登记、须补办登记后再确认的，以及房屋私改遗留下来的疑难问题不能确立的房地产。

(3) 未登记、未结案的资料处理。未登记、未结案的房产初步调查资料，包括房产调查和登记表、房屋外框图形、权界示意图和面积计算表等，为了房产资料统计和今后确权的需要，应进行搜集、整理、列表造册和绘图。未登记、未结案的房产也要进行测量，如发生房产现状变更，可以更改分幅图，做出变更记录。随着时间的推移，后来补登记或须结案时，必须进行复查。发证后对未登记、未结案清册和现状图及时进行销号或注记，及时归入登记档卷。

未登记、未结案的房地产卡片建议与已登记、已结案的卡片分别建立，分别进行统计、校核后也要以丘号为单位建档，以权利人为单位立卷，作为产权登记或监理部门日常处理产权和监证的重要资料。

综合案例

变更测量示例

变更测量后，原丘号、丘支号、幢号、新增界址点点号的调整和面积计算举例如下：

【例 8-1】 房产分析

房产分割前如图 8-1 所示。

丘支号：$1\ 240_{-1}$

幢号：(2)

房屋产权面积：(已知)$S = 100.50\ \text{m}^2$

房产分割后如图 8-2 所示。

丘支号：$1\ 240_{-2}$、$1\ 240_{-3}$

幢号：(8)、(9)

实算面积：32.98 m², 68.12 m²

面积闭合差：(32.98+68.12)−100.50=0.60(m²)<1.40 m²

房产面积限差：(三级)$0.08\sqrt{S}+0.006S=1.40$ m²

改正后面积：$32.98\times\left(1+\dfrac{-0.60}{101.10}\right)=32.78(m^2)$

$$68.12\times\left(1+\dfrac{-0.60}{101.10}\right)=67.72(m^2)$$

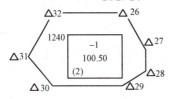
图 8-1　房产分割前

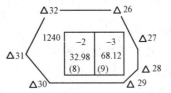
图 8-2　房产分割后

【例 8-2】　用地分割

用地分割前如图 8-3 所示。

丘号：1 258

用地面积（已知）：$S=2\ 500.50$ m²

用地分割后如图 8-4 所示。

丘号：1 281、1 282

新增界址点点号：86

按界址点坐标计算用地面积：1 300.60 m²、1 210.90 m²

面积闭合差：(1 300.60+1 210.90)−2 500.50=11(m²)<15.50 m²

用地面积限差：$S=2m_j\times\sqrt{\dfrac{1}{8}\times\sum_{i=1}^{n}D_{i-1,i+1}^2}=15.50$ m²

改正后面积：$1\ 300.60\times\left(1+\dfrac{-11}{2\ 511.50}\right)=1\ 294.90(m^2)$

$$1\ 210.90\ \times\left(1+\dfrac{-11}{2\ 511.50}\right)=1\ 205.60(m^2)$$

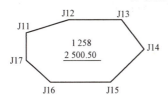
图 8-3　用地分割前

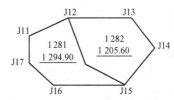
图 8-4　用地分割后

模块小结

随着城镇建设的不断发展，房屋及其用地的现状和权属状况经常发生变化，各种与

模块八　房地产变更测量

房地产有关的要素不断变更。为了满足原登记在册的房地产发生权利转移、变更、注销和他项权利的需要，保障已建制的房地产资料的完整性，必须及时进行房地产变更测量，提供准确的房地产变更测量成果。本模块主要介绍房地产变更概述、房地产变更测量的方法和程序、变更测量后房地产资料的处理。

思考与练习

一、填空题

1. _____是指房屋发生买卖、交换、继承、新建、拆除等涉及房地产产权权界调整和面积增减变化而进行的更新测量。
2. 变更测量包括_____和_____两类。
3. 房地产变更测量精度包括_____和_____。
4. 房地产资料主要由_____、_____和_____三部分组成。
5. 新编的丘号要按编号区内_____续编；新编的丘支号要按丘内_____续编。

二、选择题

1. 房产变更测量分为（　　）测量两类。
   A. 现状变更和权属变更　　　　　B. 面积变更和结构变更
   C. 权界变更和权属变更　　　　　D. 面积变更和权属变更
2. 下列房屋或其用地状况发生变化的情形中，应进行房屋权属变更测量的是（　　）。
   A. 房屋拆迁　　　　　　　　　　B. 围墙等围护物变化
   C. 门牌号更改　　　　　　　　　D. 房屋用地权界合并
3. 某宗地内共有登记房屋30幢，若幢号为20、25的两幢房屋进行房产合并，则合并后的房产幢号为（　　）。
   A. 20-1　　　B. 25-1　　　C. 31　　　D. 26
4. 房产管理机关受理一起房产分割案，原幢号为20的多层住宅楼拆除，新建两幢6层住宅，丘内最大幢号为30，则这两幢新建住宅楼幢号应为（　　）。
   A. 20-1，20-2　　B. 18，19　　C. 31，32　　D. 20，31

三、简答题

1. 现状变更测量的内容包括哪些？
2. 权属变更测量的内容包括哪些？
3. 权属变更测量的方法有哪些？
4. 简述房地产变更的程序。
5. 变更后房产资料的处理包括哪些内容？
6. 未登记、未结案的资料如何处理？

模块九 房地产测绘资料管理

知识目标

1. 了解房地产测绘资料的含义；熟悉房地产测绘成果检查验收的目的、要求、办法与体系。
2. 掌握房地产测绘资料的整理工作、管理工作。
3. 掌握房地产测绘成果报告书的编写。

能力目标

能进行房地产测绘资料的整理、管理工作；能进行房地产测绘成果编制书的编写。

单元一　房地产测绘资料概述

一、房地产测绘资料的含义

房地产测绘资料是在房地产测绘的设计、生产过程中形成，由各用户申请登记，经过主管部门逐户审核确认后，作为核发房产所有权证与国有土地使用权证的图纸和资料成果。其特点如下：

(1) 具有延续性，是房地产历史和现状的真实记录。
(2) 具有基础性，是进行房地产管理工作的必要条件和重要依据。
(3) 具有准确性，是根据国家标准采用科学的方法使用测量仪器设备测绘的成果。
(4) 具有时效性，在社会主义市场经济条件下房地产的交易十分活跃，城镇建设日新月异，房屋和房屋用地的现状和权属在不断变化，每次变更都要进行变更测量，对原有的房地产资料进行修正和处理。

(5)具有法律性,是调解房屋产权与土地使用纠纷,审核房屋建筑是否违章等必不可少的法定资料凭证。

(6)具有共享性,它不仅是房地产开发利用、交易、征收税费以及城镇规划建设的重要数据和资料,而且可作为城市地理信息系统的子系统为城市的土地与地籍的基础资源管理、交通安全、公安消防管理及城市管网管理等提供信息资源。

二、房地产测绘成果检查验收的目的、要求

房地产测绘成果检查验收是为了保证测绘成果的质量,提高测绘人员的责任感,强化各生产环节的技术管理和质量管理,建立健全房地产测绘产品生产过程中的各项技术规定,并严格执行各项技术规范,以确保房地产测绘成果的法律效力和维护产权人的合法权益,规范房地产市场。

各级检查验收工作都必须认真谨慎,根据实际情况按照房地产测量规范要求建立成果质量检查验收体系,做好每个生产环节的检查验收工作,把错误和遗漏消灭在生产过程中。按照房地产测量规范要求制定各生产环节的检查验收标准,使检查验收和生产人员都做到有章可依、按章执行、违章必究。测绘成果不仅要正确可靠,还要清楚整齐,体现测绘成果的可续性和严肃性。

三、房地产测绘成果检查验收的办法与体系

房地产测绘工作是十分细致和复杂的工作,为了保证成果的质量,测绘人员必须具有高度的责任感、严肃认真的工作态度和熟练的操作技术,同时还必须有严格的质量检查制度。

1. 检查验收的办法

房产测量成果实行二级检查一级验收制。一级检查为过程检查,在全面自检、互查的基础上,由作业组的专职或兼职检查人员承担。二级检查由施测单位的质量检查机构和专职检查人员在一级检查的基础上进行。

(1)作业组自检互校。作业人员在整个操作过程中应经常检查自己的作业方法。对每一天完成的任务要当天查,一旦发现遗漏或错误,必须立即补上或改正,把遗漏、错误消灭在生产第一线。在上交成果以前要做全面的自查。在全面自查的基础上,作业组内人员之间还要进行相互委托检查。被委托的互检人员要全面地进行检查。互查不仅能避免自查不容易发现的错误而且还是互相学习、取长补短的一种有效方法。

(2)一级检查。一级检查是在作业人员自查互检的基础上,按房产测量规范、生产任务技术设计书和有关的技术规定,对作业组生产的产品所进行的全面检查。

(3)二级检查。二级检查是在一级检查的基础上,对作业组生产的产品进行再一次的检查。在确保产品质量的前提下,生产单位可根据单位实际情况,参照产品验收详查项目制订出"测绘产品最终检查实施细则",并报上级主管部门批准后执行。

(4)验收工作。验收工作应在测绘产品经最终检查合格后进行。由生产任务的委托单位组织实施,或由该单位委托专职检验机构验收。验收单位按有关项目和不低于表9-1规定的比例对被验产品进行详查,其余部分做概查。在验收工作中,如发现不符合规定的成果成图,应根据其性质和对房产测量资料质量的影响程度,分别提出意见,交验收单位进行

改正或返工。当发现存在的问题较多时,可将部分或全部资料退回被验收单位重新检查和处理。最后主管部门的验收组应对整个测区的测量成果给予恰当的质量评价。

表 9-1　房地产测绘产品验收中的详查比例

产品名称	单位	详查比例占年总量	产品名称	单位	详查比例占年总量
控制测量	点	10%	建筑面积计算	项目	20%
界址点测量	点	10%	用地面积计算	项目	20%
标石埋设实地检查	坐	3%	变更测量	项目	20%
编绘原图	幅	10%	房地产测量	项目	20%
分幅图	幅	5%～10%			
分丘图	幅	5%～10%			
分户图	幅	5%～10%			

2. 检验、验收体系

测绘单位的领导、管理人员应深入作业现场,抓好每个生产环节的质量管理。参加作业以及承担各级检查、验收的人员,必须经过培训考核合格后,持证上岗。作业前必须组织有关人员学习国家、行业技术标准、操作规程及技术设计书,并对生产使用的仪器设备进行检验和校正。各级检查、验收工作必须独立进行,不得省略或代替。检查、验收是保证房地产测绘产品质量的一项重要工作,必须严格执行检查、验收的各项规定,建立必要的质量管理机构。

测绘单位要完善自身的质量管理体系,坚持对每个环节都进行一级和二级检查,检查或验收人员发现质量问题要做好记录并提出处理意见,交被检单位改正。当出现意见分歧时,检查中的问题由测绘生产单位的总工程师裁定,验收中的问题由测绘生产单位上级行政主管部门的质量管理机构裁定。

一级检查主要由专职或兼职人员承担;二级检查主要由质量管理机构负责。生产单位的行政领导必须对本单位的产品质量负责,各级检验人员应对其所检验的产品质量负责,生产人员应对其所完成的产品作业的质量负责到底。

四、检查验收需上交资料的项目内容及成果质量评定

1. 上交成果的资料内容

上交的成果资料必须经各级检查、验收,且产品质量必须达到检查、验收规定的标准。上交成果资料的项目应包括以下内容:

(1)房产测绘技术设计书。
(2)成果资料索引及说明。
(3)控制测量成果资料。
(4)房屋及房屋用地调查表、界址点坐标成果表。
(5)图形数据成果和房产原图。
(6)技术总结。
(7)检查验收报告。

(8)其他有关成果资料。

2. 检查、验收项目及内容

(1)检查验收依据。
1)上级下达任务的文件或委托单位合同书。
2)《房产测量规范　第1单元：房产测量规定》(GB/T 17986.1—2000)。
3)房地产测绘技术设计书及有关补充规定。
4)房屋、土地面积确权的法律文件或协议。
(2)控制测量。
1)控制测量网的布设和标志埋设是否符合要求。
2)各种观测记录和计算是否正确。
3)各类控制点的测定方法、扩展次数及各种限差、成果精度是否符合要求。
4)起算数据和计算方法是否正确，平差的成果精度是否满足要求。
(3)房地产调查。
1)房地产调查的内容与填写是否齐全、正确。
2)调查表中的用地略图和房屋权界线示意图上的用地范围线、房屋权界线、房屋四面墙体归属，以及有关说明、符号和房产图上是否一致。
(4)房地产要素测量。
1)房地产要素测量的测量方法、记录和计算是否正确。
2)各项限差和成果精度是否符合要求。
3)测量的要素是否齐全、准确，对有关地物的取舍是否合理。
(5)房地产图绘制。
1)图廓点、方格网、各级控制点、界址点的展绘有无遗漏，位置是否准确。
2)房地产要素的表述是否齐全、正确，各项误差是否在限差以内。
3)各种要素的注记、说明注记和数字注记是否齐全、正确，位置是否恰当。
4)与房地产有关的地形要素有无错漏、移位和变形，各要素的综合取舍和配赋是否恰当合理，图面是否清晰易读。
5)图幅接边是否在限差内，权属界址线和主要线状地物有无明显变形移位，配赋是否合理。
6)房地产图的规格尺寸、技术要求、表述内容是否符合要求；图廓及图廓外的整饰和注记是否正确齐全。
(6)面积测算。
1)房产面积的计算方法是否正确，精度是否符合要求。
2)用地面积的测算是否正确，精度是否符合要求。
3)共有与共用面积的测定和分摊计算是否合理。
(7)界址点坐标测量。
1)界址点测设方法是否符合要求，坐标量测是否正确，精度是否符合要求。
2)界址点编号是否正确。
3)界址点坐标成果表填写是否符合要求，填写项目、内容是否齐全、准确。
(8)变更与修测成果的检查。

1)变更与修测的方法、测量基准、测绘精度等是否符合要求。
2)变更与修测后房地产要素编号的调整与处理是否正确。

3. 成果质量评定

房地产测绘产品质量实行优等品、良等品和合格品三级评定制。产品质量由生产单位评定,验收单位负责核定,品级标准如下。

(1)合格品标准。符合《房产测量规范 第1单元:房产测量规定》(GB/T 17986.1—2000)标准、技术设计和技术规定的要求,但不满足良等品的全部条件;有个别缺点,但不影响产品基本质量;技术资料齐全、完整。

(2)良等品标准。

1)控制测量。控制网采用的坐标、等级划分合理;平面控制网布设良好,点位恰当,利于扩展,觇标端正、稳固;标志、标石埋设符合规定,质量良好;仪器和标尺检验项目齐全,检验结果符合规定;观测方法正确,成果取舍合理;各项观测的闭合差、不符值和检核条件自由项的值符合技术标准的要求;各种手簿的记录和注记齐全正规,计算正确,电子记录正确,输出内容符合标准要求;起算数据、平差、计算结果正确,上交资料整饰良好。

2)房地产调查。房屋、房屋用地调查表内各项要素调查与填写项目规范、统一,字迹清晰。房屋权界线示意图和房屋用地范围示意图与调查表填写项目、房地产图等一致,四至表示清楚。

3)房地产图测绘。坐标网点、图廓点、控制点展绘准确;测站点的布设方法正确,密度和位置能较好地满足测图要求;主要地物位置准确,没有遗漏;各种注记正确,注记数据和位置较恰当;接边精度良好,误差配赋合理;野外散点检查,主要地物点平面移位误差符合表9-2相应品级的规定。

表9-2 野外散点检查各品级较差出现的规定限差区间

限差区间	各品级较差出现的比例		
	合格	良	优
$\leq \sqrt{2}\ m$	60%	70%	80%
$> \sqrt{2}\ m,\ \leq 2m$	30%	26%	18%
$>2m$(其中大于$2\sqrt{2}\ m$的不超过2%)	6%	4%	2%

注:m为技术标准规定的平面中误差。

4)房地产图编绘。数学基础展绘误差80%小于限差,其余不超限;正确使用房地产普查资料和房地产调查资料;房地产图内容完备,各主要要素的制图综合恰当,相互关系合理,图面清晰易读;权属界限按规定资料展示正确;各种主要地名、路名、门牌号及房地产要素注记正确,书写端正,字体字迹符合要求,配置恰当。线画、符号、注记的规格符合规定。抄边正规,接边准确,整饰正确、完善。

5)界址点测量。界址点测量方法要符合有关技术规定;界址点二次测量点位较差均在限差以内,其中有50%以上小于各自限差的1/2。

6)面积测量。二次面积计算较差均在限差以内,其中有50%以上小于各限差的1/2;房屋建筑面积计算正确,共用共有面积分摊符合规定;房屋占地、用地面积计算正确,共用用地面积的分摊符合规定。

(3)优等品标准。房地产调查资料正确、齐全、整洁；整饰清晰美观；各级控制点、界址点、房角点及面积测算等各项误差，有70%以上不超过规定限差的1/2。

房地产测量先以单项测量为单位进行质量评定，分别评出控制测量、房地产调查、房地产图、界址点坐标量测和面积量算的单项质量，并将各单项质量的优、良、合格分别记为95分、80分、65分，然后取加权平均值，求出综合质量总分。

4. 检查、验收报告

(1)检查报告的主要内容。

1)任务概括。

2)检查工作概括。

3)检查的技术依据。

4)主要质量问题及处理情况。

5)对遗留问题的处理意见。

6)质量统计和评价等。

(2)验收报告的主要内容。

1)验收工作情况。

2)验收中发现的主要问题及处理意见。

3)质量统计(含生产单位检查报告中质量统计数据的变化及其原因)。

4)验收结论，通过对产品质量中优、缺点进行分析，对产品质量做出客观的评价。

5)其他意见和建议等。

单元二　房地产测绘资料的整理和管理工作

一、房地产测绘资料的整理工作

房地产测绘资料的整理工作是管理工作的基础，通过整理资料实现其条理化并将其有关内容、成分揭示出来，否则无法进行定位排架。同时，通过整理还可以检验资料的完整性。

将整理好的房地产测绘资料分门别类装订成册，按类别编号登记入柜，建立账卡，做到有目录、索引，便于查找，易于管理。因此，整理工作对测绘资料作用的充分发挥、测绘资料的档案化管理及测绘资料的有效利用都具有重要的意义。

只有经过整理，房地产测绘资料才能成为房地产管理部门所需要的房产簿册、房产数据集和房地产图集。房地产测绘资料的整理工作包括房地产测绘数据成果资料的整理和房地产图的整理两部分，主要包括以下程序：

(1)原图的整理。实测房地产原图或编绘原图包括经过外业测量绘制的房地产图或由航测内业得到的房地产航测图，以及经过编绘得到的房地产编绘图。原图的材质分为胶合板纸图和聚酯薄膜图两种。使用胶合板纸图，应再另行映绘一套聚酯薄膜或透明底图。原图是外业修测经常使用的图样，底图是供复晒使用的图样。聚酯薄膜图应根据房地产图测绘要求将其清绘上墨，使其成为复晒用的底图。为了外业修测使用方便，应再用底图复制一套薄膜二底图。

为了减少经常性外业修测对原图的磨损，在一般情况下如果修测面积不大，可用复晒的蓝图到野外修测，室内修改原图。

(2) 绘制结合图。为了便于房地产图幅所在地的位置和四邻接图幅的图号衔接，对整个测区范围应绘制一份结合图。这样就可以在结合图上清楚地看到整个测区图幅的分幅情况、图号和图幅的数量，不仅便于图纸的管理和使用，也为以后修测时划分分工范围、安排作业计划提供了有利条件。

(3) 复晒图的装订。由于要经常修测，第一次测制完成后应复晒一套图按房产区、房产分区、丘顺序装订成册，以后每隔 3～5 年对修测后的图纸重新复晒装订成册，均作为历史资料保存，以真实地反映房地产的演变情况。装订时应采用硬纸板作为封面，写上房产区、房产分区名称、丘号、坐标或行列式顺序，内页应附测图日期、图幅总数、执行标准及用法说明。

(4) 原图的数字化。目前数字化测图技术日趋完善，在房地产测绘中应尽可能采用全野外数据采集、计算机数据处理，建立图形数据库，根据需要和要求输出图样。对于已测绘的原图，可采用图形数字化技术、使用数字化仪或扫描仪将原图资料数字化，建立图形数据库，根据需要输出图样。

(5) 测绘数据成果资料的整理。测绘数据成果资料的整理，是将测绘数据成果按控制测量、房产要素测量进行成果分类，并按房产区、房产分区、丘、施测日期进行分册，以便管理和使用。也可将测绘数据成果输入计算机建立房产数据库，与房地产图形数据库形成城镇地理信息系统房地产管理子系统。

(6) 资料建档。房地产测绘资料的建档是在整理的基础上，由房地产管理部门的档案机构对其进行科学的分类、排列及编号。

二、房地产测绘资料的管理工作

房地产测绘资料的日常管理包括资料的存放保管和调阅。它是一项经常性的业务工作，应在集中管理的原则指导下，制定完善的管理制度，采取必要的技术措施，克服和限制损毁资料的各种不利因素，维护资料的完整、准确、系统和安全。为了保证集中起来的测绘资料的完整和安全，必须做好存放保管工作。为了充分地发挥资料的作用，必须严格执行资料的调阅制度。

1. 图样资料的存放保管

从材质来看，房地产图有胶合板原图、聚酯薄膜底图、透明纸底图、聚酯薄膜二底图及蓝晒图等多种图纸。由于各种图纸的用途不同，应分开存放在特制的铁柜或木柜内。为保持原图的线画清晰，应用玻璃纸将原图板有线画的一面包好，装在特制的大纸袋内平放在图柜中保存。图柜最好分成小格，分格保存。聚酯薄膜和透明纸图应卷成圆筒存放，圆筒的直径不能太小，以免变形和晒图时伸展不平。蓝晒图可以折叠存放，折叠时应将图名、图号折在外面，以便查阅。

模块九　房地产测绘资料管理

为保存数字化成图微机管理的房地产测绘资料，应将房地产界址数据和图形数据复制到软盘或刻录在光盘上 1 或 2 份并分别存放。

房地产测绘资料的保管工作，应从外在因素和人为因素两方面入手。外在因素是指必须提供必要的保管条件，图样资料库必须坚固适用，库房内必须保持适当的湿度、温度，具有抗震、防火、防尘、防潮、防虫、防高温、防强光等设施；人为因素是指图样资料室应配备数量足够和能胜任管理工作的管理人员，其中必须包括一定数量的工程技术人员。资料管理人员必须具备高度的责任感与严肃认真的工作态度，并能够认真执行国家档案工作条例的有关内容，自觉遵守保密制度，对接收的图样资料进行造册登记建档，经常分析和掌握造成图样资料损毁的因素，研究和改进图样资料的保护技术，对已破损和字迹褪色的重要图样资料及时进行修复和复制。同时还要制定严格的防护措施，对所属的图样和资料的保管情况进行定期检查，遇到特殊情况立即检查，及时处理。坚持以防为主、防治结合，并做好保密工作。

2. 图纸资料的调阅

房地产测绘资料的调阅和使用是十分常见的。一是为保持房地产图与实地现状的一致性，要调出图纸修测；二是复晒使用的图纸，要调出复晒；三是处理房地产有关事宜，要调出查阅。

为了防止图纸资料的遗失、损坏和泄密，必须配备专职管理人员，制定严格的管理制度和调阅登记制度。管理人员应对图纸资料的利用情况及时准确地进行统计，并按有关规定上报有关单位和领导。图纸资料的调阅，必须经过有关领导的批准，进行登记。调出的图纸资料，必须在规定的期限内归还；逾期未还的，管理人员有责任催还。

阅读材料

房地产测绘质量管理的机构与职责

1. 机构设置

房地产测绘机构设置应根据各地测区范围的大小、任务的轻重等情况而定。其工作包括测绘、计算、登记、建档 4 项任务，大致按每平方千米配备 1 人计算。行政管理人员占全队人员的 10%～20%。

2. 主管部门质量管理职责

各级测绘行政主管部门的质量管理机构的主要职责是，贯彻国家和上级主管部门有关质量的方针政策；组织制定质量管理法规；指导帮助测绘生产单位建立全面质量保证体系；组织质量教育；检查和督促测绘生产单位坚持质量第一的方针，保证产品质量；负责组织产品的评优和质量争议的仲裁；对测绘产品质量监督检验机构进行业务指导；对生产单位质量指标进行考核并统计上报等。

3. 队（所）行政领导质量管理职责

负责本单位的全面质量管理；建立健全质量保证体系；对全体职工进行经常性的质量意识和职业道德教育；深入生产第一线，检查了解产品质量状况，贯彻有关质量管理法规；保证上交产品质量全部合格；在产品的检查报告上签署意见；对本单位产品质量负责等。

4. 队(所)总工程师(主任工程师)质量管理职责

队(所)总工程师(主任工程师)负责本单位质量管理方面的技术工作，处理重大技术问题，深入生产第一线，督促生产人员严格执行质量管理制度和技术标准，及时发现和处理作业中带普遍性的质量问题；组织编写和审核技术设计书，并对设计技师负责；审定技术总结和检查报告；组织业务培训，对作业人员和质量检查人员的业务技术水平进行考核等。

5. 队(所)质量管理检查机构的职责

负责本单位产品的最终检查，编写质量检查报告；负责制定本单位的产品质量计划和质量管理法规的实施细则；经常深入生产第一线，掌握生产过程中的质量状况，并帮助解决作业中的质量问题；组织群众性的质量管理活动；对作业和检查人员进行业务技术考核；收集产品信息等。

6. 队(所)各级检验人员职责

忠于职守，实事求是，不徇私情，对所检验的产品质量负责；严格执行技术标准和产品质量评定标准；深入作业现场，了解和分析影响质量的因素，督促和帮助生产单位不断提高产品的质量等，并有权越级反映质量问题。

单元三 房地产测绘成果报告书的编写

一、封面

(1)编号由测绘单位自行确定，主要用于反映该成果报告书在单位档案管理中的类别和次序。此编号应能同时反映出该成果报告书修订的次数。

(2)日期按照出具报告的日期填写。

二、作业声明

声明主要阐述项目委托单位与测绘机构之间的法律责任义务关系，说明完成该成果报告的项目负责人、作业人员和检查人员。

人员签字及日期据实签署(严禁打印)。其中作业人员和检查人员有多位时，只填写主要人员。

三、作业说明

作业说明主要用来对项目委托方、测绘目标、测绘依据进行描述，并对测绘工作中和测绘成果中有关需要说明的内容进行表述。

委托方情况应据实填写清楚、充分。

项目名称据实填写，实测项目以地名办批件为准，预测项目以测算依据(电子图或蓝图)标称为准。

预算项目坐落应据实填写，未确定则写"待定"。实测项目的坐落以公安部门的批件为准。

项目类别应按照如下三类来填写：①住宅用房；②商业楼用房；③多功能综合楼用房。

作业目的分为商品房面积图纸预测与产权登记测绘(其他作业目的的测绘成果报告应另作说明)。

预测项目作业日期以开始作业为开始，实测项目以进入现场实际测量为开始，图纸预测项目和产权登记测绘项目以作业结束出具成果报告为结束。

作业依据中的其他依据是指双方合同中没有约定而在实际过程中使用的依据。对于在双方合同中有约定但在实际工作中未能取得相关资料的，应在"其他说明"项中填写未能取得资料的原因和实际处理的结果。

其他说明项中，首先分类列出成果数据资料和图形资料的页数，其次对技术报告中一些技术概念进行说明，然后填写其他的相关说明。

四、作业成果

1. 房屋建筑面积总表

该表要据实填写，无则空省。其中，对于表格中无法用数字表述的栏目，应在备注栏中用文字说明清楚。

2. 分功能区面积汇总表

该表要据实填写。

3. 房屋建筑面积分层汇总表

该表应据实填写，依据房屋的不同结构采用不同的列表样本。房屋的产权测量和平房测量的成果报告要求将房屋建筑面积分层汇总表填写完毕即可。

该表的"层次"栏应从地下层至屋面按自然层顺序逐层用数字(地下层在数字前加"一"号，如－01，－02 等)表示(结构上的设备用房层等用汉字说明，不计入层次序列)；各层建筑面积值按房屋外墙外围水平投影面积计算的，包括阳台、外走廊、挑廊、檐廊、室外梯等的建筑面积。对于层高不大于 2.20 m 的结构楼层，应填写其名称，建筑面积值为 0，并在备注栏中说明不计建筑面积的原因。屋顶的建筑面积值为屋顶应计算建筑面积的数值总计，并在备注栏中注明其名称，如楼电梯间、水箱间等。

4. 共有共用建筑面积分层汇总表

对于单一用途建筑或以住宅为主体、最多只包括两个功能区的建筑，应填写样本，详细列出各个共有共用面积的名称，并注明各个部位的面积。

对于两个功能区以上的建筑，应填写样本。首先在各功能区共有共用建筑面积表中，列出多个功能区混同分摊的部位及其面积。但对于可以分间测量的公共建筑部位，应分开填注；其次，应将各个功能区分别列表，按照单一功能区填写的共有共用建筑面积分层汇总填写。

5. 房屋分户建筑面积明细表

按照现有规定据实填写。

6. 房屋分层分户平面图

按层打印，分层注明，完全相同的层次可只打印一页，但要注清层数。同时应注明：

该层总建筑面积、该层总套内建筑面积、各局部部位名称(或房号)和各户套内建筑面积。注记满足计算总建筑面积的边长。

五、附件

本附件中，对于需分摊的项目，应将分摊原则附于其上。作为附件的文件和应用成果报告一起加盖骑缝章。

【综合案例】

房地产面积测绘成果报告(示例)

编号：_____

房地产绘制成果报告书

（示范文本）

_____（测绘单位名称）

年　月　日

模块九 房地产测绘资料管理

目 录

作业声明 …………………………………………………………………… （ ）

作业说明 …………………………………………………………………… （ ）

作业成果 …………………………………………………………………… （ ）

　　一、房屋建筑面积总表 …………………………………………………… （ ）

　　二、分功能区面积汇总表 ………………………………………………… （ ）

　　三、房屋建筑面积分层汇总表 …………………………………………… （ ）

　　四、共有共用建筑面积分层汇总表 ……………………………………… （ ）

　　五、房屋分户建筑面积明细表 …………………………………………… （ ）

　　六、房屋分层分户平面图 ………………………………………………… （ ）

附件：共有共用建筑面积分摊说明（略）

作业声明

一、本成果报告书中的成果依据国家和省市有关规范及委托方与受托方合同约定完成。

二、竣工实（预）测项目作业人员_____对作业对象进行了实地勘测，并由_____计算完成。

三、受托方与委托方没有利害关系或偏见，也与有关当事人没有利害关系或偏见。

四、受托方不对委托方提供的资料的准确性与合法性负责。

五、本成果报告书的成果仅作为该项目委托方与受托方合同约定目的下使用，不作为其他用途使用。

六、本成果报告经委托方_____认可。

项目负责人(签订)：　　　年　　月　　日

复核人(签订)：　　　年　　月　　日

（单位资质签章）

模块九　房地产测绘资料管理

作业说明

一、本成果报告书使用的长度单位为 m，面积单位为 m^2。

二、委托方情况

    1. 委托方名称：

    2. 委托方地址：

    3. 委托方经办人：

    4. 委托方电话：

三、项目概况

    1. 项目名称：

    2. 项目坐落：

    3. 项目类别：

四、作业目的

五、作业日期

六、测绘仪器

七、绘图及面积计算软件

八、作业依据

    1. 国家和省市各项技术规范等文件。

    2. 委托方依照双方合同约定向受托方提供的各项资料。

    3. 其他依据（请文字说明）。

九、其他说明

                              项目负责人：

                              年　　月　　日

作业成果

一、房屋建筑面积总表

表1　房屋建筑面积总表

建筑物名称				
坐落				
面积统计	建筑总面积(含人防)			
	其中	地上主体面积		
		地下室面积		
		人防面积		
	附属物面积(指层高不足2.2 m的部位)		地下室	
			其他	
层数统计	地上层数			
	地下室层数			
备注：				

二、分功能区面积汇总表

表2 分功能区面积汇总表

建筑物名称：

功能区号	功能区名称	建筑面积	套内建筑面积	分摊面积	分摊系数

三、房屋建筑面积分层汇总表

表3 房屋建筑面积分层汇总表

建筑物名称：

层次	建筑面积	备注
汇总		

表 4 房屋建筑面积分层汇总表(样本 2)

建筑物名称：

层次	建筑面积				备注
……					
	A 幢	B 幢	C 幢	……	
汇总					

四、共有共用建筑面积分层汇总表

表5　共有共用建筑面积分层汇总表

建筑物名称：

层次	共有共用面积名称（按名称列出）	面积		分摊范围	备注
		应分摊	不分摊		
汇总					

五、房屋分户建筑面积明细表

表6　房屋分户建筑面积明细表

建筑物名称：

部位及房号	建筑面积	其中			备注
		套内建筑面积（含阳台）	阳台建筑面积	分摊的共有共用建筑面积	
小计					
合计					

六、房屋分层分户平面图（略）

模块小结

房地产测绘管理是从房地产测绘单位的角度出发，研究房地产测绘生产活动的原理、方法、内容和规律性，通过合理组织测绘生产和改善管理，使测绘单位的人力、物力、财力得到有效而充分的利用，并以最低的投入，取得尽可能多的符合城市建设与管理要求的房地产测绘成果。本模块主要介绍房地产测绘资料概述、房地产测绘资料的整理和管理工作、房地产测绘成果报告书的编写。

思考与练习

一、填空题

1. 房产测量成果实行_____制。
2. 一级检查主要由_____承担，二级检查主要由_____负责。
3. 房地产测绘产品质量实行_____、_____和_____三级评定制。
4. 房地产测绘资料的日常管理包括资料的_____和_____。

二、选择题

1. 房产测绘成果中房产数据集的内容不包括（　　）。
   A. 房屋调查表　　　　　　　　　　B. 界址点成果
   C. 房角点成果　　　　　　　　　　D. 面积测算成果
2. 我国房产测绘成果质量管理由（　　）进行。
   A. 国土管理部门　　　　　　　　　B. 房产测绘机构
   C. 房产行政主管部门　　　　　　　D. 房产测绘机构与房产行政主管部门分别

三、简答题

1. 简述房地产测绘资料的含义及特点。
2. 简述房地产测绘成果检查验收的目的、要求。
3. 上交成果资料的项目应包括哪些内容？
4. 房地产测绘资料的整理工作包括哪些内容？
5. 房地产测绘成果报告书的编写内容包括哪些？

参 考 文 献

[1] 中华人民共和国国家标准. GB/T 17986.1—2000 房产测量规范 第 1 单元：房产测量规定[S]. 北京：中国标准出版社，2000.
[2] 中华人民共和国国家标准. GB/T 17986.2—2000 房产测量规范 第 2 单元：房产图图式[S]. 北京：中国标准出版社，2000.
[3] 许娅娅，雒应，沈照庆. 测量学[M]. 4 版. 北京：人民交通出版社，2014.
[4] 程效军，鲍峰，顾孝烈. 测量学[M]. 5 版. 上海：同济大学出版社，2016.
[5] 郭玉社. 房地产测绘[M]. 3 版. 北京：机械工业出版社，2018.
[6] 陈丽华. 土木工程测量[M]. 杭州：浙江大学出版社，2002.
[7] 廖元焰. 房地产测量[M]. 北京：中国计量出版社，2003.
[8] 张正禄. 工程测量学[M]. 2 版. 武汉：武汉大学出版社，2013.